집현전 그때 그 사람들

집현전
그때 그 사람들

손상민 엮음

진해   정혜란   김진식   이윤도   정성기   하효선

차례

경남양서협동조합의 다른 이름, 집현전

당시 유행가의 한 대목처럼 "술 마시고 노래하고 춤을 춰 봐도"
우리는 늘 헛헛했고, 무력했고, 죄의식 비슷한 것에 시달렸다.

- 서명숙,《영초언니》

감히 장담하건대, 제가 만약 2019년 11월 17일 에스빠스 리좀에
가지 않았다면 이 책은 세상의 빛을 보지 못했을 지도 모릅니다.

청중이라고는 저와 초로의 노신사(알고 보니 부마민주항쟁기념사업회
의 설진환 회장이었습니다), 주관기관인 에스빠스리좀협동조합 서익진
대표, 영화를 보러 들어왔다가 우연히 찾아 들어온 청년 그리고 줄
곧 영상을 촬영하던 감독 외에는 없던 그곳에서 방청객 수보다 조
금 많은 여섯 명의 패널이 기다란 테이블을 앞에 두고 앉아 있었습
니다.

40년 만에 처음으로 한 자리에 모여 그날의 이야기를 나누게 되
었다는 그들. 그들이 바로 이 책의 주인공이자, 책의 저자인 박진

해, 정혜란, 정성기, 이윤도, 김진식, 하효선 선생님입니다.

1978년 8월 16일에 설립돼 1979년 7월 7일 공식적인 활동을 접은 경남양서협동조합의 다른 이름, 집현전은 이들을 포함한 1970년대 마산에서 청년기를 보낸 부마세대의 '아지트'이자 '해방구'였습니다.

집현전의 이야기를 세상에 끄집어낸 사람은 씨네아트 리좀의 하효선 대표였습니다. 하효선 대표는 부마민주항쟁 40주년이었던 2019년 부마민주항쟁 기념행사 중 하나인 〈부마민주영화제〉[1] 를 기획하면서 부대행사의 하나로 40년 전 '그때 그 사람들'을 불러 모아 〈집현전 그때 그 사람들〉 테이블토크를 열었습니다.

행사가 있기 고작 한 달 전 부마항쟁에 대한 뮤지컬 의뢰를 받은 저로서는 1970년대에 청년기를 보낸 분들이 대거 참석하는 테이블토크를 놓칠 수 없었습니다.

결과는 기대 이상이었습니다. 서가를 가득 채운 700~800권의 불온서적을 돌려보고 근대사, 여성학 세미나를 열어 열띤 토론을 했을, 술을 마시고 연극을 하며 자유를 갈망했을 그들의 모습이 마치 영화처럼 머릿속에 생생하게 그려졌습니다. 시대의 무게에 짓눌

---

1) 〈2019 부마민주영화제〉는 부마민주항쟁 40주년 기념행사의 하나로 기획되어 11월 14일부터 30일까지 씨네아트 리좀에서 총 18개국 38편의 영화를 상영하였다. 〈2019 부마민주영화제〉에서는 영화 상영 외에도 '감독과의 대화(〈파업전야〉 장동홍 감독, 〈연인과 독재자〉 신정균 감독, 〈김군〉 강상우 감독)', '비평가 초청대화(오동진, 이용철 평론가)', 〈집현전 그때 그 사람들〉 테이블토크, '〈문화 민주화를 위한 예술영화관의 역할과 기능〉' 등 다양한 프로그램이 진행되었다.

리면서도 어떻게든 이를 뚫고 나가기 위해 행동했던 그들의 이야기에 저의 대학시절과 대학시절 만난 선배들의 모습이 겹쳐졌습니다.

00학번으로 2000년의 시작과 함께 대학생활을 맞았던 저는 90년대 학번들의 무용담을 들으며 학생운동을 접한 밀레니얼세대입니다. 비록 운동권은 아니었지만, 학내 신문사 기자활동을 하며 때때로 시위현장에서 운동권 못지않은 팔뚝질을 해대기도 했습니다.

지금도 여전히 본명은 알 수 없는 전봉준, 한강 선배에게 학습을 받은 기억이 생생합니다. 《다시 쓰는 한국현대사》를 읽으며 망치로 머리를 맞은 듯한 기분이 들었던 일도 잊지 못합니다.

대학신문의 위기를 느끼던 시절, 70년대에는 대학신문이 기성신문의 역할을 대신했다는 말을 해준 선배가 있었습니다. 대학신문을 고향친구에게 보내주는 것이 일종의 유행이었다는 말도 전해 들었습니다.

이윤도 선생님은 한철수 선배가 꼬박꼬박 보내주던 〈고대신문〉을 받아 보았다고 말씀하셔서 그 선배의 말이 사실이었음을 증명해 주셨습니다.

집현전 운영 당시 도서대출 1위였던 《장길산》이나 《전환시대의 논리》, 《8억 인과의 대화》, 《난장이가 쏘아올린 작은 공》을 저 역시 대학시절에 읽었습니다.

1970년대 수많은 대학생과 지식인들에게 '코페르니쿠스적 인식의 전환'을 가져왔다는 《전환시대의 논리》는 제게도 뜨거운 책이었습니다. 리영희 선생님은 한동안 기자를 꿈꾸던 저의 우상이었습니다.

이런 제가 70년대 청춘을 보낸 이들의 이야기에 흠뻑 빠진 것은 당연한 일인지도 모르겠습니다. 이들 '부마세대'가 정확히 저의 부모세대에 해당하는 꽤 큰 나이차를 가진 세대인데도 불구하고 저희 세대가 받은 학습이, 세미나가, 팔뚝질이 이들에게서 온 것이 분명하니 말입니다.

집현전[2]은 1978년과 1980년대 사이 전국적으로 생겨난 양서협동조합 운동(이하 양협운동) 중 하나였습니다. 양협운동은 부산, 마산, 대구, 서울, 광주, 울산, 수원 7대 도시에서 생겨난 자발적 시민사회운동[3]이었습니다. 경제적 상호부조를 목적으로 설립된 일반 협동조합과는 확연히 다른 성격을 지녔던 양서협동조합은 각 지역에서 민주화운동 및 시민사회운동의 주춧돌을 놓았지만 지금까

---

2) 마산의 경우 1978년 8월 12일 열린 창립총회에서 명칭은 '경남양서보급회'로 정하고 '경남양서판매이용협동조합'을 병행해 사용하기로 결정했다. '집현전'은 경남양서보급회의 직영서점 명칭이었으나, 본문에서는 경남양서보급회 즉 경남양서협동조합을 일컫는 또 다른 이름으로 혼용하여 썼다.

3) 양협운동의 전파에 대한 기존 설명을 종합해보면, 1978년 4월 5일 부산양협이 설립되었고, 이를 모방해 1978년 8월 12일 경남양협(집현전)이, 1978년 9월 22일 대구양협이, 1978년 11월 12일 서울양협이 창립됐다. 마산, 대구, 서울, 울산의 경우는 부산을 모델로, 수원은 부산과 서울을 모델로 하였으며, 광주는 창립시점에 따라 독자적 설립과 서울을 모델로 했다는 설 두 가지가 공존한다.

지 큰 주목을 받지는 못했습니다.

양협운동이 정치적 사건의 중심으로 부각된 계기는 부산양서협 동조합이 1979년 10월, 부마민주항쟁의 배후로 지목되면서 부터 였습니다.[4] 부마민주항쟁이 일어나기 직전인 7월 7일 해산한 경 남양협과 달리 1979년 10월 570여 명에 달하던 부산양협의 조합 원 300여 명은 부마민주항쟁의 배후로 몰려 강제 연행 당했으며, 조합은 11월 19일 강제 해산되었습니다.

영화 〈변호인〉의 모티브가 된 부림사건은 바로 해산된 부산양 협 회원들이 이어간 사회과학 독서모임을 발단으로 한 사건이었 습니다.

부산양협의 강제 해산 이후 대구, 서울, 광주, 수원, 울산의 양서 협동조합 역시 전두환 정권의 감시, 방해 및 내부여건으로 인해 해 산의 수순을 밟았습니다.

경남양협은 "부산양서협동조합과 같은 독특한 서점을 하고 싶 다"는 이광두 회장의 바람에서 시작했지만, 그 배경에는 마산 출 신 서울 유학생들의 모임인 재경마산학우회와 재경마산학우회에 서 파생된 현실인식을 위한 사회과학 소모임, 이 소모임과 경남대

---

4) 2009년 부마민주항쟁 30주년 기념 학술심포지움 발표 자료집 〈한국의 민주화운동과 양서협동조합 〉에 실린 기조발제 원고 〈양서협동조합운동의 재조명〉(차성환, 39p.)

생이 결합해 만든 마산지역 소모임이 있었습니다.[5]

    "지난 시대 당대 지성의 집결처로서 집현전이 있었다.
여기서는 폭넓은 독서와 연구가 이루어졌으며
활기찬 토론이 전개되었다. …
그 성과는 강한 민족적 성향을 띠면서 광범한 민중지향적인
훈민정음 창제로 대표되어 나타났다. …
우리는 지금 여기서 지난날의 집현 정신을
새로이 이어 받고자 한다."

    1978년 8월 20일자 〈집현보〉 창간호에서 이광두 회장이 '당대 지성의 집결처로서 집현전' 정신을 이어 받고자 한다고 밝힌 것처럼, 경남양협의 창립 목적은 단순한 서점이나 독서모임의 수준을 넘어, 학생·시민이 연대하는 운동단체의 성격을 띠고 있었습니다.

    이를 확인시켜주듯 8월 12일 YMCA 강당에서 열린 창립총회 참석인원은 53명이었으며, 창간호에 수록된 회원 명단에는 대학생, 교사, 노동자, 공무원, 자영업자 등 총 128명의 회원이 이름을 올렸습니다.

---

5) "사람을 모으는 일에 대해서는 이광두 형은 완월성당에 다녔으니 성당 청년들과 완월동, 장군동 일대의 직장인을, 우리는 재경마산학우회, 경남대 학생들을 최대한 확보해 보자고 결론이 났어요. 크게 두 갈래로 사람들을 모집하고 이들을 결합하는 형태로 양서협동조합을 만들어보기로 한 거죠. 그게 집현전이었어요."(박진해 인터뷰, 179p.)

경남양협은 시민운동단체의 성격에 걸맞게 홍보위원회, 양서선정위원회, 도서운영위원회, 사회문화위원회 등 4개 분과위원회를 구성해 운영되었습니다.[6]

이렇게 출발한 경남양협은 마산시 장군동에 '집현전'이라는 이름의 직영서점을 개설하고, 회원과 일반 이용자를 위한 양서 구매, 회원에 대한 도서대출사업, 사회봉사사업, 장학사업, 문화예술사업, 독서인구 확대 및 악서추방운동 등 다양한 운동을 벌여 나가기로 약속했습니다.

특히 '매 회계 연도마다 집현전 순이익금의 10% 이상을 대출도서 확보금으로 하고, 10% 이상을 사회문화사업비로 확보' 하도록 규정해 단순한 서점으로 변질되는 것을 막았습니다.

경남양협은 부산에 이어 전국 두 번째로 설립되었으나, 당국의 감시나 방해가 아닌 경영상의 이유로 가장 일찍 해산하고 말았습니다. 이에 대해 박진해 선생님은 인터뷰에서 "12월에 접어 들면서 이광두 형이 가까운 몇 사람에게 자신이 여러모로 애를 써봤는데 도저히 개점할 만한 자금을 확보하기가 어렵다, 그래서 서점은

---

6) △홍보위원회: 박진해(위원장 · 연세대 국문과 졸), 한옥진(경남대 사학과), 박애련(경남대 미술과), △양서선정위원회: 정성기(위원장 · 경남대 경제학과), 주정숙(창원여중 교사), 장미영(경남매일 교열부 기자), △도서운영위원회: 이혜란(위원장), 김경옥(경남대 도서관 사서), 정현섭(경남산업전문학교), △사회문화위원회: 유위종(위원장 · 한국감정원 마산지부), 김장희(건국대 화공과졸), 이정화(마산YWCA). 〈경남양서보급회를 돌아보다〉(박진해, 93p.)

포기해야 한다"고 일종의 폭탄선언을 했다고 설명했습니다.

또한 운영자의 말을 전적으로 수용할 수밖에 없었던 이유에 대해 "부산만 하더라도 상황이 이러면 어느 변호사나 목사님, 신부님을 찾아가서 지금 형편이 어려운데 어떻게 돈을 융통해 주시면 우리가 열심히 노력해서 나중에 상환하겠다든지, 그런 노력이라도 했을 텐데, 당시 우리한테는 재정적으로 기댈 수 있는 선배나 어른이 없었다"고 부연하였습니다.

실제로 김형기 목사가 중심이 되어 전국 최초로 설립된 부산양협의 경우, 부산 보수동의 중부교회를 중심으로 변호사, 교수, 직장인 등 어느 정도 경제적 기반이 잡혀있는 비판적 지식인들이 대거 참여했다는 점에서 경남양협과는 큰 차이를 보였습니다.

또한 합법적이고 온건한 문화운동으로서 양협운동을 전개하려 했던 부산양협의 운영진이 학생운동 세력과는 거리를 둔 것과 달리, 경남양협의 주요 참여자들은 경제적 기반이 미약한 대학생, 휴학생, 사회 초년생 등이었다는 점에서 지속적인 운영에는 한계가 있을 수밖에 없었습니다.

하지만 공식적인 해산에도 불구하고, 경남양협의 활동은 또 다

른 형태로 진화되어 나타났습니다.[7]

우선, 경남양협의 실질적 활동공간이었던 집현전은 1979년 7월 7일 해산을 선언한 뒤 장군동에서 중성동(창동)으로 이전해 활동을 이어갔습니다. '하꼬방'처럼 작고 낡은 공간이지만 도서 대출활동과 여성학 소모임, 3.15의거기념 세미나가 부마민주항쟁이 터지기 직전까지 계속되었습니다.

남아있던 이들은 부마민주항쟁이 일어난 후에는 '구속자 돕기 모임'을 만들어 경남양협 회원이었던 주대환, 황성권, 김종철, 정성기 등을 포함한 구속자들을 위한 여러 가지 대책을 강구하기도 했습니다.

김진식, 박진해 선생님의 경우 10.26 이후 새로운 공간을 빌려 풀려난 구속자들('구속자 돕기 모임'을 통해 알게 된 정인권, 박인준, 최갑순, 옥정애 등)과 후속모임을 만들어 80년대 민주화운동으로 이어갔습니다.

또한 몇몇 회원이 참여한 집현전 회보 〈집현보〉 발간 경험은 1983년 전국 최초 지역 무크지 〈마산문화〉[8] 창간의 원동력이 되기도 했습니다. 〈마산문화〉의 주 편집진이었던 주대환, 서익진, 박진

---

7) 2009년 부마민주항쟁 30주년 기념 학술심포지움 발표 자료집 〈한국의 민주화운동과 양서협동조합〉에 실린 원고 〈경남양서보급회를 돌아보다〉(박진해, 101p.)

8) 1983년 발간된 〈마산문화〉는 주대환, 서익진, 박진해, 김종철을 주축으로 김종석, 박영주, 이재업, 이태수 등이 합류해 매년 한 차례씩 총 4호를 발간한 지역문화 무크지(비정기 간행물)이다. 마산지역의 독자적이고 지방자치적인 문화 구현을 주창해 타지역에도 큰 반향을 일으켰다.

해, 김종철은 모두 경남양협의 회원이었으며, 〈마산문화〉를 출판한 청운출판사는 서익진, 하효선 대표가 운영하던 출판사였습니다.

공식 활동을 중단한 경남양협의 끊임없는 부활을 꿈꿔온 김종철 선생님은 본인이 종자돈을 만들고, 지역에서 활동해온 선후배들의 출자를 이끌어내 1988년 6월 25일, 보다 발전된 형태인 회원제 도서관 〈민간도서관 책사랑〉[9]을 탄생시켰습니다.

〈민간도서관 책사랑〉의 파급효과는 전국적으로 회원제 도서관을 확산시킬정도로 큰 것이었고, 1990년대 중반 이후에는 마을도서관 형태로 발전돼 창원에는 어느 지역보다 많은 작은도서관이 생겨날 수 있었습니다.

하나의 역사적인 사건이 일어난 배경에는 여러 형태의 중첩된 사건과 사람들이 자리하고 있습니다. 집현전은 부마민주항쟁, 전국 최초의 지역 무크지 〈마산문화〉 창간, 〈민간도서관 책사랑〉 개관에 직간접적인 영향을 미쳤습니다.

이외에도 집현전과 관계된 사람들이 만든 연극, 세미나, 학술강연회는 마산의 문화를 이끌었습니다. 그러니 집현전과 '그때 그 사

---

9) 남성동 60여 평 공간에 마련된 〈민간도서관 책사랑〉은 소외된 노동자들의 이용을 쉽게 하기 위해 밤 10시까지 문을 열고 연중무휴로 운영함으로써 큰 호응을 얻어 개관 후 6개월 만에 가입자가 1만 명을 넘어섰고 하루 평균 이용자 200명, 대출량도 300권을 넘을 정도로 큰 성과를 거두었다. 개관 당시 6천여 권으로 출발한 〈책사랑〉의 장서는 1999년에는 2만 권으로 대폭 늘었고 창동, 합성동 시기를 거쳐 내서지역으로 옮겨졌다.

람들'을 알아간다는 건 마산 지역의 역사를 이해하고 그로부터 이어져온 현재의 우리 모습을 직시할 수 있는 단초가 될 것입니다.

역사를 바라보는 균형적인 시각, 거품 없는 진실에 가까이 가려는 노력은 오늘의 우리 삶을 바라보는 중요한 지표가 되리라 믿어 의심치 않습니다.

바라건대 이 책이 1970년대, 마산, 부마민주항쟁을 이해하는 또 다른 실마리가 되기를 기대합니다.

그럼에도 불구하고 《집현전 그때 그 사람들》은 여러 가지 한계를 가지고 있습니다.

우선 이 책의 주인공인 박진해, 정혜란, 정성기, 이윤도, 김진식, 하효선 선생님은 1970년대 집현전을 대표하는 인물이지만, 전부는 아닙니다.

테이블토크부터 각 인물의 인터뷰 전문에 꾸준히 등장하는 이광두, 김종철, 주대환, 황성권 선생님은 미처 인터뷰하지 못했지만 집현전의 태동과 운영에 많은 역할을 하신 분들입니다.

특히 이광두 회장님과 김종철 선생님은 집현전의 중심인물이었지만 안타깝게도 유명을 달리하신 까닭에 뵐 길이 없었습니다.

인터뷰 인물을 테이블토크 〈집현전 그때 그 사람들〉 참석자로 한정함으로써, 긴급조치 위반으로 구속되었다가 부마민주항쟁으

로 다시 구속되어 고초를 치른 주대환, 황성권 선생님은 따로 뵙지
못했습니다.

두 번째는 40년이라는 긴 시간으로 인해 발생하는 기억의 차이
입니다. 너무 오랜 시간이 지난 일들이기에 인터뷰이 각자의 기억
이 조금씩 다를 수 있습니다. [10] 하지만 그럼에도 불구하고 40년이
훌쩍 지난 집현전 이야기가 생생하게 되살아날 수 있었던 건 박진
해 선생님 덕분이라고 해도 과언이 아닙니다. 당시 자료와 메모를
거의 대부분 간직하고 계셨던 선생님의 자료를 기초로 집현전을
둘러싼 과거 행적을 비교적 정확하게 드러낼 수 있었습니다.

《집현전 그때 그 사람들》은 집현전의 태동과 운영, 부마민주항
쟁 전후의 사건들을 이야기한 테이블토크와 참석자 개인의 인터
뷰로 구성되었습니다. 개별 인터뷰에서는 단순히 집현전의 이야
기에 국한하지 않고, 가족관계, 자라온 환경, 역사를 바라보는 시
각 등 각 개인이 전하고자하는 다양한 이야기를 듣고 그 내용을 실
었습니다.

여섯 번의 인터뷰는 더디게 진행되었습니다. 인터뷰가 끝날 때
마다 오래도록 남는 잔상을 지우기가 어려웠던 탓이었습니다.

---

10) 김진식은 중성동 집현전 공간에 놓인 의자가 긴 나무벤치라고 기억했지만, 하효선은 집현전에 긴 소
파가 있었다고 전한다. 이외에도 세부 상황과 사건, 인물, 공간, 사물에 대해 약간의 차이가 있을 수
있지만 테이블토크 이후 집현전, 부마민주항쟁과 관련된 주요 기억들은 대부분 일치하는 편이다.

정현종 시인의 〈방문객〉이라는 시에는 "사람이 온다는 건/ 실은 어마어마한 일이다/ 그는/ 그의 과거와/ 현재와/ 그리고/ 그의 미래와 함께 오기 때문이다/ 한 사람의 일생이 오기 때문이다/ 부서지기 쉬운/ 그래서 부서지기도 했을/ 마음이 오는 것이다"라는 문구가 나옵니다.

이번 인터뷰작업을 통해 인터뷰야말로 '한 사람의 일생을, 부서지기 쉬운 부서지기도 했을 마음'을 만나는 일이라는 사실을 새삼 깨달았습니다.

패널이 방청객보다 많았던 테이블토크를 혼자 알고 있기 아까워 책을 기획하고, 경남문화예술진흥원 출판지원사업의 도움을 받아 세상에 내놓게 되었습니다. 매 인터뷰 시간을 '수업시간'이라 부를 정도로 많은 배움을 얻었습니다. 귀한 시간을 내어 진심어린 이야기를 들려주신 박진해, 정혜란, 정성기, 이윤도, 김진식, 하효선 선생님께 감사를 전합니다.

여러분도 《집현전 그때 그 사람들》을 통해 마산의 역사와 사람 그리고 마음을 만날 수 있기를 기대합니다.

봄을 기다리며
손상민

집현전 그때 그 사람들

〈집현전 그때 그 사람들〉 테이블토크는
2019년 11월 14일(목)부터 30일(토)까지
씨네아트 리좀에서 개최된 '2019 부마민주영화제'의
부대행사 중 하나로 진행되었습니다.

- 일시_ 2019년 11월 17일(일) 15:00
- 장소_ 씨네아트 리좀 3층
- 주최_ 부마민주항쟁40주년기념사업국민추진위원회, 부마민주항쟁기념재단
- 주관_ 부마민주항쟁기념재단, ACC프로젝트, 씨네아트리좀
- 녹취·사진제공_ 부마민주항쟁기념사업회
- 정리·편집_ 손상민

1부

박진해 _ 오늘 우리는 〈집현전 그때 그 사람들〉을 주제로 해서 한 자리에 모였습니다. 사실 집현전이 1978년 8월에 공식적인 창립기념식을 했기 때문에 되돌아보면 41년 지난 셈입니다.[1] 오늘 여기 오신 토론자분들은 당시 시대와 청춘을 함께했던 주요 멤버들입니다.

하지만 40년 전의 과거이다 보니 기억의 한계도 있고, 서로 놓인 처지와 영역이 달라 생각에도 차이가 있을 거라 생각합니다. 기억도 단편적일 수밖에 없고요.

그래서 오늘은 가급적이면 이야기를 나누는 과정에서 서로가 단편적으로 기억하는 부분들을 꿰맞추어, 어느 정도 전체적인 얼개를 찾아가 본다는 생각 또 그 시기를 일차원적인 차원에서 복원해본다는 생각으로 임해 주시기를 부탁드립니다.

---

1) 2019년 11월 17일(일) 오후 3시, 씨네아트 리좀에서 진행된 〈집현전 그때 그 사람들〉 테이블토크는 부마민주항쟁기념재단, ACC프로젝트, 씨네아트리좀 주관으로 열린 부마항쟁 40주년 기념 〈2019 부마민주영화제〉의 부대행사 중 하나였다.

집현전을 주제로 처음 모인 자리

가볍게 모인 자리지만 오늘 참석하신 분들을 사회자 입장에서 소개하겠습니다. 제 옆에 앉아 있는 김진식 씨는 현재 울산대 불문과 교수로 있습니다만, 그 시기에는 서울대 불문과를 졸업하기 전이었고 집현전에서 감사를 맡았습니다.

그리고 옆에 있는 하효선 씨, 지금 이 공간, 에스빠스 리좀의 대표로 있는 하효선 씨는 당시 경남대 국제개발학과를 다니던 학생이었고요. 그 전에는 마산학생연극회 주요 멤버로서 열심히 활동한 걸로 알고 있습니다.

옆에 있는 정혜란 씨는 당시 이화여대 법학과를 졸업하고, 공장에 다녔다가 마산으로 돌아와 집현전에 조금 관여했습니다. 특히 부마항쟁 때는 계엄사 합동수사단에 검거되기도 했고요. 마산 YMCA 간사를 역임했습니다.

옆에 있는 이윤도 씨는 경남대 경영학과, 76학번이었고 마산학생연극회가 만들어지고 곧 이어 만들어진 경남대극예술연구회의 창립 주역이었습니다. 또 경남대 국어교육학과 학생들을 설득해서 경남대전통예술연구회을 발족하게 한 장본인이기도 합니다.

그리고 옆에 있는 정성기 씨는 지금 현재 경남대 경제학과 교수로 재직 중이고요. 그 당시 경남대 경제학과 재학생이었고, 경남대 첫 이념서클인 사회과학연구회를 만든 주멤버였습니다. 또 집현전의 초창기부터 참여하면서 양서선정위원장이라는 중책을 맡기도 했습니다.

사회를 보고 있는 저는 당시 연세대 국문학과를 막 졸업한 상황이었습니다. 1978년 8월 코스모스 졸업이었는데, 집현전이 8월 12일 날 창립총회를 했으니까 졸업 직전에 창립총회에 참여한 셈입니다. 창립총회를 하고 8월 말에 서울에 가서 졸업을 한 기억이 납니다.

집현전 창립에 관여했고, 집현전 홍보위원장을 맡아서 집현전 회보였던 〈집현보〉 편집 작업을 했습니다.

집현전이라는 주제를 이야기하자고 만난 것은 이 자리가 처음이 아닌가 생각합니다. 집현전 당시 학생 신분이었든, 갓 졸업을 한 상태였든 모두 유사한 경험을 공유했습니다. 집현전에 참여했던 멤버들이 오늘 이 자리에 모이게 되어 반갑고, 각자의 기억을 최대한 되살려서 그 시절의 이야기를 나눠보면 좋겠습니다.

서울에서 학교를 다니는 학생들의 모임, 재경마산학우회

먼저 재경마산학우회부터 이야기를 풀어 볼까요? 재경마산학우회를 먼저 이야기하는 이유는 70년대 마산의 상황을 이해하기 위해서입니다. 70년대 마산은 전국 7대 도시 중 하나로 꼽힐 정도로 많은 노동자들의 일자리가 있는 곳이면서 동시에 급속도로 확장되는 도시였음에도 불구하고, 지역 대학은 아주 빈약한 상태였습니다.

70년대 초에는 마산에서 가장 큰 대학이 마산대학이었는데, 재학생이 300명에서 500명 남짓할 정도로 적은 수여서 지역 대학생만으로는 마산의 청년 문화랄까 청년들의 동향을 이야기하기가 상당히 힘든 노릇이었습니다.

재경마산학우회는 마산 출신이면서 서울 소재 대학에 재학하는 학생들 모임으로, 70년대 중반에 이르러서는 그 수가 1,300명에 이르렀습니다. 이 학생들은 비록 서울에서 학교를 다니지만 방학만 되면 마산에 와서 활동을 이어갔습니다. 게다가 당시에는 여름방학, 겨울방학을 합쳐서 4~5개월에 이르는 긴 기간이었습니다. 방학 중 마산으로 돌아온 상당수의 재경마산학우회 학생들이 마산에서 활동하고 마산 안에서 뭔가 움직임을 만들어 내고자 했다는 사실로 비춰볼 때, 마산 청년문화 형성에 재경마산학우회가 매우 중요한 집단이라고 볼 수 있겠습니다.

1965년에 창립된 재경마산학우회는 저희들이 대학에 입학했던 74년도에 10년차를 맞았습니다. 10대 학우회 대표가 한철수 전 창원상공회의소 회장입니다. 한철수 씨는 고려대 기계과 재학 중 10대

회장이 되었는데, 마산고등학교 31기로 저희보다 한 해 선배인 까닭에 후배인 저와 김진식 씨 등이 간부 제안을 받아서 활동하게 되었습니다. 김진식 씨는 총무부장을 저는 편집부장을 맡았습니다. 하지만 편집부장인 제가 딱히 해야 할 일이 없었습니다.

그래서 한철수 회장에게 "지금 10년 역사를 돌이켜 봐도 학우회에 대해 제대로 기록한 회보 같은 게 전혀 없다. 기왕에 편집부장이 되었으니 회보를 만들어보고 싶다"고 제안을 했습니다.

재경마산학우회의 회지 〈남도〉 창간

한철수 회장은 저의 제안에 흔쾌히 동의했고 10대 회장단은 다른 여러 활동보다도 회지 만드는 일에 주력을 했습니다. 그렇게 재경마산학우회의 창간호 〈남도〉가 나오게 됐습니다. 그게 10대 학우회 때 기억할 만한 일이라고 할 수 있겠고, 또 다른 일은 11대 회장으로 서익진 씨를 추대하려고 했던 일입니다.

이 자리에도 와 있는 서익진 씨가 그때 서울대 경영학과에 재학 중이었고, 우리는 10대 학우회에서 한 일을 이어가기 위해 서익진 씨를 회장으로 만들자고 얘기했습니다.

그래서 각 대학 동문회장을 동기들이 맡았는데, 김진식 씨가 서울대 동문회장으로, 김장희 씨가 건국대 동문회장으로, 제가 연세대 동문회장으로 선출되었습니다. 왜냐면 나름 조직적인 선거운동을 해서 표를 모아야했기 때문입니다.

이런 선거운동을 거쳐서 서익진 씨가 11대 회장이 되었습니다. 10대, 11대 양대 학우회 시기에 역점을 두었던 것이 학술 부분이었고, 또 하나 사회 문제에 대해 관심을 쏟는데 주력했습니다. 그 과정에서 75년 1월, 그러니까 한철수 회장에서 서익진 회장으로 넘어가기 직전 시기인 75년 겨울방학에 동계학술강연회를 만들어 보자는 얘기가 나왔습니다.

잠시 10대 재경마산학우회 총무부장이었던 김진식 씨가 동계학술강연회가 만들어지기까지의 과정을 말씀해주시면 좋겠습니다.

김진식 _ 네. 말씀하신대로 75년 겨울방학 중이었을 것 같습니다. 당시 서울에서 마산까지 모실 분을 처음에는 생각하지 못했습니다. 여러 연세가 많으신 선배분들에게 자문을 구하고 해서 1차로 추천을 받은 분이 요산 김정한[2] 선생님이셨습니다. 특히 청년 학생들에게 좋은 말씀을 해주실 수 있을 거라고 하셔서, 부산 서대신동인가로 찾아갔습니다.

---

2) 요산 김정한(1908~1996)은 경상남도 동래 출신으로 일제강점기 농촌의 현실과 친일파 승려들의 잔혹함을 그린 〈사하촌〉이 당선되어 등단했다. 식민지 현실의 모순에 대한 강렬한 비판의식을 드러내는 단편소설을 주로 발표했으며, 주요 작품으로는 〈인간단지〉, 〈수라도〉, 〈삼별초〉 등이 있다.

선생님이 살고 계셨던 일본식 가옥에 들어가서 사정 얘기를 하니 좋은 생각이라고 말씀하셨는데, 뒤에 무슨 사정에 의해서 못 오시게 되었습니다. 그래서 급히 강연자를 변경해서 마산 교대에 계셨던가요? 정재관[3] 교수님을 모시고, 가톨릭문화원 강당에서 했던 게 기억납니다.

학생들 행사를 한다고 하면 항상 빠지지 않았던, 형님같이 익숙한 편상철 형사가 왔던 기억도 납니다. 내용의 깊이를 떠나서 학생들이 일종의 사회적인 문제에 대해 생각해 볼 수 있는 시간을 가졌다는 점에 의의가 있다고 할 수 있겠습니다.

박진해 _ 75년 1월에 제1회 동계학술강연회가 개최되었고, 75년에 서익진 11대 회장의 임기가 공식적으로 시작돼 1년에 걸쳐서 진행이 되었는데, (서익진 씨를 향해) 지금 방청석에 있지만 당시 11

---

3) 정재관(1931~1986)은 마산에서 활동한 문학평론가이자 시인으로 1962년 〈현대문학〉에 시로 등단, 1975년에는 신춘문예 평론이 당선되어 활동했다. 마산대학부교수, 〈경남매일〉 수석 논설위원을 역임했다.

대 회장 시절에 역점을 두었던 사업 중 혹시 기억나는 것 있으면 말씀해주시죠.

서익진 _ 제가 프랑스에서 한 20년 지내고 와서 보니까 이전 시절에 대해서는 거의 기억이 나지 않아요. 단편적으로 생각이 나는 것 밖에 없고 뭔가 이어지지가 않습니다. 사람도 잘 못 알아봐서 실수도 했고요. 말씀하신 가톨릭문화원에서 개최했던 학술강연회도 구체적으로 어떻게 준비되었는지 생각이 잘 나지 않습니다.

〈일제 식민지 사관의 비판과 그 극복〉 심포지엄 개최

박진해 _ 저도 오늘 사회를 맡고는 있지만, 기억만 가지고는 한계가 있습니다. 다만 이 시기에 재경마산학우회 편집부장으로서 회지를 만들었기 때문에 약간의 자료를 가지고 있습니다. 자료를 모으고 보관하고 책을 만들어야 하는 역할이었기 때문에 나름대로 자료를 모아서 가지고 있었던 것이죠.

물론 그 사이에 분실이 조금 되기도 했지만, 지금도 일정 부분은 남아 있고 또 그 시기에 날짜별로 해놓은 메모도 단편적으로 있기 때문에 당시 있었던 일들을 기억하는 겁니다. 제 머리가 뛰어나서는 전혀 아니고 말이죠.

회지를 보면, 75년 8월 15일에 창동 희다방에서 〈일제 식민지 사관의 비판과 그 극복〉이라는 심포지엄을 개최했습니다. 그때 사회를 서익진 회장이 맡았고, 외부 강사를 초청하지 않고 재경마산학우회 학생들이 연사를 맡아 참여해서 회지에 그 이름들이 기재되어 있습니다.

학술적인 맥을 잇게 한 동계학술강연회

그리고 11대 학우회 임기 말이었던 76년 1월 9일에 제2회 동계학술강연회가 열렸습니다. 1회를 만들었기 때문에 학술강연회가 매년 이어질 수 있었죠. 제2회 학술강연회는 연세대 동문회와 연계해서 〈민족문화 창조를 향한 새 가치관의 모색〉이라는 주제로 연세대 도서관장이었던 한태동[4] 교수를 초청해 강연을 열었습니다.

강연은 계속 이어져서 77년 2월 17일 제3회 동계학술강연회에는 고려대 사학과 교수이면서 마산고 출신이었던 강만길[5] 교수를

---

4) 한태동(1924~)은 존스대학교에서 건축학과 의학을, 웨스트민스터대학교에서 신학을 전공했으며 역사학 방법론 연구로 박사학위를 취득했다. 교회사, 종교사상, 과학사, 문화사, 세종시대 음성학, 갑골문과 모계사회가 주 연구 분야이다. 1957년부터 연세대학교에서 신과대학 교수, 중앙도서관장 대학원장 등을 역임하였다.

5) 강만길(1933~)은 마산 출생으로 1970년대 중반부터 '분단극복을 화두로 삼아 한국 근현대사 연구에 새로운 길을 열었다'고 평가받는 역사학자이다. 주요 저서로는 분단 극복의 역사관을 제시해 지식인들의 큰 공감을 샀던 《분단시대의 역사인식》(1978)을 비롯해 《통일운동시대의 역사인식》(1990), 《20세기 우리역사》(1999) 등이 있다. 고려대 한국사학과 교수, 박물관장, 한국사연구회 회장 등을 역임했다.

초청했습니다. 78년 1월 21일 제4회 동계학술강연회에는 서울대 해직교수였던 한완상[6] 교수를 초청해서 행사를 했습니다. 이렇게 나름대로 학우회가 학술적인 맥락을 가질 수 있도록 노력을 했죠.

이런 활동을 해나가는 과정에서 학우회 구성원들은 재경마산학우회라는 이름으로는 활동에 한계가 있다, 좀 더 자유롭게 서로 이야기를 허심탄회하게 할 수 있고 선을 넘나드는 자유로운 소모임이 필요하다는 논의를 하게 되었습니다.

아까도 편상철 형사가 행사에 와서 참관을 했다고 한 것처럼, 유신시대에는 공식적인 모임을 하면 정보과 형사들이 전부 따라붙던 시대였으니까요.

그런 논의가 이루어지면서 대학별로 몇 명씩 추천하고 해서 한 30명 정도의 소모임이 만들어졌습니다.

소모임 회원들은 다방이나 중국집 같은 곳에서 모임을 가지다가, 방학 때 마산에 오면 그 활동을 이어가기도 했습니다. 그때 명단이 아직 남아있는데, 이화여대 학생들 명단에 정혜란 씨 이름도 있습니다. 혹시 정혜란 씨는 그 소모임에 참여했던 기억이 나나요?

---

6) 한완상(1936~)은 서울대에서 사회학을 에모리대학에서 정치사회학을 전공한 사회학자로, 서울대 교수 시절 박정희 정권에 비판적이라는 이유로 해직당했다가 1980년 김대중 내란음모 조작 사건에 연루돼 모진 고문을 받았다. 서울대 교수, 제18대 부총리 겸 통일원 장관, 상지대학교 총장, 교육인 적자원부장관, 대한적십자사 총재 등을 지냈다.

정혜란 _ 같은 학교였던 마여고 후배들 몇 명과 같이 모였던 기억 외에는 잘 나지 않습니다.

재경마산학우회 소모임 회원과 경남대생의 접촉

박진해 _ 네. 아무튼 정혜란 씨도 그 명단에 들어 있고 같이 활동을 했던 모양입니다.

이런 활동을 하다가 재경마산학우회 소모임에서 문제의식이 생긴 게 뭐냐면, 재경마산학우회 구성원들은 어차피 마산 사람들 입장에서 볼 때 뜨내기일 수밖에 없다, 이미 대학을 서울에서 다니고 있고 졸업을 하고 나면 아무래도 서울 쪽에 자리를 잡게 된다는 거였죠.

그러면 마산 지역의 어떤 문화적 부분이라든지 사상적이나 사회적인 성장에는 별 역할을 할 수가 없다, 결국 마산에서 맥을 이어가야하는 사람들은 경남대 친구들이 될 수밖에 없지 않느냐라는 현실적인 문제를 고민하게 된 것입니다.

그래서 77년 봄 학기에 경남대 학생을 찾아가 만났습니다. 오늘 자리해 주신 정성기 씨가 경남대 수석 입학자로 경제학과에 막 진학한 상황이었습니다. 그래서 경남대 경제학과를 매개로 해서 경남대에 발판을 만들어보자, 이렇게 해서 정성기 씨에게 접촉을 했고 동의를 한 걸로 기억이 납니다.

당사자인 정성기 씨가 그때의 기억, 그 이후에 사회과학연구회가 만들어지기까지의 과정에 대해서 설명을 좀 해주세요.

정성기 _ 네. 제가 그 유명한 58년 개띠, 그리고 77학번입니다. 우선 저는 그 시절에 대해서 우리가 지금 이렇게 이야기하고 있는 것의 조금 더 심층적인 의미에 대해 먼저 얘기해보고 싶은데요. 올해 부마항쟁 40주년이 지납니다만, 내년 2020년이 되면 몇 주년이라고 부를 수 있는 큰 행사들이 있습니다.

2020년은 1970년 있었던 전태일 분신사건의 50주년이고요, 또 3.15의거와 4.19는 60주년이 됩니다. 거기에 70년에 시작되었던 새마을운동, 경부고속도로 개통 50주년이 되죠. 전국적으로 봤을 때 지역적 의미가 있는 마산수출자유지역을 국가적으로 개척한 것도 50주년을 맞습니다.

산업화와 민주화의 현장이었던 마산

소위 산업화와 민주화라는 키워드를 두고 사회정치적, 또 교육적으로도 갈등이 굉장히 심각한데, 이런 갈등이 역사 전쟁이라는 이름으로 다시 일어나고 있습니다. 개인적으로는 가장 치열한 갈등을 불러오는 시기가 바로 1972년에 시작해서 1979년 부마에서 끝이 나는 유신체제가 아닌가 싶거든요.

보수, 진보 또 우파, 좌파 사이에서 가장 극명하게 드러나는 부분이 유신체제에 대한 입장과 갈등이라고 생각합니다. 2017년에 박근혜 전 대통령이 탄핵되고 감옥에 갇힌 상태에서 1917년생인 박정희가 탄생 100주년을 맞았는데요. 그 100주년 기념 심포지엄을 서울에서 하거나 대구나 구미에서 한 게 아니라 바로 이곳 창원에서 했습니다.

창원 국가공단이 박정희 최대의 작품이라고 생각한 거죠. 창원공단은 박정희의 조국 근대화와 민족부흥을 위한 세계적 산업화의 성공을 상징하면서 한편으로는 유신체제의 억압성, 폭력성, 야만성으로 인해 부마항쟁이 일어난 현장이기도 했습니다.

이런 배경에서 당시에 우리가 했던 활동들을 지금 돌아보면 어떻게 평가할 수 있을까 이런 얘기까지도 해야 할 것 같습니다.

서론이 조금 길었습니다. 아까 70년대 마산대학이 전교생 300명 정도로 규모가 굉장히 작았다고 얘기가 나왔습니다만, 제가 대학에 들어가던 77년 초반에는 마산대학이 경남대학으로 이름이 바뀌고 완월동에서 월영 너머로 옮겨와서 학생수가 대폭 늘었습니다. 유신선포 이후 74년 즈음부터 정원이 늘어서 제가 입학할 때는 산업전문대하고 합쳐서 한 3,000명 정도 됐어요. 77학번은 한 670명 정도였습니다. 그래도 여전히 규모가 작은 편이었죠.

그밖에 다른 지역 대학으로는 가포에 마산교육대가 있었고, 마산간호전문학교가 있었습니다.

저는 대학에 들어갈 때 경제학과로 들어간 게 '우리 집은 왜 이렇게 못 살지?' 어릴 때부터 가진 이런 의문 때문이었습니다.

'이거 완전히 독재정부네. 독재네'

제 고향이 밀양인데 완전히 가난한 초근목피의 처지를 저도 경험했고요. 먹고 살기 힘들어서 자식을 대학은 못 보내도 고등학교라도 보내자고 가족이 1970년 마산으로 나왔습니다.

그러니 제가 대학에 들어간 것도 기적 같은 일이었죠. 중학교 3학년 때는 저한테 "니 공고 갈래, 상고 갈래?" 물었어요. 선택지에 인문계가 없어요. "제가 벌어서 대학 갈 거니까 인문계에 갈 겁니다" 해서 대학에 들어왔어요.

경제학과 들어온 것도 왜 이렇게 빈부격차가 심할까, 왜 열심히 사는데 이렇게 못 사나, 하는 경제학적인 의문이 온 몸에 가득 차 있었기 때문입니다. 그런데 학교에 처음 들어와서는 서울로 대학을 못 간 게 한이 되어서 조금 방황을 했어요. 또 행정고시를 보고 고위공무원이 되면 우리나라 경제 정책을 뜯어고치고 사회에 기여할 수 있지 않을까 생각했습니다.

그러던 차에 1학년 말쯤 되었을 때 서울에서 온 나쁜 선배들이 막 이렇게 나쁜 교육을 시키는 거예요(웃음).

그때는 선배들한테 교육, 학습을 받으면서 선배가 시위를 하다가 감옥에 갔다 하는 소식을 듣기만 해도 가슴이 막 뜨거워지고 그랬죠. 이전까지 만해도 박정희 정권이 경제 성장에 기여하고는 있지만 뭔가 정책이, 정권이 좀 독재적인 면도 있다 그런 정도로만 생각했습니다.

그런데 대학에 들어와서 실제 한국의 정치경제에 대해 공부를 좀 하다보니까 '이거 완전히 독재 정부네, 독재네' 싶었죠.

물론 고등학교에서부터 교련 훈련을 받고 뭐 그런 문화 속에서 지내기는 했지만 대학에 와서 전태일 사건도 접하고 동일방직 얘기도 듣고 이러면서 '아, 이거 대단히 구조적으로 독재 정부네. 내가 공무원으로 들어가 가지고 어떻게 한다고 해서 되는 게 아니구나'라는 걸 깨달았습니다.

그러면서 '나도 운동권으로 뛰어들어야 되나?' 고민을 하던 차에 집현전이 만들어지고 같이 공부도 하게 됐어요. 제가 집현전 양서 선정위원장이었는데요. 고작 대학 2학년밖에 안 됐는데, 이런 모임에서 양서, 즉 좋은 책을 선정하는 위원장이 된 게 사실은 거의 코미디 같은 일이죠. 워낙 대학이 몇 개 안 되고 지식 사회 기반이 약했다는 방증이기도 하겠습니다.

경남대 최초의 이념서클, 사회과학연구회

아무튼 저로서는 개인적으로 집현전 안에서 공부가 굉장히 많이 되었고, 공부를 하면 할수록 아는 게 너무 없다는 것도 알게 되었습니다. 그리고 뭔가 실천을 해보려고, 아주 작은 거라도 실천을 해야 한다는 생각에서, 대학 2학년 때 경남대 안에 사회과학연구회라는 걸 만들었습니다.

사회과학연구회는 경남대학 최초의 이념서클이 될 텐데, 비교하자면 당시 서울의 웬만한 대학에는 과마다 다 있는 흔해 빠진 학회 정도 수준이었을 겁니다. 서울의 웬만한 대학에 있는 어느 정도 규모 있는 학술이념서클이라고 하면 비공개적이거나 반공개적인 모임도 많았는데, 우리가 만든 사회과학연구회는 그렇지 않았죠.

이렇게 과 수준의 학술 모임조차도 없는 빈약한 상태에서 사회과학연구회라는 걸 처음으로 만들어서 내걸었으니, 외부에서는 '저 학생들이 운동권이라고 커밍아웃을 하는구나'하고 받아들였습니다.

어쨌든 공식적으로 인정을 받으려면 지도 교수를 선정해야 해서 제가 동아리 대표로서 교수님 몇 분을 만나 뵙고 의논을 했습니다. 결국 고대 출신 경제학과 교수인 배손근 교수님이 지도교수를 맡아주셨죠. 당시 아주 젊으셨고 열혈청년 같은 분이셨습니다.

하효선 _ 사회과학연구회에 참여한 사람들은 누구 누구였죠?

정성기 _ 대체로 마산고등학교 출신 친구들이었을 겁니다. 정확히 기억이 안 나는데, 이신모, 박재석, 최청호, 윤기수, 이윤도… 10명 정도나 됐을까요? 같이 모여서 이런 책을 읽기로 하자, 하고… 이를테면《전환시대의 논리》[7].《난장이가 쏘아올린 작은 공》[8] 등을 읽었습니다.

---

7)《전환시대의 논리》(리영희, 1974)는 중국관계, 베트남전쟁, 일본의 재등장 문제 등을 촌철살인으로 분석해 당시 지식인들의 현대사 및 국제정치 현실을 바라보는 시각을 획기적으로 전환시킨 고전적 사회계몽서이다. 유신시대 대표적인 금서목록에 오른 책이지만 지식인들에게는 필독서로 꼽혔다.

8)《난장이가 쏘아올린 작은 공》(조세희, 1978)은 1975년 12월부터 3년여에 걸쳐 발표되었다가 1978년에 단행본으로 출간되었다. 출간 이후 문학사·정신사·사회사에서 두루 논의된 문제작으로, 무엇보다 뛰어난 문학성으로 현대의 살아있는 고전의 반열에 오른 책이다.

사회과학연구회에서는 매주 어떤 책을 읽는 지 1주일 전에 대학 게시판에 공지를 했습니다. 학생들에게 모임에 대해 알려주기 위해서였는데, 저 같은 경우는 일찌감치 '저 놈이 운동권 학생이구나' 라는 걸 알리는 식으로 받아들여졌던 모양입니다.

서울대생 하숙방 '가리방' 사건

박진해 _ 네. 설명 잘 들었습니다. 아무튼 이런 형태를 통해서 재경마산학우회가 학술 소모임을 만들고, 경남대와의 결합을 통해서 지역에서 사회 문제에 대한 관심을 학술적으로 접근해 들어가는 하나의 흐름을 만들었다는 정도로, 재경마산학우회 얘기는 마무리하도록 하겠습니다.

참고로 자료를 한 번 보여드리겠습니다. 이것은 74년도, 아까 얘기했듯이 10대 회장이었던 한철수 회장으로부터 제가 받은 편집부장 임명장입니다.

그리고 누런 종이가 된 이건 11대 회장 시절에 서익진 회장 명의로 주변 선배들이라든지 기업인들에게 '재경마산학우회가 이런 활동을 하고자 합니다' 이런 걸 알리는 일종의 광고 전단입니다.

여기에 에피소드를 조금 더 추가하자면, 서익진 씨가 재경학우회 회장을 하면서 이런 전단을 만들 필요가 있었기 때문에 소위 '가리방'이라고 하는 등사기를 구입해서 유인물을 제작했는데요.

77년도에 고대서울대 연합시위 모임 구성원들이 구속되면서 설훈, 서익진 씨도 구속됐는데, 마침 서익진 씨 집에서 등사기가 발각되는 바람에 이 등사기를 이용해서 유인물을 만들고 모의했다는 혐의로 5년형, 3년형을 받았습니다.[9]

유신시대의 한 단면이라고 할 수 있겠죠. 이런 유인물 하나 만들고 시위를 모의한 게 그렇게나 큰 형을 받는 시대였으니까요.

이건 아까 김진식 씨가 준비한 동계학술강연회 팸플릿입니다. 1회는 없고, 2회, 3회 팸플릿이 남아있습니다.

서익진 _ 78년 이후에도 학우회가 11대, 12대, 13대까지 있었습니까?

박진해 _ 네. 12대 회장은 조봉래 씨가 맡아서 했습니다. 12대 회장단은 여기 하나 보여드리겠는데 〈제1회 예술제〉를 이때 했습니다. 본래 새로 회장을 맡으면 새로운 걸 하나 기획해서 하고 싶

---

9) 77년 서울대·고려대 유인물사건은 75년 긴급조치 9호 발령 이후 학생운동이 각 대학별로 분산돼 이루어졌던 상황에 비춰볼 때, 서울대와 고려대가 함께 엮인 이례적인 사건이었다. 77년 4월 설훈(고려대 74학번), 이민구(고려대 75학번), 황인국(고려대 75학번)이 학내에 뿌린 유인물로 먼저 잡혀갔고, 그 연결선상에서 설훈의 마산고 한 해 후배였던 서익진(서울대 73학번), 김창우(서울대 74학번)까지 검거되어 1심에서 설훈 징역 5년, 김창우 징역 4년, 서익진 징역 3년 6월 등을 선고받았다.

어하니까요. 지금은 없어진 강남극장을 빌려서 음악, 연극, 무용 등 다양한 문화공연을 기획해서 진행했습니다.

서익진 _ 학술강연회는 이어지지 않았나요?

박진해 _ 학술강연회는 매년 이어졌습니다. 조봉래 회장 시절에는 강만길 교수가 초청됐고 13대에도 진행됐고요. 저희들이 파악하기로는 70년대 학우회는 그 흐름이 계속 이어졌고 동계학술강연회도 거의 매년 개최되었습니다.

서익진 _ 그러면 소모임은 어떻게 이어졌나요?

75년 겨울방학에 시작한 마산학생연극회

박진해 _ 소모임은 76년경부터 시작됐고, 77년에 경남대와 결합을 하고 78년에 접어들면서 소모임의 흐름이 결국은 집현전으로 이어졌다고 보면 될 것 같습니다.

그러니까 집현전이 아무 것도 없는 상태에서 쑥 솟아오른 게 아니고 이전에 있었던 소규모의 모임이 하나의 단체로서 나타나게 된 게 집현전이다, 이렇게 이해를 하시면 되겠습니다.

집현전으로 넘어가기 전에 또 하나 언급하고 싶은 부분이 있습니다. 사회 문제에 대한 관심과 학술적인 흐름이 지금까지 이야기한 것처럼 이어졌다면, 지역에서 문화 예술의 흐름이 또 한 단계로 진행이 되었습니다. 그것이 75년 겨울방학부터 시작해서 76년 초에 정식으로 꾸려지게 된 마산학생연극회라는 조직입니다. 마산학생연극회의 주역 중 한 사람인 김진식 씨가 그 시기를 한 번 정리해 주세요.

김진식 _ 아시다시피 그땐 20대 시절이고, 부모보다 친구가 더 좋은 시절이 아니겠습니까? 방학마다 친구들을 만나던 중에 같은 반이었던 신용수를 백랑다방인가, 흑백다방인가 제일은행 뒤에 다방에서 만났습니다. 얘기를 나누던 중 제가 연극반을 한다 하니까 "어, 나도 연극반을 하는데" 하는 겁니다. 그때만하더라도 마산에서는 연극이 활발하게 공연되던 시절도 아니었는데도 "그럴 게 아니라 방학 때 같이 연극을 하면 어떨까?", "그거 좋다" 이렇게 즉석에서 얘기가 됐어요.

그래서 용수하고 나하고 부산에 있는 대학을 다니는 친구하고 몇몇이서 모여가지고 한 번 해보자해서 첫 작품으로 이제현 씨 극본의 〈엘리베이터〉라는 작품을 했습니다.

우선 출연 캐스트가 적은 작품이어야 되고 너무 길어도 안 되고,

연극 공연장도 갖춰진 데가 없다 보니까 무대나 소품도 아주 간소한 작품을 고르다 보니까 그 작품을 선택하게 됐죠.

남성동 성당 옆 골목에 동양파크인가에서 첫 공연을 했어요. 그게 75년 1월 즈음입니다. 그렇게 해서 해마다 방학만 되면 모여서 연극을 하고 그게 점점 번지다보니까 친구들이 회원으로 들어오고 경향 각지에서 모여 들었습니다.

경남대학의 이윤도가 들어오고 후배들이 들어오기도 하고요. 점차 인원이 많아지면서 연습장소를 구하기가 힘들었어요. 연습장소를 여러 군데 옮겨 다니다가 BBS, 구두닦이 청소년들 지원센터가 BBS였는데, 거기에서 연습한 적도 있고 마산가톨릭여성회관에서도 연습하고, 지금 마산역 앞이 그 시절에는 허허벌판이었는데 거기서 연습을 하기도 했습니다.

처음에는 신용수하고 저하고 주축이었고 나중에는 회원이 50~60명 정도까지 늘어났습니다. 주로 서울에 있는 친구들이었고 겨울방학에만 하다가 하영화라는 친구가 휴학을 하고 마산에 와 있으면서는 여름방학 때도 했죠.

하영화가 회장을 맡으면서부터 여러 군데서 많이 했던 것 같아요. 마산시청 앞 소방서 뒤에 있는 회관에서도 하고 또 다른 대목은 이윤도 씨가 경남대극예술연구회를 만들기도 하면서 연결이 됐던 것 같습니다.

처음에는 제가 몇 년 동안 회장을 맡아서 했는데, 나중에는 마산학생연극회가 학생들만이 아니라 수출자유지역에서 일하는 여공들, 노동자들과도 이어지는 기회를 만들어 줬고요. 마산이라는 지역이 수출자유지역, 공단이 있는 특수한 사회이다 보니까 이곳으로 군면 단위에서 온 조금 뛰어난 친구들이 여공으로 많이 와 있었거든요. 그 친구들은 사회에 대한 호기심이나 갈증이 많았습니다. 그게 조현순 씨가 앞장서서 만든 불씨촌의 계기가 됐습니다.

70, 80년대 마산에 불어온 연극 붐

이런 식으로 확장이 되면서 마산에서 연극이라는 장르가 번져나갔습니다. 옛날 도립병원 자리에 간호전문대학이 있었는데, 거기 학생들도 찾아와서 연극반을 만들고 몇 년 후에는 마산 시내에도 일반인 극단들이 많이 창단됐습니다.

많을 때는 창동 부림시장 안에 소극장도 생기고 해서 3~5개 극단이 활동하던 때도 있었습니다. 70년대 말, 80년대 즈음에는 동시에 여러 편의 연극 공연이 올라온 시기도 있었습니다.

그래서 마산학생연극회에서 시작한 연극 붐이 마산에 문화 예술, 특히나 무대 예술이 빈약한 시절에 어느 정도 일조를 한 게 아닌가 싶습니다.

박진해 _ 자, 김진식 씨가 마산학생연극회의 설립과 역사를 쭉 설명해 주셨습니다. 마산학생연극회가 경남대극예술연구회로 파생되기도 했다고 했는데, 여학생들도 연극배우로 참여를 많이 했습니다. 여기 하효선 씨도 마산학생연극회의 배우였죠? 그때의 기억을 좀 얘기해 주세요.

하효선 _ 여러 개의 이야기가 중첩이 되는데요. 재경마산학우회가 있고 마산학생연극회가 있었잖아요. 제가 바로 여기 창동에 살았습니다. 그래서 여기서 일어나는 일들에 멀리 떨어져 있을 수가 없었죠. 극동예식장, 뭐 어디 성당 다녀보면 항상 뭔가 다 행사가 있었어요.

제가 성지여고 출신이거든요. 그때는 성지여고에서 서울로 유학을 가는 친구들은 많지 않았습니다. 저도 서라벌예대를 가고 싶었는데, 그러지를 못했죠. 그래서 일단 학비가 덜 드는 경남대학으로 갔어요.

제가 입학할 때 국제개발학과가 새로 만들어졌습니다. 신설과였던 거죠. 저는 정치외교학과를 가고 싶어서 국제개발학과에 들어갔어요. 신정규 씨, 정인권 씨가 저희 과 후배들입니다.

그렇게 과를 보고 대학을 갔는데, 막상 들어갔지만 선배가 없잖아요. 저한테는 재경학우회와 연결될만한 고등학교 선배도 없었습니다.

제 개인적으로는 굉장히 남성적인 면이 있고 대외활동도 활발했어요. 고등학교 다닐 때 연극도 하고요. 그래서 가장 눈에 띄는 집단이 연극하는 집단이었어요. 마산학생연극회를 알게 되서 77년도에 제 발로 들어갔죠. 누구한테 권유를 받은 것도 아니고, 제 발로 들어갔어요.

기억나는 게 마산 어디에서 강만길 씨가 강연을 한다는 거예요. 저는 굉장히 흥분했죠. 왜냐면 고등학교 때부터 〈정경연구〉 이런 걸 읽고 나름대로 사회과학에 대한 무장이 되어 있다고 자타가 공인하는 사람이었거든요.

다른 친구들은 모르는 사람이라고 해도 저는 강만길 씨가 유명한 사람이라는 걸 알고 있었는데, 마산에서 강연을 한다는 거예요. 그걸 주최한 팀이 재경마산학우회라는 걸 알게 됐고요. 다음 회차에는 한완상 씨가 강연자로 온다고 들었죠. 마산에 있으면서 한완상 씨 같은 분들을 만나기는 어렵잖아요. 그래서 저는 학술강연회에 모두 참석했어요. 제가 대학 1, 2학년 때였어요. 그걸 계기로 재경마산학우회에서 하는 일에는 알든 모르든 모두 참석했었어요.

학술강연회, 마산학생연극회를 지나 집현전까지

그중에서도 특히 연극이 많이 매력적이었죠. 고등학교 때 연극을 했었으니까요. 그렇게 경남대극예술연구회에 들어가서 78년도 〈돼지꿈〉이라는 작품에서 어머니 역을 했어요. 담배를 피우고 휙 던지는 역할이었어요.

경남대극예술연구회에 있던 친구들은 자연스럽게 마산학생연구회에도 연결이 되어서 활동을 했고요.

대학 생활 4년 동안 여러 가지 다양한 활동을 했지만 사회과학연구회에 대해서는 모르고 있었어요. 저한테까지는 접촉이 오지 않았고 대신에 '로타랙트'라는 서클에 소속되어 있었습니다. 사회과학연구회에 참여했던 인물들이 로타랙트 활동도 같이 했다고 알고 있어요.

아무튼 두 활동 모두 굉장히 열심히 했던 기억이 납니다.

저와 같이 하던 선배들은 대부분 연극을 하던 선배들이었어요. 서익진, 주대환 씨는 연극을 하지 않았고 공연을 할 때는 뒤에 앉아 있었어요. 김진식 씨는 직접 연출을 했고 박진해 씨는 배우를 하거나 하지는 않지만 자주 앉아서 보는 정도였고요.

선배들이 집현전을 만드니까 저도 끌려서 같이 하게 됐죠. 제가 전공도 그렇고 사회과학에 관심이 많았고 또 연극하는 선배들도 참여하는 집현전이 만들어지니까 굉장히 자연스럽게 연결된 것 같습니다.

박진해 _ 네. 나온 이야기 중에 중요한 내용이 창동에서 문화 행사나 학술 행사가 개최되면 참여자하고 바로 연결되지 않는다 해도 그 소식을 듣고 참여했다는 겁니다. 하나의 단편적인 이야기가 되겠습니다만, 마산이 그 시기만 해도 인구가 35만에서 40만 사이 정도 됐는데, 여기 창동, 오동동이 '핫 플레이스'였기 때문에 마산에 사는 사람들이라면 창동에 나오게 되는 그런 상황이었죠. 연말에 창동에 나오면 서로 어깨를 부딪치면서 걸어가야 하는 정도였으니까요.

학술강연회나 연극 공연이 이루어진 장소가 주로 마산가톨릭문화원 강당이었습니다. 연극은 완월동 강당, 예식장 같은 곳에서도 했지만, 강연과 같은 웬만한 행사는 가톨릭문화원 강당에서 개최됐습니다. 그 지하 백랑다방, 창동 희다방, 그 아래 송학다방, 남성파출소 옆 전원다방 등 주변 일대는 청춘들의 거점지역이었고요.

정성기 _ 마산가톨릭문화원 얘기에서 빠질 수 없는 게 마산교구청 주교로 김수환 추기경이 온 일이죠.

김진식 _ 그 대목은 제가 설명할 수 있습니다. 제가 완월성당을 어릴 때부터 다녔거든요. 제가 중학교 때 마여고 앞에, 지금의 산복도로 위에 버스가 와있었어요. 그렇게 사람 많은 건 처음 봤어요. 하교하고 집으로 가는 중이었는데, 그날이 마산교구가 부산교구에서 독립된 날이었나 봐요. 원래 한국 가톨릭 안에서 마산교구가 따로 있지 않았고 부산교구에 속해 있었거든요.

마산교구가 독립된 게 67년 내지는 68년일 거예요.[10] 하여튼 그 시절에 처음으로 교구가 하나 만들어지니까 주교가 와야 하잖아요. 마산교구에 처음으로 온 주교인데 전직 주교하다 온 사람이 아니라 신부하다가 온 사람이었어요. 그러니까 초짜배기, 신임으로 온 사람인데 그 사람이 바로 김수환 스테파노였어요. 그 분이 마산교구에 처음으로 주교가 돼서 온 거예요. 주교치고는 많이 젊었고 라틴어를 아주 잘 했어요. 그래서 교황 요한 바오로 2세가 특채를 했다고 들었어요. 직계로 뽑아서 추기경까지 됐죠.

민주화운동 당시에 서울 교구청에 자원해 있을 때도 지학순 주교하고 라틴어로 통화를 주고 받았다고 해요. 그래서 경찰들이 아무리 도청을 해도 못 알아들었다는 일화가 있죠. 70년대 후반에는

---

10) 김수환 추기경이 주교 수품을 받고, 마산교구장으로 임명된 시기는 공식적으로 1966년 5월로 확인된다.

장병화 주교가 와 있었고요. 그랬던 거 같아요.

주요 행사 장소였던 마산가톨릭문화원

정성기 _ 강연이 주로 마산교구청에서 이루어질 수밖에 없었던 게 당시로서는 치외법권지역이라고 할 수 있었기 때문일까요?

김진식 _ 마산가톨릭문화원은 명동성당처럼 가톨릭 관할 기관이었기 때문에 가능했던 일이죠. 그리고 장병화 주교가 그걸 많이 옹호해 줬어요. 학생들 하는 일을요. 형사가 들어오는 걸 막지는 못해도 여기는 엄연히 치외법권지역이니까 입건 같은 건 안 된다고 고지하기도 했던 것 같아요.

박진해 _ 그 시기에 교회는 조금 보수적이었고 사회 문제에 별로 관심이 없었던 반면에 가톨릭은 상당히 일종의 반유신 거점이 되었죠.

왜냐면 그 전에 오원춘 사건도 있었고 감옥에 갇힌 김지하 시인이 가톨릭 신자였거든요. 월남성당 같은 데서 '김지하 문학의 밤' 행사를 하면서 석방을 기원하기도 했고요. 학생들이 하는 학술행사는 물론이고 조금 애매한 행사까지도 가톨릭에서 상당히 많이 받아 주는 분위기였습니다.

마산가톨릭문화원 강당이라든지 아까 김진식 교수가 얘기했던 가톨릭여성회관 같은 데서도 공간을 개방해줘서 학생들이 많이 이용할 수 있었죠.

동시에 창동 이야기가 나온 김에 앞서 말한 공식적인 행사가 아니더라도 친구들을 만났던 다방이나 술집에서의 기억도 가볍게 이야기해 주시면 좋겠네요.

하효선 _ 아까 창동, 오동동에서 여러 공연, 행사들이 열렸다고 얘기했잖아요. 지금 딱 드는 생각이 빈도수나 다양성 면에서 그때를 넘어섰던 시기가 없었던 것 같아요. 독창회, 무용발표회, 이런 행사들이 수시로 굉장히 잦아서 우리가 같이 만들기도 하고 보기도 했지만, 하필이면 그 시대에 그렇게 많은 행사들이 있어서 우리 세대 사람들이 정서적인 유대나 공감대가 만들어질 수 있지 않았나 합니다.

또 요즘은 연극을 한다거나 영화를 한다거나 해도 양쪽이 갈라지잖아요. 약간 진보적이거나 그렇지 않은 성향의 극이나 영화가 있는데, 당시에는 극히 반부정적이거나 아예 아이러니하고 실험적인 것들이 대다수였던 것 같아요.

모든 게 금지되고 유인물 하나만으로도 잡혀가는 시절이었는데도, 정부를 비판하지 않은 활동이 거의 없었어요. 구체적인 행동을 하거나 연극을 하거나... 모르겠어요. 독창회를 한다 이러면 좀 고전적인 스타일이 될지 모르지만, 적어도 제가 참여하고 관심 있게 본 모든 것들이 정부를 비판하는 내용들이 많았기 때문에 저는 그걸 계속 확인하고 싶었어요.

나만 그렇게 생각하나, 내 성향이 그래서 이렇게 생각하는 건가, 아니면 다른 쪽에서는 또 다른 경향들이 있는데 나만 모르나, 그런 생각들이 드는 거예요. 그래서 오늘 이 자리에서는 그 부분에 대해 다른 사람들은 어떻게 생각하는지 물어보고 싶더라고요.

정성기 _ 그 부분은 저도 하고 싶은 얘기가 있는데요. 제 경우에도 70년대를 지나 80년대에는 대학원에 갔는데, 5.18을 거치면서 한동안 좌파로 살았습니다. 하지만 사회주의가 무너지고 나서는 새로 정신을 차렸어요.

좀 전에 제가 언급을 했습니다만, 좌파와 우파, 진보와 보수 사이에 70년대에 대한 이미지 혹은 아주 체계화된 인식이 상당히 극단적으로 갈려 있습니다.

어떤 입장에서는 70년대가 산업화되고 발전된 '한강의 기적'이 일어난 시대입니다. 마산의 경우에는 '합포만의 기적'이겠죠. 또 다른 한쪽에서는 친일, 박정희 친일파, 독재, 신식민지... 이런 식으로 굉장히 암울하게 묘사를 하고 있어요.

한홍구 교수가 쓴 책은 제목 자체가 《유신》이에요. 박근혜가 등장할 무렵에 나온 이 책을 보면 유신정권이 얼마나 악랄하고 혹독했는지 또 얼마나 암울했는지 묘사가 되어 있어요. 정치, 사회 각 분야마다 교육, 언론 할 것 없이 얼마나 암울했고 그에 대한 싸움이 얼마나 치열했는지를 묘사했죠. 하지만 그 책에 산업화에 대한 얘기는 한 마디도 없어요. 그야말로 전형적으로 자기가 보고 싶은 것만 보는 거죠. 진보뿐만 아니라 보수도 그렇습니다. 양쪽 다 그런 면이 분명히 있어요.

70년대를 바라보는 상반된 시각

저는 마산을 가만히 생각해보면서 우리가 참 오랫동안 유신시대의 마산에 대해서 좀 잘못 생각했다 싶었어요. 실제로 어린 시절부터 중고등학교, 대학시절까지 거치면서 경험한 마산하고 (머릿속으로) 구조화된 마산하고는 조금 다른 것 같다는 거죠.

뭐냐면 정치적으로는 굉장히 암울했던 시절은 맞지만, 또 사회경제적으로 어떤 면에서는 활력이 넘치는 그런 사회이기도 했다는 생각이 드는 거예요. 근대화, 공업화, 도시화하면서 인구가 폭증하고 표현의 제약을 받으면서도 꼼지락꼼지락하는 활동들이 아주 활발했잖아요.

전체적으로 이념을 갖고 이야기하자면 유신독재 반대, 그게 분명하지만 그 유신독재 반대라고 하는 것은 유신체제 이전의 체제, 즉 박정희 시기라고 하더라도 72년 유신 헌법 이전의 체제는 어떻게 보면 자유롭고 민주적이었다라고 인정을 하는 게 맞지 않나… 유신 헌법 이전에는 실제로 대통령 직선제였고 좀 들어가자면 '4월 혁명의 이념'을 회복해야 한다는 의미로도 이해가 될 수 있거든요.

김진식 _ 지금 나온 얘기는 하효선 씨 본인이 가졌던 궁금증에서 시작되기는 했지만 정성기 씨가 설명하는 과정에서 너무 확장된 것 같네요. 지금은 집현전에 포커스를 모아서 이야기를 정리하면 어떨까요?

박진해 _ 오늘 테이블토크는 가급적 70년대, 그 시기를 우리 기억을 통해서 복원해 보는 시간이라고 할 수 있겠는데요. 70년대를 현재의 관점에서 분석하고 평가하는 일은 우리 다음 작업에서 해 보면 좋겠다는 생각이듭니다. 오늘의 이런 작업이 매개가 되어서 진행될 수 있겠죠.

옆에 계신 이윤도 씨는 76학번이시죠? 76학번으로 경남대 경영학과에 입학해서 본인 말로는 연극에 미쳐 버린 대학생활을 한 걸로 알고 있는데, 마산학생연극회부터 경남대극예술연구회 또 전통예술분야까지 이어진 과정에 대해 설명해 주시겠어요?

이윤도 _ 저의 학교생활은 어찌 보면 굉장히 기형적이었습니다. 저는 73년 2월에 졸업해서 4수까지 한 다음 제 발로 경남대 76학번으로 들어갔습니다.

4수까지 하게 된 이유는, 저는 고등학교 때 불어를 처음 접했는데요. 아침 정규수업이 시작하기 전에 한 시간 일찍 불어 수업을 듣는 게 일이었어요. 그때 접한 불어가 너무 좋아서 불문학을 하겠다고 계속 고집했어요. 한편으로는 가정형편 상 국립대학을 가야 하는 상황이었고요.

제 나이가 사실 53년생인데, 호적상으로는 56년생으로 되어 있어서 이래저래 친구들보다 늦었어요. 제가 76학번으로 들어가니까 제 친구는 이미 4학년인 거예요. 난 1학년인데. 학교를 늦게 들어갔더니 학교를 다니기도 뭐하고 암튼 그랬어요.

그런 시기에 중고등학교 친구 하나가 연극을 한다기에 가봤습니다. 전교 1, 2, 3등 하던 공부를 아주 잘하는 최낙경이라는 친구놈이었는데, 연극을 한다고 하니까 좀 이상했던 거죠.

그렇게 고대 노문학과 이재용도 나오고 김진식, 부산여대 다니는 신경숙, 신용수도 참여했던 연극이었어요.

그 연극을 보고 마산학생연극회를 알게 됐어요.

마산학생연극회에서 시작된 경남대극예술연구회 창립

그때는 경남대에 문화예술단체가 아예 없었어요. 대학에 극예술연구회가 없다는 것도 신기한 일이고 제가 연극에 대해 매력을 많이 느끼기도 해서 극예술연구회를 만들어야겠다고 생각을 했어요. 또 친구 신용수가 자꾸 저한테 부채질도 했고요.

마산학생연극회에 나가면서 내가 극예술연구회를 만든다고 입버릇처럼 얘기하고 다녔죠. 마산학생연극회 활동을 하면서는 겨울 공연 준비를 위해서 여름방학 때 포장마차를 운영하기도 했어요. 공연 제작비를 조성하려고 그랬는데 결국 마지막에는 리어카 팔고 처분해 버렸죠.

그 후에 경남대에 극예술연구회를 만들려고 하는데, 이게 없던 걸 만들려다 보니까 어려움이 많았어요. 애들이 모였다가도 다 가버리고, 기존 단체가 없다보니까 정말 어려웠어요.

저는 해야겠다는 사명감에 못이 박혀있었고요. 그렇게 갈팡질팡하던 중에 시인 정진업 선생님 딸인 동네 친구 정현영이가 하는 말이 영문과 4학년이었는데, 절더러 학교축제 때 공연을 한 연출

가분을 찾으러 가래요. 그분
이 이종일 씨입니다.

이종일 씨한테 강의실로 찾
아가서 내가 극예술연구회를
만들려고 한다고 힘이 되어달
라고 말했죠. 저는 같은 과 후
배인 현태영, 곽춘호 등 몇 명
을 포섭해 놓은 상태였어요.

마산학생연극회하고의 인연
이 없었다면 경남대극예술연구회가 나오기 힘들었어요. 홀로서기
는 너무 어려웠거든요. 아무 바탕이 없었으니까요.

저 역시 연극의 '연'자도 몰랐고 오직 책으로만 접했지 실전 스킬
이라든지 기술이나 만드는 방법 등 실제 연극을 하는 법에 대해서
는 아무런 아는 바가 없었습니다.

그래서 이종일 씨와 만나서 창립 준비공연을 준비하자고 합의가
됐는데, 이 양반이 공연 직전에 증발을 해버렸어요. 〈출발〉이라는
작품을 하자고 확정해놓고 사람이 없어진 거예요. 교수님하고 셋
이서 술 마시면서 찰떡 같이 얘기해 놓고 말이에요.

그래놓고 10일 있다 나타나서 하는 말이 셰익스피어 〈햄릿〉 번

안극을 하자는 거예요. 어딜 갔었느냐 물으니까 서울에 졸업논문 때문에 갔다 왔다 하더라고요. 그때 지방 대학생들이 서울에 가서 논문을 써와가지고 제출하는 게 유행이다시피 했거든요. 이 양반도 그렇게 갔던 모양이에요.

번안극인 〈하멸태자〉 창립 준비공연을 하고 그때 같이했던 친구들을 고스란히 마산학생연극회로 끌어들였습니다. 〈보이체크〉 공연에요. 〈보이체크〉 공연은 신용수가 연출하고 그게 인연이 되어서 자리를 굳혔어요.

경남대극예술연구회와 함께 발족한 전통예술연구회

비슷한 시기에 국어과에서 마산오광대를 복원한다면서 지신밟기를 한다 이거예요. 그래서 우리가 국어과에 합세를 해서 새 각시 분장도 하고 댓거리에서 하루 종일 춤추고 띵가띵가 했어요. 원래는 이틀을 하기로 했는데 하루밖에 못했어요. 경찰서의 압력이 있어서요. 그렇게 국어과하고 인연이 됐어요.

또 그때는 학도호국단 체제니까 동아리마다 지도교수가 필요했는데요. 지도교수가 있어야 하고 회칙, 회원 등이 있어야 했어요. 뭐가 좀 복잡했습니다. 원래부터 있던 서클은 아니었으니까요.

회칙을 만들어야 해서 난감한 상황이었는데, 이 회칙을 동아대극예술연구회에 있던 친구 신용수를 통해가지고 얻었어요. 그걸 경남대극예술연구회로 맞춘 다음에 작성해서 냈죠. 그 외에도 동아대극예술연구회에 많이 들락거렸습니다.

참 희한한 인연이 신용수라는 친구가 연극작품에 빠져 있었어요. 뭔 연극이었냐 하면 부산대극예술연구회 출신 김해룡 씨가, 부산대 영문과였는데 연극을 하다 학교에서 잘린 분입니다. 그 분이 연출한 〈코르자크와 그의 고아들〉이라는 작품이었어요. 어느 폴란드 학살을 해설한 작품인데, 이때 신용수가 주연을 하고 남천중앙교회에서 공연을 했어요. 제가 후배인 현태영하고 그 공연을 두 번 보러 갔었습니다.

아무튼 경남대극예술연구회 만들 준비는 어느 정도 돼서 77년도 3월 15일에 정식으로 등록을 했습니다. 그런데 국어과에 오광대를 같이 했던 친구들이 오광대 복원행사를 국어과 단독으로만 하려고 하더라고요. 제가 그걸 보고 '아, 이거 안 된다', '전통예술연구회를 만들어야 한다' 해서 회칙도 주고 지도교수도 찾아주고 해서 겨우 같은 날짜에 등록을 했죠. 서클 등록을 못하면 활동 자체를 못하니까 부랴부랴 준비해서 낸 겁니다.

경남대극예술연구회의 지도교수를 맡아준 김선수 교수님은 알고 보니까 옛날에 연극으로 이름을 날린 분이더라고요. 김춘수 시인이 발굴한 유일한 배우였고 말입니다. 김춘수 시인이 발굴한 중에서 세 분의 유명한 사람이 있더라고요. 누구냐면 김선수 교수와 그 다음에 이수련이라는 배우던가 그렇고 그 다음 한 사람이 천상병 시인입니다. 김춘수 시인이 제자를 발굴해서 배역을 주고 시인을 만들고 했던 일들이 마산에서 있었다, 이런 내용이 소상하게 기록에 남아있습니다.

우여곡절 끝에 올린 첫 공연 〈코르자크와 그의 고아들〉

그렇게 경남대극예술연구회가 만들어지고 축제 기간 중에 창립 공연을 한다고 준비를 하는데 제 스스로 역부족이라고 느꼈습니다. 제가 초대회장으로 연출을 하고 공연도 해야 상황이었는데, 학교에서 제작비도 조금 받았고요. 마침 그때 신용수 이 친구가 창원에서 방위 근무를 하고 있었어요. 다행이 근무를 하면서 저를 도와줘서 공연을 올릴 수 있었습니다. 정말로 기진맥진해서 올린 공연이었습니다. 완월동 강당에서. 〈코르자크와 그의 고아들〉이라는 에픽드라마, 서사극입니다.

저는 연극을 서사극으로 처음 접했는데, 서사극을 보고서 연극이 너무나 매력이 있다고 느꼈거든요. 이전에는 연극을 신파 정도로 치부했습니다. 연극하는 사람들이 연극의 고유명사라고 떠드는 세 단어가 이인직, 원각사, 은세계잖아요.

〈은세계〉는 우리가 신파를 수입해서 만든 거죠. 연극에 사실주의가 태동하면서 70년대는 많이 달라졌습니다. 70년대에는 대학극이 활성화됐지만 기성극은 별로 없었어요. 마산에는 정말로 연극 문화가 없었습니다.

마산 연극사를 보면 오히려 해방 전후시기에 활발한 활동이 있었더라고요.

70년대는 학생극이 주축이 되었는데, 저는 한 지역의 문화는 그 지역에 있는 대학의 문화가 큰 역할을 한다는 생각이 있어서, 극회 활동을 활성화하자는 신념을 가지고 극예술연구회에 매달리게 된 것입니다.

여차저차해서 가을공연을 하고 전부 배우로 만들어놨는데, 이놈들이 전부 군대로 가는 거예요. 다 빠져 나가버리고 극예술연구회가 존립할 수 있을지에 대한 문제가 생깁니다. 저도 2학년 마치고 78년에는 군대에 가야 돼서 머리를 깎고 39사로 훈련을 받으러 갔습니다. 근처 마산통합병원에 근무하게 된 게 천만 다행이었어요.

제가 방위 근무를 하면서 연출한 작품이 〈돼지꿈〉이었습니다. 하효선 씨가 연기를 했던 그 작품입니다. 방위 근무를 하면서 경남대로 퇴근해가지고 완월동 강당에서 연습하고 공연을 했었죠. 극예술연구회를 존립시키기 위해서 한 일이었습니다.

3학년으로 올라가니까 그제야 후배들이 연극을 좀 제대로 하게 됐는데, 아니 5회 공연 연출을 맡은 놈이 내일 모레 공연을 앞두고 제주도 졸업 여행을 가버렸습니다. 공연 1주일을 남겨 놓고 가버려서 애들이 또 부랴부랴 우리 집에 찾아왔어요.

그 공연 연습을 1주일 만에 마무리해서 〈만리장성〉이라는 작품을 어느 정도 두드려 맞춰 가지고 공연을 올리는, 그런 참 웃지 못할 사연이 있었죠.

그 다음 2학기가 되니까 군에 갔다 나온 후배도 있고 해서 79년도는 별 일 없이 편안하게 연극을 보러 갈 수 있었습니다.

사실 마산학생연극회가 없었다면 경남대극예술연구회가 없었을 거라 생각합니다. 마산학생연극회로 인해서 마산 연극계가 굉장히 활성화됐죠.

우리 그때 겨울 공연 때뿐만 아니고 여름방학 때도 참 열심히 했어요. 하영화 씨가 연출을 맡으면서는 연출도 정말 깐깐하게 했고요. 심지어 우리가 같은 32기 동기인데도 사정없이 꾸중을 들었습니다. 그렇게 만든 작품이 〈태풍경보〉였습니다.

계획하지 않고 벌어진 일들

또 좀 있으니까 마산에 연극하는 단체가 생깁니다. 새로운 인물들이 들어오더라고요. 그리고 각 대학에는 극예술연구회가 없었는데, 경남대가 선구자가 되어서 마산대학에, 그 다음에는 창원여전에 생겼습니다. 또 마산간호전문대학은 저한테 연출을 부탁했는데 극예술연구회를 만들어야겠다 해서 SN극회라는 극예술연구회를 만들게 됐습니다. 간호전문대학 창립공연 연출을 제가 했어요.

부마항쟁 끝나고 계엄령 시기여서 학생 활동이 일체 금지됐는데도 겁 없이 한 겁니다. 저는 아무 생각 없이 한 거고요.

근데 우리 마산 정서가 그런 것 같아요. 10.18항쟁은 서울로 유학 간 몇 명 빼고는 아예 시위 자체를 경험해 본 적이 없으니까 겁도 없이 무대포로 한 거예요. 제가 보니까 그렇습니다. 경남대생들이 정말로 조직적으로 계획을 했으면 일어나지 않았을 거라 생각합니다.

연극도 그래요. 제가 80년도에 공연을 할 때도 도저히 하기 어려운 상황인데도 연극을 하게 됐고요. 계획했던 일들이 아니었죠.

마산학생연극회 회장에 됐을 때도 전 회장이었던 김진식이 배타고 엠티를 갔다 오더니 저를 회장으로 세워놨더라고요. 윤도가 해야 된다, 이런 식으로 의논이 된 것 같아요.

그래서 79년에는 제가 마산학생연극회 회장이 됐어요. 그때 제가 한 일이 경남대 대학생들, 간호전문대학 연극회 회장, 창원여전 회장, 마산대학 회장을 전부 배우로 집어넣은 겁니다. 이유가 뭐냐면, 제가 보니까 서울에 있는 유학생들은 개학하면 다 가 버리고 방학 때밖에 활동이 안 됐으니까요. 저는 회장을 하면서 마산 애들로 좀 뿌리를 내려야 되겠다, 이름이 마산학생연극회니까, 마산 애들로 해야 되겠다 이래가지고 배우를 일부러 그렇게 구성을 했습니다.

경찰서로 불려가게 한 〈관객모독〉 포스터

우리가 무대도 없고 하니까 무대 세트 없는 그런 작품을 구하다가 〈관객모독〉으로 결정을 하게 됐습니다. 동아연극상을 받은 기국수라는 분이 연출한 〈관객모독〉을 보고나서 '저걸 공연 해야겠다'라고 정하고 연습 장소도 딱히 없어서 가포 무덤가에서 연습하고 그랬습니다.

〈관객모독〉은 무대 연습보다도 발성 연습만 하면 되니까요. 그런데 79년 9월 22일부터 토, 일요일 공연인데 딱 그 주 월요일에 마산경찰서로 출두하라고 하더라고요. 학생과에서요.

'아, 무슨 소리지?' 하면서 학생과 선생이랑 마산경찰서 정보과로 갔습니다. 그때 편상철 형사를 처음 봤습니다. 가니까 벌써 이 양반은 나에 대해서 너무나 잘 알고 있는 거예요.

알고 보니까 우리가 만든 포스터에 마지막 15분 동안 관객한테 욕하는 부분을 타이핑을 쳐서 바탕에 깔았는데, 그게 문제가 된 거였어요.

'뭐 같은 인간들아' 하면서 마지막에 확 내뱉는 그 대사를 본 거예요. 가니까 빨간 줄을 죽죽 그어놓고 막 공연이 안 된다 이거라. 그래가지고 하루 종일 실랑이를 했는데 주임이라는 사람이 하필이면 하고 많은 작품이 있는데 왜 이 작품을 하느냐, 그것도 왜 이 시국에 하느냐고 해요.

그래서 제가 "아니, 우리가 제작비가 없어서 이 작품을 선택한 거고 또 이 작품은 기존 극단에서 다 한 겁니다" 말해도 안 통해요. 공연은 안 된다 하는데 최종적으로 제가 다 책임지겠다 각서를 쓰고 허락을 받았어요. "제작비가 들었기 때문에 학생은 감당 못한다. 팸플릿이나 포스터비로 돈을 다 써버렸다"고 하면서요.

그렇게 해서 겨우 허락을 맡았는데 각 대학에서 또 안 된다 이거예요. 학생들 대외 활동은 안 된다고 말이에요. 와, 그 실랑이를 수요일까지 했어요. 토요일, 일요일 공연인데요. 수요일까지 실랑이를 하다가 제일 문제가 된 게 마산대학에서 허용이 안 되는 거예요. 국립이다보니까 그랬겠죠. 학생과장은 안 된다고 하고 저는 빌고 빌고 해서 결국 수요일에 허락을 받고 수목금 밤을 새서 공연을 올렸어요.

정말로 사연이 많은 마산학생연극회 제5회 공연 작품이에요. 어쨌든 당시에는 서울에서 온 기성 상업극도 있었지만 순수 대학극이 굉장히 활성화되던 시기였고, 또 그런 대학극이 제 생각에는 순수예술이라기보다 문화운동의 하나가 아니었나 해요. 예술이라는 거창한 단어를 쓰기보다 연극이라는 행위를 했다는 것뿐이라고요.

저는 후배들한테도 그랬어요. "너희 배우 될 것 아니잖아." 또 다른 말로는 "이 시간에 어느 술집에서 노는 것보다야 낫지 않냐. 대사 외우고 오히려 우리가 더 바람직하지 않겠느냐" 이러면서요. 연극 이야기는 이 정도로 하겠습니다.

박진해 _ 네. 좀 길게 이야기가 됐는데 아무튼 그 시기 기억의 복원이라는 취지로 받아들여주시면 좋겠습니다. 이 이야기를 통해서도 알 수 있는 것은 70년대 중후반에는 마산학생연극회, 그리고 경남대극예술연구회와 같은 연극 단체들의 작품들이 계속 무대에 올라갔다는 겁니다.

또 그런 활동이 이루어진 곳이 거의 창동, 오동동 중심으로 완월성당까지 부근으로 포괄한다고 할 때, 연극 역시 이러한 문화적 흐름 속에 있었다고 할 수 있겠습니다.

노동자들에 의해 만들어진 또 하나의 연극단체 '불씨촌'

하효선 _ 꼭 하나 덧붙여야 될 게, 지금 우리가 이야기 나눈 것은 마산학생연극회와 경남대극예술연구회나 전통예술연구회인데요.

저는 부마민주항쟁하고 가장 직접적인 관련이 있다고 할 수 있을 만한 단체가 불씨촌이 아닌가 합니다. 왜냐면 불씨촌의 공연 연출을 신용수 씨가 많이 맡았고, 우리가 알고 있는 박영주 씨 등 몇몇 사람들이 있었었는데 그 분위기를 보면 굉장히 재미있습니다.

왜냐면 이윤도 씨가 방금 이야기했듯이 경남대학극예술연구회나 마산학생연극회에서 공연을 할 때는 학생들이 주도했기 때문에 한편으로는 좀 마음 놓고 한 것도 있어요. 그런데 불씨촌은 좀 달랐다고 하죠?

이윤도 _ 그 이야기를 좀 추가로 하겠습니다. 그 불씨촌, 원래 그 불씨극회였는데, 이름이 불씨촌으로 바뀌었죠. 불씨촌은 신용수에 의해서 만들어져서 가톨릭여성회관에서 출발했습니다. 79

년 2월에 경남대극예술연구회하고 합동 공연을 했는데 그 공연이 〈난장이가 쏘아 올린 작은 공〉이었어요.

사실 그때는 도저히 연극을 할 수 없는 상황이었습니다. 저는 앞으로 연극에 관여하지 않겠다는 각서를 쓰고 나왔거든요. 김동준 씨 하고 신용수가 합동으로 연출을 해서 〈난장이가 쏘아올린 작은 공〉을 3.15회관에서 했는데, 분위기로만 봐서는 절대로 할 수 있는 상황은 아니었죠. 10.26이 터진 후에 12.12사태가 터졌고 온갖 흉흉한 소문이 나돌 때였거든요.

하효선 _ 불씨촌은 마산가톨릭여성회관에서 시작되었는데 대부분의 사람들이 학생이 아니었습니다. 그리고 연극을 하는 사람들이 눈이 좀 밝았기 때문에 노동운동이나, 노동조합을 만드는 일에 저력을 가지고 있었죠. 그래서 신용수 씨를 비롯해 여러 사람들과 직접적인 연관도 있고 하다보니, 불씨촌이 마산학생연극회보다는 탄압을 많이 받았다고 알고 있습니다.

〈난장이가 쏘아올린 작은 공〉을 공연에 올렸지만, 불씨촌이 공연하는 내용에도 제약을 많이 받아서 불씨촌에서는 마산학생연극회와 경남대극예술연구회를 많이 부러워했습니다.

마산학생연극회하고 극예술연구회는 아무 거리낌 없이 연극을 하는데 같은 내용이라도 불씨촌은 탄압을 3배, 4배씩 강하게 받았으니까요. 작품 선정이나 이런 것에서요.

박진해 _ 〈난장이가 쏘아 올린 작은 공〉 공연 이야기가 나와서
덧붙이면, 저도 관람을 했기 때문에 생생하게 기억이 납니다. 이
공연의 의미는 방금 이야기했던 불씨촌과 경남대극예술연구회가
연합해서 무대에 올린 연극이라는 것, 또 〈난장이가 쏘아올린 작
은 공〉이라는 작품 자체가 가진 사회성, 거기에 노동 문제를 다룬
이런 작품이었는데도 계엄령이 내려진 당시에 공연이 됐다, 또 하
나는 12월 초에 부마항쟁으로 구속되어 있던 구속자들이 석방되
어서 나왔는데, 이 분들하고 집현전 멤버들하고 같이 의도적으로
가서 봤던 연극이기도 했습니다.

흥행에도 크게 성공을 했던 것이 3.15회관이면 굉장히 넓은 곳
이었는데 들어가는 줄을 3.15탑을 지나서 저 멀리까지 섰거든요.

흥행에 성공했고 시기적으로도 무대에 올리기 매우 힘든 시기에
공연이 되어서 사실 70년대를 결산하고 80년대를 준비하는 상징
적인 의미도 있는 작품이었다, 그렇게 정리할 수 있겠습니다.

하다 보니 연극 이야기가 너무 길어졌습니다. 이제 본론으로 들
어가야 되겠는데, 5분 정도 휴식한 후에 다시 시작하도록 하겠습
니다.

2부

정혜란　하효선　김진식

박진해 _ 오늘 주제가 〈집현전 그때 그 사람들〉입니다. 〈그때 그 사람들〉이라는 영화가 있죠. 10.26 사건을 다룬 영화입니다. 거기에 착안해서 70년대 그 시기를 다룬 장소와 사건을 다시 돌아본다 그런 의미인 줄 알고 있습니다.

집현전의 전사(前史)로서 재경마산학우회의 학술 흐름이라든지 또 마산의 연극 흐름들을 쭉 이야기했습니다마는, 아무튼 이러한 흐름 속에서 78년 8월에 집현전 우리가 부르기 쉽게 집현전이라고 하지만 정식 명칭은 아주 깁니다. 경남양서판매이용협동조합. 이 명칭이 너무 길기 때문에 경남양서보급회라는 명칭을 병행해서 사용하도록 회칙에도 되어 있습니다.

그리고 이제 직영서점을 만들게 되니까 직영서점 그 공간의 명칭은 집현전으로 하자고해서 집현전이 된 겁니다. 결국 명칭은 세

가지가 되는 셈이죠.

아무튼 여기서는 집현전이라고 부르도록 하겠습니다. 그 집현전이 78년 8월 12일에 창립총회를 갖게 됐는데 창립총회에 이르기까지의 전단계가 당연히 있을 수밖에 없습니다. 그 전단계의 과정은 김진식 씨가 가장 잘 알고 있기 때문에 설명을 들어보도록 하겠습니다.

김진식 _ 네. 집현전에 참여하신 분들이 알고 계시겠지만 78년 5월 무렵, 1학기가 끝날 때쯤이었습니다. 신림동 하숙집에 있을 때 이광두 선배가 불쑥 저를 찾아왔어요.

이광두 선배는 제가 마산 완월성당에 어릴 때부터 나가면서 알게 된 사이인데, 같이 고등학교 학생회 활동도 하고 아주 친하게 지냈던 마산고등학교 한 해 선배예요.

이광두 선배는 고등학교 졸업 후에 육사를 가려고 했다가 안 되서 재수, 삼수를 하던 중에 가정 형편상 더 미룰 수 없어서 직장생활을 했는데요. 이 형님을 방학 때마다 만났는데, 늘 서울 이야기나 학생들 동향에 관심이 많았어요.

한 날은 이광두 선배가 불쑥 찾아와가지고는 "우리 이런 거 해야겠다" 하는 거예요. 부산 보수동에 가면 양서협동조합이라는 게 있는데, 거기서 대학생들, 지식인들이 모여서 책 보급도 하고 일반 시민과 대학생이 모여서 책 보고 토론도 하는, 서클식으로 활동하는 좋은 곳이라면서 자기로서는 집에서 돈을 조금 받아서 사업이랄까 장사랄까 해보려던 차인데, 그런 서점을 하면 괜찮겠다고 하더라고요.

보수동으로 직접 찾아가 본 부산양서협동조합

그래서 다음 마산에 와서는 같이 보수동에 갔어요. 직접 보수동 헌책방 골목에 찾아가서 주관하는 분도 만나고 얘기도 들었어요.

그런데 우리랑 달랐던 게 아까 사회를 보는 박진해 씨도 얘기했지만, 부산은 그 뒤에 중부교회인가 하는 교회에 다니는 친구들이 주축이었던 것 같아요. 그 교회 신도들 중에 변호사도 있고 알게 모르게 신부님과도 연락이 닿아서 후원 단체가 있는 상황에서 운영이 되고 있었어요. 우리는 전혀 그런 단계는 아니었고 일종의 청년 운동에 가까웠죠. 청년 운동이라고 해도 마산은 경남대학 학생 수가 적으니 방학마다 오는 서울 유학생들 위주로 해서 시작해보면 좋겠다, 이렇게 마음을 모았습니다.

참고로 부산 갔다 온 다음다음 날인가 보수동에 있는 한 친구가 연락이 왔고 그 친구가 마산으로 왔었습니다. 직접 둘러본다고요. 그때는 책방 문도 열기 전이었는데 서로 눈치로 알았죠.

그때 대학생들 사이에서 이런 교류가 이루어진다는 게 뭘 의미하는지 서로 알고 있었으니까요.

하효선 씨 말처럼 70년대 대학생들은 어디 가서 무슨 시위를 하는 게 아니라 연극을 하더라도 관심을 가지는 이유가 서로의 생각을 확인하기 위해서였습니다. 탈춤운동도 마찬가지입니다. 어디엔가 틈새를 비집고 들어가서 하고 싶은 얘기를 하려고 했던 게 대부분의 공연무대나 토론회에서 일어났던 일입니다. 좋은 책 읽기운동도 마찬가지였고 전부 다 그랬습니다.

왜냐하면 제도적으로 다 막혀 있었기 때문이죠. 이한열이도 그랬잖아요. 만화서클이라고 해놓고는 모아서 5.18광주항쟁 영화를 보여줬다고. 만화동아리라는 건 외관만 그런 거고 안으로는 다 학생운동과 연관된 활동을 했죠.

누가 독창회를 한다 하더라도 겉으로는 독창회지만, 그 안에 숨어 있는 의도 같은 걸 얻어내려고 애를 썼던 게 그 시대의 풍속도였던 것 같아요.

그래서 알게 모르게 그렇게들 생각을 했을 겁니다. 물론 양서협동조합이니까 협동조합운동의 효시라고도 생각할 수 있지만요.

학창시절을 보낸 마산 완월성당 인근에 경남대 완월동 강당이 있었고, 거기서는 공연이나 행사가 많다보니 내려오는 길 주변 상권도 제법 괜찮았습니다. 중고등학생들도 많이 지나다니고요. 거기다가 이른바 서점을 내고 동시에 경남양서협동조합으로 이름 붙이고 그렇게 시작하자고 했죠.

마산 완월성당 친구들이 직접 서가도 짜서 만들었어요. 창립총회를 하고 첫 출발을 할 때 이광두 선배가 회장, 윤성도란 친구가 총무를 했고, 저와 최향희 씨는 감사를 맡고, 박진해 씨가 홍보를 맡았습니다.

그런데 시간이 지나면서 보니까 활동 자체가 당시 학생들의 청년활동이고 이른바 사회 현실에 대해서 관심도 많고 하니까, 기존에 들어와 있었던 완월성당 회원들하고는 좀 거리가 생겼어요. 여러 가지 점에서 이질감이 커졌고 물과 기름처럼 분리되면서 완월성당 친구들은 좀 소외되는 식으로 전개가 됐던 기억이 납니다.

초창기 장군동 시절 집현전 분위기

박진해 _ 아무튼 여기에 참여하고 있는 분들 모두는 누군가의 권유에 의해서였던, 본인이 자발적으로 왔던지 간에 전부 집현전 회원이었습니다. 또 아까 서두에서 잠깐 얘기했지만 정성기 씨는 당시 경남대 경제학과 2학년 신분에도 불구하고 양서선정위원장

이라는 직책을 맡았는데, 그때 어떻게 참여했고 초창기의 분위기
는 어땠는지 말씀을 부탁드립니다.

정성기 _ 집현전에는 교육을 받거나 세미나를 하면서 알게 된
선배들이 관련되어 있어서 자연스럽게 들어오게 됐던 것 같고요.

사람들이 집에서 보는 책이나 자기가 본 책 등을 기증했는데 누
가 무슨 책을 기증했고 하는 리스트가 쫙 있었습니다. 그런 걸 꽂
아놓고 조합원들이 빌려가서 보고 가져오고는 했어요. 아주 많지
는 않지만 수백 권 이상 제법 책이 많았습니다.

저는 새로 나온 책들 중에서 괜찮은 책이다 싶은 책을 서평으로
써서 추천하는 역할을 했습니다. '우리 입장에서는 이런 책이 좋
은 책이다', '이 책은 어떤 책이다' 이렇게 간단하게 쓴 것도 있을

거예요.

제 이름으로 직접 낸 건 강만길 선생님의 책 서평입니다. 강만길 선생은 그 시대 지식인 사회에 큰 충격을 줬던 《분단시대의 역사인식》을 쓰셨죠. 주로 그 책을 보고 서평을 서너 편 냈습니다. 서평과 관련해서 잠깐 말씀을 드리자면 마산의 경우는 지역적으로 휴전선에서 가장 먼 곳인데 어떻게 마산 출신인 강만길 선생이 이런 주제를 가지고 책을 냈을까, 또 저 같은 사람은 어떻게 대학 2학년에 이런 주제에 필이 꽂혔을까 하는 생각을 많이 하게 됩니다.

저는 대학 때 저런 책들을 꽤 읽었던 것 같아요. 유신체제라고 하는 게 왜 필요한가, 왜 독재를 해야 하는가, 또 독재란 표현 대신 한국적 민주주의라고 했잖아요. 그럼 한국적 민주주의는 왜 해야 하는가. 그 이유로 '서구식 민주주의는 우리 몸에 안 맞는 옷이다' 또 하나는 '한국은 분단 상황이다' 이 두 가지를 들었는데요. 분단 상황에서 북한은 적화야욕을 가지고 있고, 베트남은 사회주의로 넘어갔고 이런 긴박한 상황에서 평화통일을 위해서는 한국적 민주주의가 불가피하다, 이렇게 말이죠.

저한테는 '평화주의 통일을 위해서 왜 이런 독재를 해야 되나?'가 도저히 풀리지 않는 의문이었는데요. 이 질문이 저로서는 독재 정권을 경험하면서 동시에 분단 자체에 대해서 좀 더 깊이 있게 생각하는 계기였던 것 같습니다.

회장이 직접 '경남양서보급회'라 쓴 집현전 창간호 표지

박진해 _ 집현전 때 제가 홍보위원장을 맡았기 때문에 몇 가지 자료를 가지고 있습니다. 회지 〈집현보〉의 창간호 표지에 있는 '경남양서보급회' 이 글씨를 이광두 회장이 직접 쓰셨습니다. 아주 명필이었습니다. 안에도 전부 필사를 했는데, 제 이름으로 된 글, 창간사도 있습니다. 이렇게 필사를 해서 마스터인쇄를 했습니다.

발기문 '첫 걸음을 내딛으면서'는 김진식 씨가 쓴 글입니다. 이런 식으로 추천양서나 서평 등이 쭉 나와 있습니다. 양서선정위원회 선정도서는 뭐 정부가 다 골라주죠(웃음).

아무튼 초창기에는 집현전을 많이 알릴 필요가 있었기 때문에, 이런 회보를 빨리 내고자 했습니다. 또 회원 가입을 열심히 시키려고도 했죠.

회원 구성은 기본적으로 이광두 회장이 관여하고 있던 완월성당 청년들 위주였고 거기에 이른바 재경마산학우회의 소모임인 학술팀 그리고 경남대와 같이 하던 학술모임이 자연스럽게 결합된 형태였습니다.

집현전이 있던 장소가 경남대 완월 강당 바로 아래쪽 장군동이었기 때문에 조금 내려가면 마산세무서와 동마산세무서가 나란히 있었습니다. 세무서 공무원들 수준이 높잖아요. 세무서 여성 공무원들도 회원으로 많이 참여를 했습니다. 이홍점, 전윤희 씨 등 그리고 바로 밑이 마산시청이었기 때문에 마산시청 부속실에 있던 양민애 씨라든지 이런 분들도 참여했었고요.

조금 지난 다음에는 중고등학생들도 관심을 보이면서 찾아왔습니다. 대학생들이 드나들고 책도 읽고 하니까 관심을 보이는 고등학생들이 있었는데, 이 친구들을 준회원으로 받았습니다. 그렇게 마산고, 마산여고 학생들이 준회원으로 참여했고 원래 회원이었던 분들이 주변 지인에게 추천을 해서 참여를 시키기도 했습니다.

정혜란 씨도 창간호 두 번째 회원 명단에 있더라고요. 주변 지인들을 참여시키는 과정이 여기 회보 1집, 2집, 4집에 다 실려 있습니다.

정혜란 씨는 집현전에 참가했던 기억이 남아 있는지 궁금합니다. 집현전 시기에 대한 이야기를 먼저 말씀하시고 해주시기 바랍니다.

4~5명이 함께 했던 여성학 모임

정혜란 _ 제가 누구한테 포섭 당했는지는 기억이 안 납니다(웃음). 그렇긴 한데 아마 제가 78년도 창립할 때는 서울에서 공장을 다니고 있어서 이쪽 사정을 전혀 몰랐을 겁니다.

그때는 제가 성수동에 있는 아남산업이라는 곳에서 12시간 맞교대하면서 일을 하고 있었어요. 그래서 정말 다른 데 눈을 돌릴만한 여유가 전혀 없었고 79년 1월인가 2월인가에 서울에서 짐을 다 싸들고 마산에 왔어요. 건강도 너무 안 좋아지고, 잠을 안자기 위해 먹는 '타이밍'에 중독이 될 정도였으니까요... 또 집에 일도 있었고요.

아마 박진해 씨가 아니었을까 짐작은 합니다만, 집현전에 입회하면서 이쪽 지역에 아는 사람들과 연계하기 시작하지 않았나 생각이 듭니다.

또 하나는 제가 대학 다닐 때 저희 학교에서 국내 처음으로 여성학이라는 학문을 갖고 강의를 시작했어요. 그런데 여기는 마초 지대잖아요. 굉장히 가부장적인 지역이라서 여성학 또는 그런 여성 모임이 좀 필요하겠다 그래서 공부를 집현전을 통해서 하효선 씨, 그리고 고인이 된 저와 정말 친했던 친구 주정숙 씨, 당시 노무사였던 걸로 기억하는 김영옥 씨, 지금은 고인이 된 김윤희 씨. 이렇게 한 너 댓 명이 모여가지고 여성학 공부도 하고 또 그 때는 일본에서 나온 책들을 봐야한다는 게 있어서 일본어 공부도 했고요. 김윤희 씨가 일어 전공을 했기 때문에 일어 공부도 하고 그랬던 기억이 나네요.

정성기 _ 그건 집현전 회원들 내부의 모임이었습니까?

정혜란 _ 아마 그랬던 것 같아요.

박진해 _ 하효선 씨는 창간호에 이름이 실려 있습니다. 처음 집현전이 구성될 때 바로 참여한 회원이었거든요. 그 과정을 좀 설명을 해 주시죠.

하효선 _ 그러니까 이광두 씨 하고 김진식 씨하고 서울, 부산에서 나눈 대화에 대해서는 제가 잘 모르지만 마산 완월동인가 집에서 주로 모였습니다. 그때 저는 뭐 회의 반, 술 먹으러 가는 거 반 해서 만났는데 특이한 건 이광두 씨가 그때 직장인이었어요. 한국철강을 다녔던가 그랬습니다. 최향희 씨가 마산세무서 다니셨고요. 두 분 다 대학을 안 다니셨던 걸로 알고 있어요. 제가 같이 있었을 때는 전혀 성당에 대해 말한 기억이 없어요. 김진식 씨가 성당에 다니고 이광두 씨하고 최향희 씨도 성당에 다니는 친구라는 건 알고 있었지만, 저는 성당하고는 완전히 무관한 거죠.

그리고 집현전에서 일어난 일 중에서 김진식 씨가 사물놀이패, 지신밟기를 하는 모임을 만들었는데, 고등학생도 참여했다는 거예요. 행사에 직접 참여했는지는 모르겠지만 지신밟기 팀을 모으는데 특히 저보고 같이 하자고 했었어요. 제가 그 팀에 들어가지는 않았고요.

그리고 계속 재경학우회에도 왔다 갔다 하면서 79년도에 제가 4학년이 됐어요. 제가 여성학 그룹을 3학년 말부터 시작했거든요. 79년도 10월에 부마항쟁이 일어났는데 우리는 그 전에 여성학 그룹을 만들었던 거예요.

그때 정혜란 씨, 주정숙 씨 두 분은 이미 학교를 졸업한 상태였고, 저는 대학 4학년이었고 또 김영옥 씨는 근로상담원, 근로감독관이죠. 근로감독관을 하면서 네 사람이 주로 모여서 그 전까지는 듣도 보도 못한 여성학을 공부하기 시작한 거예요.

그 공부가 저하고 너무 잘 맞았어요. 솔직히 말씀드리자면 경남대학을 갔는데 거기서 같이 마주앉아 이야기할 사람이 없었어요. 그래서 굉장히 목말라 있었죠. 끊임없이 말이 통하는 사람을 찾다 보니까 만난 게 재경학우회 선배들 정도였고요.

푹 빠졌던 여성학 이론

그 사람들하고 이야기하면 좀 즐겁고 재밌고 그런 게 좀 있었죠. 제 경우에는 생산양식론, 종속이론, 식민지 반봉건이론 등 이론적인 건 학습하기 어렵지 않았어요. 고등학교 때부터 그런 훈련이 되어 있었기 때문에요.

그 다음에 여성학을 했는데 이게 너무 저하고 맞는 거예요. 연극보다 더 재밌고 여성학이야말로 우리가 가야할 이론인 것처럼 느껴졌거든요. 대학 4학년 때는 여성학 그룹이 한 쪽에 있었고 연극은 거의 활동을 중지하거나 안했어요.

대학을 졸업하고 나서는 다시 하영화 씨하고 모여서 연극 단체를 하나 만들었죠. 그건 전문극단으로 키우려고 만든 거예요.

박진해 _ 이윤도 씨는 완전히 연극에 미쳐 있던 시기였는데 어쨌든 창간호에 집현전 회원으로 명단을 올려놓고 있습니다. 초창기 집현전에 대한 기억, 어떤 활동을 했는지 기억나는 게 있으면 말씀해주시죠.

이윤도 _ 결국 집현전도 마산학생연극회하고 관련이 있었어요. 김진식 씨가 연결이 되어 있었으니까요. 저는 세상에 눈을 뜨고 연극을 바르게 하자고 했었어요.

창립총회를 완월동 그 앞에 있는 중앙중학교 그 건너편인가쯤에서 했을 거예요. 마산학생연극회 애들은 거의 전부 집현전에 들어간 것 같고, 어쨌든 저로서는 집현전에서 행위에 대한 올바름을 알았던 것 같아요.

그 동안은 중구난방 식으로 공부하다가요. 집현전에서는 《페다고지》[1] 원서를 마스터한 기억까지 나요. 활동을 하다 보니까 또 마산이라는 게, 참 이 정서가 서로서로 건너면 다 알게 되잖아요. 또 우리가 서로 아는 주점에 가면 다 만나지고요.

저는 요새 그때가 참 그리워져요. 술자리도 그냥 술만 먹는 게 아니라 한 쪽에서는 가곡을 부르고 또 한 쪽에서는 유신정부를 무너뜨려야 된다는 이야기를 할 정도로 분개하던 시절.

늦게 대학생활을 시작하면서 앞질러간 친구들 덕분에 저는 많은 걸 풍요롭게 접하고 생활을 했다는 생각이 들어요.

집현전 공부와 연극... 결국은 제가 더는 자신이 없어서 81년에 부산에 있는 학교로 가버렸지만요. 집현전이 폐쇄 직전에 있다,

---

1) 《페다고지》(파울루 프레이리, 1979)는 교육의 궁극적 목표가 인간해방임을 알렸던 20세기 대표적 교육사상가 파울루 프레이리의 대표적 저서로 전교조 선생님들을 비롯해 많은 깨어있는 지식인들에게 영감을 주었다.

명단이 정보과에 넘어갔다 소리를 들은 적도 있고, 정말 짧은 1년 이었지만 철로 위에 있던 그 창고가, 그때가 그립고 하여튼 그런 생각이 나요.

영어실력이 출중하고 활발한 활동을 했던 김종철

박진해 _ 네 알겠습니다. 아무튼 지금은 78년 이야기를 하고 있는데요. 집현전을 이야기하면서 기억해야 할 인물로 김종철 씨가 있습니다.

집현전 구성원에 대해서 아까 이야기했지만 서울에 유학한 마산 출신 대학생들은 대체적으로 서울에서 직장을 구했습니다. 재경 마산학우회 대학생들도 그랬죠.

그런데 집현전에 참여한 재경마산학우회 출신들은 주로 마산 쪽으로 와서 정착하겠다는 의지를 가진 사람이거나, 학생시위로 투옥이 됐다든지 해서 거취가 불투명한 사람들, 예를 들어서 서익진 씨 같은 사람들입니다. 서익진 씨도 78년 12월 1일에 석방됐더라고요. 그리고 주대환 씨가 그 뒤에 79년 제헌절 특사로 나와서 마산에 있었고요.

서울대 수학과를 졸업한 하영화 씨는 마산에서 뭔가를 해볼까 하고 와있었고 김종철 씨는 고대 법학과 4학년을 다니면서 1년 휴학을 하고 와 있었습니다.

이 사람들은 모두 '자유로운 영혼'들이었습니다. 78년 말에 대부분 졸업을 하거나 군 복무 때문에 마산에 있을 수 있는 여건이 되는 사람들이 와 있었던 셈이죠.

이중 김종철 씨는 영어 원서를 읽는데 상당히 소양이 있었고 집현전 활동을 열심히 했습니다. 특히 원서를 서가에 갖추는데 많은 역할을 했어요.

남아있는 자료에 보면 '여러분 모십니다'라고 해서 세미나에 대한 내용도 있어요. 세미나가 좀 우스운 세미납니다. 영어 강좌, 수학 강좌인데요. 수학 강좌는 고등학생들이 많이 드나들었기 때문에 하영화 씨가 맡아서 해줬습니다. 하영화 씨가 연극 연출을 열심히 했지만 명색이 서울대 수학과 졸업생이었거든요. 그래서 수학 강좌를 했고 김종철 씨는 영어 강좌를 맡아서 했습니다. 영어 실력이 아주 뛰어났기 때문에 영어 강좌를 개설했고, 또 하나 한국 근대사 강좌 이렇게 세 가지 강좌를 했는데 한국 근대사는 제가 했다고 되어 있습니다.

실제 진행은 어떻게 되었냐면 쭉 회원들을 모아 보니까 수학하고 영어는 거의 신청하는 사람이 없었어요. 그래서 한국 근대사 강좌 위주로 가고, 한편으로 여성 강좌에 좀 주력을 하자 해서 아까 말한 여성학 강좌를 열었습니다. 크게 봤을 때 세미나는 한국 근대사 강좌와 여성학 강좌 이 두 갈래로 진행됐다고 이해하면 되겠습니다.

이렇게 78년도 집현전에서 뭔가 활발한 움직임이 있던 반면, 또 한편에서는 김진식 씨 말대로 당초 집현전을 구상하고 시작하려고 했던 이광두 씨와 그 주변에서 약간 다른 흐름이 있었다는 거죠.

재정 문제에 부딪힌 서점 사업

우선 이광두 씨는 생각했던 만큼의 돈을 빨리 마련하지 못했어요. 돈이 마련되면 공식 서점을 개설하면서 서점과 도서 대출 사업을 두 갈래로 하고자 했는데 당초 목표했던 서점 개설이 제대로 되지 못하고 자꾸 늦춰졌습니다.

도서 대출 사업하고 세미나는 활성화되고 있는데 정작 당초 목표로 했던 서점 개설은 제대로 되지 않았던 거죠. 결국 78년 말에 접어 들어서는 이광두 회장이 직접 서점을 못 하겠다고 포기하는 국면에 접어들었고 12월 30일 연말에 임시 총회가 열리고 장군동 공간에 대한 폐쇄 결정이 내려졌습니다.

그래서 79년에는 집현전이 새로운 장소를 물색해서 새 출발을 해야 하는 상황에 몰리게 된 겁니다. 사실은 저희들은 집현전에서 이런 작업들을 열심히 했기 때문에 이광두 회장과 완월 성당 팀의 어려움이라든지 그분들의 시각을 제대로 인지하지 못했거든요.

김진식 씨는 혹시 아는 바가 있는지, 어떤 입장이었는지를 말씀해 주시겠어요?

김진식 _ 글쎄요. 저도 자세히는 모릅니다만 분명한 건 재정 문제 때문이었다고 알고 있습니다. 이광두 선배가 어디에서 돈 나올 구멍이 있다고 했는데, 그 구멍이라는 게 잘 안 열렸나 봐요. 아버지하고 사이가 그다지 좋지 않아서 그랬는지... 하여튼 처음 출발할 때는 얼마를 지원받아서 시작해서 가게를 얻고 차리고는 했는데 수익사업을 전혀 하지 않았으니까요.

자기가 직장생활을 한다고 하더라도 제대로 하지는 않았고, 마지막에 가서는 출근도 안했던 것 같아요. 지치고 힘들기도 하고 또 뭐 그랬던 것 같습니다 상세한 내막은 모르지만 여하튼 형은 그 상태로는 더 이상 하기 힘들 것 같다고 했어요. 양서협동조합의 취지나 시대가 필요로 하는 사업이라는 사실에는 적극 찬성하지만 자신이 더 이상의 역할을 하는 건 힘들다고요.

사실 형은 집현전이 있던 장군동 그 집 주인하고 잘 알았어요. 같은 성당에 다니던 분이라 몇 달 동안이나 가게 세를 못 줬는데도 참 아줬어요. 형으로서는 가게 세가 나올 구멍이 전혀 없었던 셈이죠.

처음에는 이광두 선배가 부담을 하겠다 했는데 자기도 그러지를 못하니까 스스로도 우리한테 미안하기도 하고, 벌려만 놓고 더 이상 못하고 하니까 힘들어서 고백한 거예요. 마지막에서는 있는 그대로의 사실이 더 이상 지속할 수 없다니까 일단은 받아들여야 됐어요.

그리고 더 이상 그 공간을 활용 못한다면 어떻게 해야 할까, 고민하던 차에 공간이 하나 마련됐던 것 같아요.

저는 그때 하던 일이 3~4개가 됐어요. 연극 연습하러 가야 되고, 뭐도 해야 되고 또 이것도 해야 되고 그런 와중이었는데 우리 연습하러 갔을 때 경남대극예술연구회에 있던 한 친구가 "걱정할 필요 있습니까? 비만 피하면 되는 것 아닙니까? 뭐 책 그거 뭐 600권 둘 데 없을까요?" 그런 말을 하더라고요.

그때 북마산으로 가는 철로변에 헐값인가 거의 공짜 비슷하게 하꼬방이 하나 나와 있었는데 거기다가 서가만 세우면 되겠더라고요. 그래서 옮겼던 것 같아요. 거기가 무슨 동입니까, 창동은 아니고 저는 철도가 쪽으로 기억하는데.

창동 이전과 함께 시작된 제2 집현전 시기

박진해 _ 지금 평안안과에서 대각선 건너편입니다. 평안안과 맞은편에 횡단보도 있죠? 횡단보도를 건너면 있는 위치입니다. 아마 창동인가 봅니다.

이광두 회장에게는 그런 사정이 있었습니다. 그 와중에 양서선 정위원장인 정성기 씨와 김종철 씨 등은 열심히 활동을 했습니다. 아마 글을 가장 많이 쓴 두 사람이 정성기 씨하고 김종철 씨일 겁니다. 78년 설립 이후에 계속 그렇게 활동했는데, 실질적으로 양서 선정을 어떻게 했는지 등 기억나는 부분이 있으면 말씀 부탁드립니다.

정성기 _ 유감스럽게도 정확하게 기억은 잘 나지 않습니다. 충분히 짐작하시겠지만 노래 중에 금지곡이 있고 책 중에는 금서가 있습니다. 듣지 마라 그러면 더 듣고 싶고, 보지 마라 그러면 더 보고 싶죠. 사회적으로 공식화된 금서들이 우리 입장에서 볼 때는 양서로 생각이 되었습니다.

그런데 금서라고는 해도 일단은 시중에 출판돼 나온 거니까 책

을 사는 것 자체는 가능했습니다. 《분단시대 역사인식》이나 《전환
시대의 논리》 같은 책들을 양서선정위원회에서 같이 의논을 해서
주로 선정했던 것 같습니다.

정부에서는 금서라고 하지만 양서선정위원회가 양서라고 선정
하면 이 책을 양서로 공인하는 그런 효과가 좀 있었습니다.

박진해 _ 그런 과정을 거쳐서 79년으로 넘어가게 되는데 사실
은 공간 구하는 게 쉽지 않았습니다. 아시다시피 대부분 대학 재학
생이거나 갓 졸업한 아무 경제적 능력이 없는 그런 사람들이었으
니까요.

제가 그때 창원여중 교사로 임시 교사로 잠깐 있었거든요. 아까
얘기가 나왔던 주정숙 씨가 창원여중 국어교사로 있다가 MBC PD
로 옮기면서 학기 중간에 옮겼기 때문에 급하게 후임이 필요했는
데 절더러 후임으로 좀 와 달라고 해서 나갔습니다. 군대 가기 전
에 불과 몇 개월만 나가는 임시 교사였습니다. 그럼에도 불구하고
어쨌든 교사를 했기 때문에 봉급이 나왔거든요. 그래서 그나마 경
제적 능력이 있는 사람이 저였습니다.

그래서 장소를 같이 막 구하러 다니다가 평안안과 대각선 건너
편 거기 완전히 허름한 창고를 발견했어요. 창고가 왜 허름할 수밖
에 없었냐하면 거기가 철로였는데, 철로가 걷어지고 도로를 개설

하는 걸로 예정됐기 때문에 방치돼 있던 거죠. 손을 전혀 볼 이유가 없는 완전히 방치된 낡은 창고였는데 그래도 어떡하나 비만 피하면 되지 해서 15만원인가를 주고 임대했습니다. 그 창고를 연극팀이 덤벼서 완전히 리모델링했는데 혹시 기억나는 부분이 있으면 말씀해주세요.

무너지는 하꼬방을 리모델링한 연극팀

이윤도 _ 안 그래도 오늘 장해근이한테 연락을 했습니다. 오늘 집현전 주제로 토론회가 있다고 하니까 "지금 장모님 때문에 경기도 광주에 와 있는데 제가 한 일이 있습니까?" 묻더라고요. 제가 "너희가 망치질하고 거기 지붕세운다고 얼마나 큰일을 했는데!" 그랬죠.

어쨌든 연극반 애들이 손재주가 좋았고 또 헌신적으로 했어요. 누가 봐도 곧 무너질 것 같은 그런 하꼬방인데 그래도 제법 그 안에 우리가 오래 생활을 했어요. 거기서 다과회도 하고 토론도 하고 어떨 땐 분과위원 모임도 하고 등사기도 갖다 놓고요. 김종철 씨는 거기서 노동조합 유인물도 밀고 그랬으니까요. 공간도 제법 넓었어요.

김진식 _ 3.15를 앞두고 3.15기념식 세미나랄까. 당시에 활약했던 분들을 모시고… 그래봐야 우리보다 10년 정도 더 나이가 있으신 선배들이었죠. 선관이 형님 그러니까 이선관 시인 이런 분들 서너 분 모셔놓고 그 좁은 바닥에 모여 앉아서 3.15의거 때의 일화를 하나하나 적어가면서 들었던 기억도 납니다. 좁았지만 할 건 다 했던 것 같아요.

이윤도 _ 맞습니다. 시내에서도 접근하기 좋았으니까요. 수월하게 들락거리고 책도 수월하게 가져갔습니다.

일종의 해방구가 되어준 집현전 공간

박진해 _ 어떤 면에서 집현전을 더 열심히 했던 게 그 공간이 있어서였습니다. 왜냐면 그 이전 장군동 공간은 기본적으로 서점이 예정되어 있었던 공간이고 서점이 시작되면 더부살이를 해야 하지만, 이사를 오고 나서는 허름한 공간이긴 하지만 순수하게 우리들만의 공간이 만들어진 거였으니까요. 그 안에서 여성 회원들이 담배를 피기도 하고, 일종의 해방구라고 할 수 있었죠.
79년부터는 김진식 씨도 졸업을 하고 방위근무를 앞두고 있었기 때문에 자유로워서 열심히 했어요. 방금 말한 3.15의거 기념식 준비도 하고요.

또 3월 3일인가에는 함안 군북 서산정으로 처음 1박2일 엠티를 갔습니다. 장소를 제공한 사람이 이윤도 씨였는데 그 얘기를 좀 해 보실까요?

이윤도 _ 백의사 밑에 군북 사촌이라는 곳에 서산정이라는 서재가 있는데요. 서산정을 저희 외가에서 관리했습니다. 외삼촌에게 얘기해서 엠티를 서산정에서 할 수 있었습니다. 서재라는 점이 집현전과도 관련이 있어서 의미가 있을 것 같았거든요.

다 같이 기차타고 가면서 참 운치가 있었습니다. 밤새도록 토론한 기억도 나고요. 그때는 서산정 책들이 좀 방치돼 있었지만 지금 가보면 삐까삐까합니다. 어쨌든 서산정이라는 의미 있는 장소를 외갓집에서 허용해줄 수 있어서, 이용할 수 있었습니다. 희한한 게 그곳은 부마항쟁 이후 제가 도망가 있던 곳이기도 했습니다. 정말로 그 안에 들어가면 마을하고는 단절되거든요.

박진해 _ 제가 메모를 다 해놔서 날짜가 모두 있습니다. 79년 3월 25일에 제가 해군에 입대하면서 환송식을 가포에서도 하고 집현전에서도 했습니다. 여기 그 자리에 참석했던 분들 명단이 있습니다. 이 명단에 있는 분들이 어떤 면에서는 그 시기 집현전의 가장 핵심 멤버들이라고 볼 수 있습니다. 이광두, 한철수, 유위종, 황성권, 서익진, 이윤도, 김종철, 정성기, 박재석, 정혜란, 하효선, 박애련, 이부옥 이렇게 명단에 있습니다.

이날 김진식 씨는 못 온 것 같고 그 앞에 엠티에는 참여했습니다. 아무튼 이런 과정을 거쳐서 저는 3월 말에 입대하고 3개월 동안 해군 장교 훈련을 받았습니다. 그래서 그 사이 집현전에서 일어난 일에 대해서는 전혀 모릅니다. 이 시기 있었던 일들을 하효선 씨가 말씀해 주세요.

제 집처럼 드나들던 아는 사람들만의 아지트

하효선 _ 친정이 바로 로얄호텔 근처였기 때문에 굉장히 가깝잖아요. 저는 거의 제 서재처럼 계속 왔다 갔다 했어요.

집현전이 있던 창고가 어느 정도 허름했냐면, 왜 시골 가면 나무 판때기를 이어 붙여서 만든 벽이 있잖아요. 바람이 솔솔 다 들어오는 그런 벽이어서 그야말로 창고였어요. 바깥에서 보면 시커멓고, 다 부식된 오래된 창고였죠.

그렇지만 안에는 책장을 짜 넣고 또 소파도 있었어요. 한 대여섯 명 앉을 수 있는 소파요. 그런데서 공식적인 모임이 있었는데 7월까지는 했었나?

이사를 가서는 이전에 오던 사람들과는 완전히 구분이 됐어요. 그 전에는 학교 옆이라서 누구든지 왔다 갔다 할 수 있고 또 성당 사람들도 많았고요. 창동으로 옮기고 나서부터는 그야말로 정예 요원, 아는 사람만 활동하는 곳으로 변해버렸어요.

사람마다 말이 조금 다를 수 있는 부분인데 저는 집현전에서 활동하는 게 굉장히 조심스러웠거든요. 왜냐면 전혀 모르는 외부에서 사람이 들어오면 눈앞에 말 그대로 7~800권 되는 금서들이 쫙 눈에 그대로 보여요. 외부에서 누가 와서 보면 좀 놀랠 정도로요.

그래서 친구를 데려가는 게 좀 껄끄러웠어요. 이 친구가 그 상황에 대해 완전히 이해하면 같이 자유로울 수 있는 공간인데 그렇지 않으면 조심스러운 일이었죠.

양서선정위원회가 있기는 했는데, 79년부터는 금서란 금서는 다 있었기 때문에 다른 형태의 책들이 필요했어요. 그 책을 주로 부산 양서협동조합에 가서 가지고 왔어요.

1차적으로 부산양서조합에 있는 사람들이 대중서보다 학문적이거나 철학적인 책들을 많이 가지고 있었어요. 책을 정기적으로 구입해야 하니까 책을 구하러 갈 때는 제가 가서 2~30권 정도 골라서 사왔었죠.

제가 부산에 두 번인가 세 번을 갔는데, 아직도 기억나는 말이

부산에서 "어, 이 책 알아요?" 하고 비아냥거리는 식으로 말하는 거예요. 약간 기분이 나빴죠. 마산에서 왔다고 하니까 촌사람 취급하는 거였으니까요. 그래도 20~30권을 골라서 가지고 왔어요. 아무튼 제가 총대를 메고 가서 고르는데, 이전에 본 책을 넘어서 새로 봐야할 책들을 많이 골랐어요.

그렇게 지속적으로 책은 쌓였다고 생각합니다. 《전환시대의 논리》 같은 책들은 78년도부터 한쪽에 있었고, 이후에 계속 구입해서 읽었던 책들은 나중에 파리에서 공부를 할 때도 굉장히 도움이 많이 됐어요. 어지간한 책들은 다 읽었으니까요.

책이 모아지면서 점점 더 외부 시선을 의식하게 된다고 할까요? 바깥에서 외부 사람이 책을 보러 왔다고 하면 긴장하게 되는 거죠. 문제는 뭐냐면 거기에 책을 빌려 가면 장부를 적잖아요. 장부를 보면 어떤 사람이 어떤 책을 읽었는지가 다 기록이 되어 있는 거예요. 그러다가 10.18이 터지니까 위험한 지경에까지 이르

렀던 거죠.

당장 첫 번째로 집현전 사람이라고 할 수 있는 황성권 씨가 잡혀 갔고 두 번째로 김종철 씨 잡혀갔고 주대환 씨, 정성기 씨... 이렇게 아주 가깝다고 생각하는 사람들이 계속 잡혀가는 거예요. 그래서 저는 위기감을 느낀 거죠. 자꾸 옆에서 있던 사람이 없어지고, 사라지고 그러니까요. 우리 중 누가 잡혀 갔고 뭘 보안으로 해야할 건지 논의하기 위해서 집현전 식구 중에 한옥진 씨라고 한철수 씨 동생하고 저하고 둘이서 정혜란 씨 집을 찾아간 거예요.

그 집이 우리 집하고 가까워서 찾아가서 "누구 누구가 잡혀갔다고 하더라. 어떻게 해야 하지, 집현전은 어떻게 하지?" 뭐 이렇게 남은 사람끼리 뭔가 대처를 하려고 갔는데, 경찰이 왔어요. 그렇죠?

박진해 _ 부마항쟁 이후 얘기는 조금 뒤에 같이 이야기해보도록 하죠.

정성기 _ 도서선정 얘기를 하니까 제가 한 마디 드리고 싶은 게 "양서선정위원장쯤 되면 저 친구는 책을 좀 보기는 했나?" 이렇게 물을 수도 있는데요. 제 경우에는 서울에 대학을 못 가고 마산에 남아 있으면서 나름대로 책이나 지식에 대한 갈증이 아주 많았어요.

제가 과외를 해서 한 달에 6만원을 받았는데, 그 중 3분의 1을 떼서 매달 책을 사서 볼 정도였으니까요. 하여튼 책에 대한 욕심이 많았던 것 같아요.

책을 보는 범위가 경제학은 전공이니까 기본이고, 경제학과 정치가 관련 있으니 정치에 대한 것도 공부하고 《분단시대의 역사인식》이라는 책의 서평을 쓸 정도로 경제사, 역사 등을 전반적으로 공부했어요. 분단, 자본주의, 사회주의, 자유주의, 마르크스주의... 나중에는 철학, 신학까지 공부하지 않을 수가 없었어요.

그래서 선정위원장을 시켰는지는 모르겠는데, 부산양서협동조합에서 우리가 책을 가져가니까 "이런 책도 알아?" 그랬다니 생각이 나서 하는 얘기죠. 저만 해도 부산이나 서울에서 누가 오더라도 얘기가 통할 정도로 나름 공부를 하고 있었습니다.

이윤도 _ 제 경우도 당시 〈창작과 비평〉이라는 잡지에 굉장히 영향을 많이 받았어요. 〈문학과 지성〉 같은 잡지도 보고요. 계간지이지만 정기구독을 하면서 보고는 했으니까요.

경과보고 서류를 통해 확인하는 운영상황

박진해 _ 덧붙이자면 대출 순위도 회지에 나옵니다. 1위가《장길산》, 2위가 〈창작과 비평〉입니다. 3위가 《머나먼 쏭바강》 이렇게 되어 있습니다.

하효선 씨하고는 기억이 약간 다를 수 있는데, 저는 기록을 다 해놔서 확인이 가능합니다. 제가 3월 말에 입대를 해서 6월 말까지 훈련을 받고 7월 초에 소위 임관을 하고 집에서 출퇴근하기 시작했습니다. 집현전에는 7월경에 다시 나올 수 있었습니다.

임관 후 다시 나올 때 집현전에서 나온 이야기가 뭐였냐면 집현전을 유지하는 일이 현실적으로 어렵다는 것이었습니다. 그즈음 집현전의 존폐를 두고 임시총회를 하자고 해서 7월 7일에 임시총회를 했습니다.

79년 6월 말까지의 활동은 '경과보고' 서류로 남아 있습니다. 제가 군대에 있던 시절이라서 모르는 내용이지만 서류를 통해서 집현전이 79년에 어떻게 운영됐는지 대강 알 수 있습니다. 기록을 보면 6월분 재정이라고 해서 14명이 회비를 각각 천 원씩 냈어요. 천 원이면 지금 돈으로 치면 만 원 정도 될 겁니다. 만 원 정도의 회비를 14명이 6월 회비로서 냈다는 게 기록이 되어 있고요.

도서 대출은 2월에는 101권, 5월에는 38권, 6월에는 25권 이렇게 되어 있습니다. 도서판매를 했다고 되어 있는데 외부에서 도서를 구입해 와서 회원들에게 판매가 이루어진 것입니다. 이게 3월부터 6월까지 합쳐서 7만4천원어치 도서를 구입했다고 나와 있어요. 지금 돈으로 한 70만원 안팎의 도서를 구입했고 판매가 되었다는 걸 경과보고 서류를 통해서 알 수가 있겠습니다.

활동중단 선언 이후에도 계속된 여성학 세미나

그리고 여성학 세미나에서《인격의 자유화를 위한 서장》,《사랑의 기술》등을 읽는다고 나와 있습니다. 목요일마다 하는 목요 세미나에서는《문학과 예술의 사회사》를 집중적으로 했고 또 토요 발표회가 있었네요. 분단의 역사적 배경, 경제학 발표 등 이런 식으로 세 갈래의 세미나가 이루어졌다는 걸 알 수가 있습니다.

그리고 3월에 군북으로 엠티를 다녀왔다고 했는데, 제가 없던 4월에는 서원곡으로, 5월에 다시 군북으로 엠티를 한 번 더 갔었네요. 이런 형태로 79년도에도 활발한 활동이 이루어졌다는 이야기입니다.

여기 미납 도서 목록도 있습니다. 그 명단을 보니까 김진식 씨도 있고요 한옥진, 하효선... 뭐 그렇습니다(웃음).

창고로 옮긴 집현전 시기 동안에도 당초에 구상했던 활동이 활발하게 이루어지고 있었다고 볼 수 있겠습니다. 그럼에도 불구하고 7월 7일 임시총회를 통해서는 지금까지 이렇게 해 왔지만 더 해나가기는 힘들다고 얘기가 나왔어요. 그 중에는 아마 공간 문제도 있었으리라고 생각합니다. 곧 철거되고 도로가 개설되는 상황이었으니까요.

7월 7일 임시총회에서 활동 중단을 결정했고 가지고 있던 기탁도서는 일단 당사자에게 반납하자고 했습니다. 이렇게 공식적인 활동은 중단했는데 그 공간이 언제까지 유지됐는지는 저도 잘 모르겠습니다.

하지만 그 뒤에도 여성들은 계속 세미나를 할 필요가 있다고 해서 한 10여 명 정도가 여성학 세미나를 계속했습니다.

집현전의 성과 중 하나라면 이전까지는 재경마산학우회, 경남대사회과학연구회, 경남대극예술연구회 등이 주요 참여자였다면 나중에 여성학 세미나가 지속되면서 배출된 여성 회원들이 있습니다. 그 명단을 한 번 불러 볼게요. 하효선, 박애련, 이홍점, 전윤희, 한옥진, 양민애, 이금선화, 이명희, 이정화 씨. 이렇게 10여 명의 여성들이 참여한 여성학 세미나는 계속되었다고 할 수 있겠습니다. 공식적으로는 활동 중단이 됐지만 계속 활동을 가져간 분들이 있었기 때문에 집현전의 흐름은 사실상 부마항쟁 발발 때까지 계속되었다고도 할 수 있겠습니다.

이윤도 _ 집현전 관련 루머가 있었거든요. 우리 명단이 넘어갔다는 얘기도 들었어요.

하효선 _ 임시총회가 79년 7월 7일 일이잖아요. 하지만 집현전이 집과 가까워서 저는 계속 거기 남았어요. 끝까지 있었던 사람이 김종철 씨. 10.18 전까지는 거의 김종철 씨하고 제가 가장 자주 들락거리고 그랬을 거예요. 그러다 10.18이 터진 거죠.

정성기 _ 10.18이 터지기 전 7월에 마지막 공식 행사를 했는데요. 재정적인 어떤 능력이나 인적 자원이 없어서 여러 제약 때문에 대단히 아쉽게 문을 닫기는 했지만, 어찌 보면 또 다행인 게 그때 문을 닫지 않았으면 엄청난 사건으로 비화됐을 수 있잖아요.

하효선 _ 그 이야기가 지금 이제 제일 중요한 건데요. 저와 김종철 씨가 이후에도 집현전에 자주 들락거렸고 그 사이에 선배들이 한 번씩 다 거쳐 간 곳이니까요. 황성권 씨, 주대환 씨…

이윤도 _ 황성권 씨도 아르바이트 하면서 틈나는 대로 와보고 했잖아요.

가장 걱정됐던 건 집현전 도서대출명부

하효선 _ 그 상황에서 10.18이 터졌어요. 10.18 터질 때 저는 집현전에 있었던 것 같아요. 왜냐면 대학 4학년이었기 때문에 학교에 가지 않고 논문 쓴다고 있는데, 10.18이 터진 거예요.

시내에 최루탄이 막 터지고 그랬는데, 하루 하루 지나면서 아는 사람들이 하나씩 잡혀갔다는 소리가 계속 들리는 거예요.

저는 겁이 엄청 난 거죠. 왜냐면 완전 타겟이 될 수 있잖아요. 경찰이나 정보과에서 나와서 집현전 문을 열면 금서로 칠갑한 서가가 보이니까요. 제일 걱정된 게 뭐냐면 도서대출명부였어요. 대출카드요. 몇 월 며칠 누가 어떤 책을 빌려갔다가 다 나오니까 이건 꼼짝 마라예요. 그러니 그 사이에 어떻게 대처를 해야할 지 고민을 많이 했죠. 그래서 22일에 한옥진 씨하고 정혜란 씨 집에 갔었어요. 얘기하는 중에 경찰이 왔고요.

정혜란 _ 아니 경찰이 온다고 했었어요. 전화가 왔었어요.

하효선 _ 아, 온다고 했던 것 같아요. 경찰이 온다고 하니까 우리는 오도가도 못하고 있으니까 정혜란 씨 어머니가 저희를 옷장에다 숨겨주셨어요. 우리는 숨어 있고 한참 있다가 나오라고 해서 나와 봤는데, 이미 정혜란 씨는 잡혀 간 후였어요.

안 그래도 겁이 나서 죽겠는데, 바로 코앞에서 잡혀 가니까 집으로 오는 길에 덜덜덜 떨리더라고요. 오다보니까 위수령이 내려서 군인들이 무장하고 총을 들고 있고... 더 겁이 나는 거죠.

그래서 집현전으로 가서 대출명부하고 책을 쌀 수 있는 만큼 잔뜩 싸서 집에 가지고 왔어요. 그걸 엄마한테 맡겼어요. 만약 명부가 들어가면 거기 있는 사람들 다 잡혀 들어갈 거잖아요. 30~40명은 잡혀 들어갈 것 같더라고요. 그래서 나도 모르게 숨기고 나는 피신해야겠다 싶어서 엄마한테 명부를 주고 저 모르게 숨겨달라고 했어요.

그길로 저는 부산으로 피신을 갔어요. 22일부터 26일까지 한 5일 정도를 부산에 있었어요.

그런데 이미 경찰에서는 집현전에 대해서 다 알고 있는 것 같더라고요. 제가 없는 동안 저희 집에 경찰이 서너 번 찾아왔었다고 전해들었어요. 엄마는 제가 간 곳을 모르니까 말을 못하고요.

그렇게 부산에 있는데 어느 날 보니까 이상한 소리가 들리는 거예요. 박정희가 죽었다고요. 남포동에 나갔는데 레퀴엠 음악이 막 들려요. 그래서 집으로 돌아온 거죠. 그 이후로는 집현전에 책들이 치워졌고, 흔적 없이 자연스럽게 해체 된 것 같아요.

박진해 _ 자연스럽게 부마항쟁 이야기로 연결이 됐습니다. 참고로 저는 군복무 시기여서 기억이 정확하지 않습니다. 집현전 멤버들이 각자 자신이 겪은 10.18은 어땠는지 이야기를 해보시죠. 김진식 씨는 어땠나요?

우연찮게 맞아 떨어진 〈봇물은 터졌어라우〉 공연

김진식 _ 저도 방위로 근무 중이었습니다. 저는 처음에 교방동에 있다가 차출되어서 산호동으로 가서 근무를 했어요. 그 당시에 지금은 문성대학으로 바뀐 창원여자전문대학에서 연락이 왔어요. 연극반을 만들었는데 창립공연 준비를 도와달라고요. 그래서 연출을 맡았는데, 무슨 작품으로 할까 하다가 사람 수는 많고 학교에서도 밀어준다고 하니까 천승세의 〈봇물은 터졌어라우〉라는 제목이 좀 긴 작품을 선정했어요.

뭐랄까 전라도 사투리가 좀 들어가고 토속적인 작품이었어요. 그렇게 퇴근하면 집에 갔다가 밥 먹고 연습실로 잡은 경남데파트라고 거기서 밤 9시~10시까지 연습을 하고 또 소주 한 잔 마시고 집에 들어오는 게 일상이었어요.

그러다 16일 버스 안에서 이선호라고 마산고등학교 33기 후배를 만났어요. 그 친구가 경남매일 기자였어요. 후배가 "형님! 소리 들었습니까? 부산에서 어제 터졌대요" 하는 거예요. "나도 소문

들었다. 마산도 그럴지 모르겠다" 그런 얘기를 하고 17일 연습을 하면서 학생들한테 말했어요.

"조심해야 할 것 같다. 만약 뭔 일이 있으면 연습은 스톱이다. 미련 없이 그래야 한다"고 말해두었죠.

아니나 다를까 10월 18일에 집으로 어찌어찌 왔는데 산복도로에서 소리가 들렸어요. 학생들이 뛰어가는 소리가 멀리서도 들렸어요. 연극 연습장에 가보니까 다행히 아무도 안 왔어요. 아이고, 다행이다 하고는 그 길로 시내에 갔어요.

제가 산호동파출소 가는 길에 보니까 용마맨션 2층 공화당사무실 유리창이 막 깨지고 불이 나고 있더라고요. 거기서 조금만 올라가면 산호동 파출소가 있었어요. 주택가 안에요. 가보니까 박정희 사진도 밖에 나와 있고 난리가 났더라고요.

불 지르는 걸 보고 돌아와서 다음날 출근하니까 바로 공수들이 들어오더라고요. 그래서 저는 방위니까 제일 빨리 그 자리에 가서 그걸 청소 했어요. 치우라 그래서 치우고. 전날에는 불 피우고 그 다음날은 치운 거죠.

며칠 있다 보니까, 경찰에 신고가 들어왔다고 연락이 왔어요. 우리가 하던 연극이 10월 20몇일에 공연을 하기로 해서 포스터를 만들어 붙였던 모양이에요. 근데 포스터 제목이 〈봇물은 터졌어라우

〉잖아요. 그걸 보고 어떤 분이 신고를 했데요.

와, 어떻게 예측을 하고 이런 연극을 했나 날짜도 비슷하고 그랬으니 신기했죠.

박진해 _ 그 동안 행적이 묘연했는데 상당히 재밌는 경험을 하셨네요.

등사기로 밀어 배포한 〈노동자의 불꽃〉

이윤도 _ 오늘 제가 여기에 오면서 하도 궁금해서 북마산 철교를 쭉 걸어봤어요. 시간도 있고 그래서요. 한철수 씨 집 그 건널목에 밑에 있는 그 집을 옛날에 엄청 들락거렸어요. 한철수 형님이 저한테 〈고대신문〉을 꼭꼭 보내주셨어요.

기억나는 게 오상석이라는 고대 친구가 하나 피신해 있었는데, 그 친구하고 김종철 씨하고 39사 앞에 있는 국화 비닐하우스에서 《한국의 지성》이라는 책을 들고 밤새 스터디를 했어요. 황성권이도 같이 밤새도록이요. 조그만 문고판 책을 떼고 온 기억이 나요.

그 다음에 김종철 씨가 집현전에 자주 들락거렸는데, 그 친구가 낮에는 꼭 무학산에 올라갔어요. 무학산에 갔다 오면서는 노래를 부르면서 집현전에 들렀어요.

마지막으로 기억나는 건 제가 연극 대본을 만들어야 해서 집현전에 있는 등사기를 많이 활용했는데요. 김종철 씨가 크리스찬아카데미에서 가져온 〈노동자의 불꽃〉[2]을 등사기로 긁는 걸 봤거든요. 근데 그 원본이 알고 보니 저한테 있었어요.

〈노동자의 불꽃〉이 70년대 한국 경제 최악의 상태를 사사조의 시로 표현한 건데, 제가 형사 앞에서 유도심문을 당하면서 김종철한테 몇 부 받았냐고 질문을 받고 나도 모르게 2부를 받았다고 말해버렸어요. 하나는 여자 친구한테 주고 하나는 연극하는 친구한테 줬다고 했죠.

그 다음에 하는 얘기가 윤도 집에 책을 뒤져라, 그러더라고요. 그 형사 말을 듣고 제가 나오자마자 뒤적이니까 〈노동자의 불꽃〉 원본이 책 사이에 끼여 있어요. 그래서 제가 자료를 통째로 다 태워 버렸어요. 그때 지레짐작으로 태워버리지 않았다면 오늘 들고 왔을 거예요.

박진해 _ 방금 김종철 씨 이야기가 나와서 말인데, 집현전 시기에 김종철 씨의 고향인 진북에서 엠티를 하기도 했고 아까 39사단 쪽에 있는 비닐하우스에 가서 세미나도 했잖아요. 그러니까 김종철 씨가 당시 마산 지역에서 상당히 활발한 활동을 했다는 거죠.

---

2) '저 처절한 불길을 보라 저기서 노동자의 아픔이 탄다'로 시작하는 장시 〈노동자의 불꽃_ 아아, 전태일〉은 조영래 변호사가 민청학련 사건으로 수배되어 도피하던 중 1977년 가을에 쓴 시이다.

또 특기할만한 것이 유인물 이야기가 나왔는데요. 창동 코너에 삼신당이라고 지금은 보석상을 하고 있는 가게인데, 거기 장남이 었던 서광태 씨가 서울의대 재일교포 간첩단 사건[3]에 연루되어서 구속되는 사건이 있었어요.

그 사건으로 서광태 씨의 상고사유서, 서광태 모친의 호소문이 나왔고요. 그 후에 〈노동자의 불꽃〉. 김종철 씨가 원서에서 번역한 〈심판〉이라는 글. 이 네 가지 유인물을 제가 가지고 있습니다. 이 선관 시인하고 김종철 씨가 이런 유인물을 78년 말에 등사기로 밀어서 마산시내에 알음알음 배포작업을 했습니다.

이윤도 _ 김지하 씨 시도 유인물로 만들었습니다.

박진해 _ 방금 김종철 씨 이야기가 나와서 말인데, 집현전 시기에 김종철 씨의 고김지하 씨의 시 유인물도 그랬을 겁니다. 당시에는 유인물 하나 잘못 만들면 3년형, 5년형 받았던 시기잖아요. 그런 시대에 마산시내에 여러 유인물을 배포했다는 건 엄청나게 용기 있는 행동이었다고 말할 수 있겠습니다.

아무튼 이런 일들이 있었고 정성기 씨는 어떻게 10.18을 맞았는

---

3) 일명 '11.22 사건'이라 불렸던 1976년 재일동포유학생간첩단사건은 유신선포 이후 격렬해진 학생 운동을 억압하고 여론을 잠재우기 위해 재일동포 유학생들을 간첩으로 몰아 사형을 선고하고 이들을 도운 혐의로 잡아들인 학생운동 가담자들에게 중형을 선고했던 대표적 조작사건이다.

지 말씀해 주세요

3.15탑 앞에서 친구들과 얘기 중에 검거

정성기 _ 저는 아까 잠깐 말씀드린 대로 유신체제가 내세우는 분단이라는 명분을 어떻게 극복할 것인지에 대해 고민하면서 많이 바뀌었는데요. 결론은 유신체제에 저항하는 민족운동을 한다, 목숨을 걸고 한다, 그런데 유신체제를 무너뜨리는데 성공하고 민주화가 된다고 하더라도 여전히 북한은 사회주의이고 남한은 자본주의로서 대결하는 구도는 남아있겠다는 거였죠.

분단 상황은 여전히 남아있겠구나, 하는 걸 알게 되면서 운동에 완전히 뛰어들 수가 없겠더라고요. 그 이후의 과제, 이게 도대체 뭐냐, 이 실체는 뭐냐 하는 고민 때문이었습니다.

저는 79년 YS 제명사건[4]이 터지고 개학하자마자 뭔가 좀 달라진 학내 분위기 속에서 이런저런 친구들하고 같이 시위를 모의하게 됐지만, 모의 과정에서도 제 마음 속으로는 '나는 대학원을 가야한다', '공부를 더 해야 한다' '뭔가 좀 더 깊이 있게 들어가서, 학문 자체가 바뀌고 철학이 바뀌고 사상이 바뀌지 않고는 이 분단 상

---

4) YS 제명사건은 신민당 총재였던 김영삼이 의원직에서 제명된 사건으로, 가발제조업체인 YH무역의 부당 폐업을 고발하려는 노동자 200여 명이 1979년 8월 9일부터 신민당 당사에서 농성을 벌인 'YH노조사건'이 계기가 되었다.

황 극복이라는 문제가 해결이 안 되겠다' 그런 생각을 가지고 있었습니다.

그래서 "얘기는 같이 할 수 있는데, 그 이후의 행동은 못 하겠다, 그래도 괜찮나?" 양해를 구했죠. 친구들은 괜찮다, 그래도 니 머리를 좀 빌리자 해서 그렇게 된 겁니다.

막상 시위가 터진 18일이 되어서는 우리가 예정한 건 23일인가 그랬으니까 저는 참여할 수도 집에 갈 수도 없는 상황이라 역사의 현장을 제 눈으로 보기라도 하자, 하고 3.15탑까지 가는데, 그 앞에서 아는 친구들을 만났어요.

웅성거리는 가운데 그 친구들하고 조금 큰 소리로 몇 마디 얘기를 나눴어요. 시위가 본격적으로 진행된 상황은 아니었고 얘기를 하는데, 사복 경찰이 듣고 있다가 제가 떠들어대는 걸 보니까 '점마가 물건인 모양이다' 싶어가지고 확 낚아채서 절 데려가더라고요.

처음에 잡혀 들어갈 때만해도 나는 뭐 한 게 없으니까 금방 나가겠지 했어요. 나만 풀려나면 나가야 하나 말아야 하나 고민도 하고요. 저 여성 동지들이 잡혀있는데 나만 혼자 나가면 비겁하지 이런 생각이나 하고 그랬는데 나중에 알고 보니까 이미 그림은 그려져 있었어요. 주대환, 황성권... 서울에 대학 다니는 선배들을 남민전으로 엮고, 남민전[5]하고 경남대하고 엮으려고 했겠죠. 그러려면 마산고등학교 후배 정성기하고 엮어야 하고 이런 그림을 딱 그려놓으니까 저는 꼼짝없이 큰 인물이 되어 있었습니다.

경남대에 사회과학연구회를 만든 전력도 있으니까요. 그래서 좀 당하기도 하고 나중에 10.26 사건이 터져서 나오기는 했는데요.

10.26사건이 터지고 박정희가 죽자마자 북한이 남침을 할지도 모른다는 이유로 부산에만 내려졌던 계엄령이 전국으로 확대됐어요. 제주도만 빼고요. 지금 생각해보니까 저는 사람들이 이 부분을 너무 간과해왔다는 생각이 들어요.

김재규가 했던 거사에 대해서도 저는 늘 좀 비판적이었어요. 그때 10.26으로 인해서 제가 일찍 살아 나오기는 했지만 종합적으로 평가해 볼 일이 아직 남아있다고 생각합니다.

교도소에 들어가서는 집에 있는 집현전 시절 봤던 책들을 보내달라고 해서 읽었어요. 교도소 밖에서 들어온 책이라고 도장이 찍힌 책들을 아직도 한 두 권 가지고 있습니다.

박진해 _ 정성기 씨는 김재규 씨에 대해 비판적이라고 했는데,

---

5) 남민전은 1979년 11월 발생한 대표적인 공안사건으로 '남조선민족해방전선준비위원회'의 약칭이다. 1976년 2월 결성된 비밀단체였던 남민전은 유신체제를 비판하고 유인물과 기관지를 제작해 배포하는 등 조직적인 활동을 전개했다. 1979년 10월 공안기관에 의해 적발돼 그해 11월까지 총 84명의 조직원이 체포되어 사형, 무기징역, 15년 형 등을 선고받았다. 2006년 3월 민주화운동관련자 명예회복 및 보상심의위원회는 남민전 관련자 중 29명을 민주화운동 관련자로 인정하기도 했다.

《부마민주항쟁 증언집》 2집에 모친의 증언을 보면 김재규 씨를 한마디로 은인이라고 하셨어요. 왜냐면 그때 분위기는 모친이 보시기에는 전반적으로 살아서 나오지 못할 것 같은 분위기였거든요. 어쨌든 김재규의 거사로 인해서 바로 나올 수 있었기 때문에 모친께서는 생명의 은인으로 평가하고 계셨습니다.

정혜란 씨는 18일, 19일에 어디서 뭘 했고 그후에 어떻게 잡혀가게 됐는지 말씀해 주세요.

집 근처 다방에서 걸려온 전화

정혜란 _ 10월 16일에 부산에서 시위가 있었다는 소식은 누구를 통해선지 들었던 것 같아요. 당연히 저희 집에서는 저를 감금해 놓고 나가지 못하게 했어요. 산호동 일대에서 시위대 소리가 들리니까 딸이 나가서 또 뭘 할까 싶어서 저를 집에 잡아놓은 그런 상황이었던 것 같습니다.

그렇게 18일, 19일이 지나고 황성권 씨가 잡혀갔어요. 황성권 씨와 가까운 사이였던 김윤희 씨가 얼마나 걱정을 했겠습니까.

그래서 저한테 황성권 씨 면회를 가봐야겠다는 소리를 자꾸 하는 거예요. 우리는 면회를 가면 안 된다는 걸 너무 잘 아는데 김윤희 씨는 그걸 몰랐던 거죠. 공안당국이 얼마나 몰상식한 지에 대해서 전혀 모르는 상태에서 저한테는 말도 없이 면회를 간 거예요. 아니나 다를까 면회 가서 붙잡히는 바람에 나오지를 못했죠.

그 일로 하효선 씨랑 한옥진 씨가 집으로 찾아와서 집현전 관련 의논도 하고 김윤희 씨 걱정도 하고 있었거든요. 그날이 22일인가, 23일쯤이에요. 어머니가 가계부를 계속 써오셨는데, 가계부를 봤더니 그즈음이더라고요. 딸이 어디 갔다 이렇게 적혀 있었어요.

하여튼 우리 집에 모여서 이 사태를 어떻게 할 것인가 의논하고 있는데 전화가 왔어요. 그때는 다 유선전화잖아요. 전화가 왔는데, 어떤 여자 말이 부산에서 김윤희 씨를 만났다, 나한테 전할 얘기가 있으니까 잠시 만나면 좋겠다고 하는 거죠.

소식을 기다렸던 저는 얼마나 반가웠겠습니까. 그래서 바로 나가야겠다 했는데, 다시 전화가 와서는 그 분이 우리 집 대각선 방향에 있는 다방 레지라고 하면서 방금 전화는 경찰이 시켜서 한 거니까 빨리 도망가라는 거예요.

그 말을 듣고 저는 2층 제 방에 올라가서 문을 잠그고 열쇠를 다른 방에 던져놓고 다시 잠그고 도망가려고 하는데, 우리 엄마는 니가 잘못한 것도 없는데 왜 도망가느냐고 자꾸 잡아요. 도망가야 하는데.

그러는 사이에 경찰이 우리 집을 덮쳤어요. 그 자리에서 붙잡힌 저는 지프차에 태워지고 그 사람들이 방문을 뒤지는데 열쇠로 잠겨 있으니까 못 열고 그냥 간 거죠. 저는 다행이 저에 대한 자료가 전혀 없는 상태에서 잡혀 갔기 때문에 진술하는 데 있어서는 좋은 상황이었어요.

박진해 _ 어디로 잡혀갔는지 알고 있었나요?

정혜란 _ 부산인데요. 어딘지 몰랐는데 지금 생각해보면 15P였을 수도 있고 저는 모르죠. 무조건 데리고 갔으니까. 바로 갔어요. 가서는 옆방에서 나는 소리가 주대환 씨 두들겨 맞는 소리라는 얘기를 해주고 그랬으니까 아마 15P였던 것 같아요.

정성기 _ 혐의가 뭐였어요?

남민전과 관련해 받은 심문

정혜란 _ 저한테 물은 건 부마항쟁이 아니고 작년, 재작년에 서울에서 뭐 했냐 그러니까 78년, 79년도에 뭐했는지를 계속 쓰라고 했어요. 남민전과 관련해서요.

황성권 씨 입에서 제 이름이 나왔기 때문에 남민전과 관련해서 뭐 했냐고 계속 물었죠.

나중에 들으니까 하도 남민전에 대해 물으니까 저한테 가서 물어보라 그랬다고 해요. 김윤희 씨 얘기를 나중에 전해 듣고는 아마 그런 것들이 영향이 있었나보다 생각을 했죠.

부마항쟁과는 상관없이 뭐 했냐고 자꾸 묻는데, 저는 이 사람들이 전혀 문제 삼지 않을 것만 생각해서 적었어요. 문제는 똑같은 걸 여러 번 적어야 하지 않습니까? 그에 대해 진술을 하고 치안본부에서 하루 종일 와서 물어보고, 다음에는 남산에서 온 사람들이 그걸 또 물어보고, 그 다음에는 군인들이 와서 물어보고 한 세 번씩 똑같은 얘기를 해야 하거든요.

그래서 첫 번째 얘기를 안 잊어버리기 위해서 엄청나게 애를 썼다는 거, 그리고 조금이라도 혐의가 갈 만한 사람을 빼느라고 굉장히 애를 썼는데, 다행이 제 방이 안 털려서 그게 가능했어요. 제가 78년도에 서울에서 공장 다니면서 크리스찬아카데미[6]에 가서 교육을 많이 받았었는데 그 얘기를 안 해도 돼서 정말 다행이었죠.

박진해 _ 네. 지금 여기 있는 분 모두 부마항쟁에 어떤 형태로든

---

6) 1965년 5월 창립된 한국크리스찬아카데미는 한국 사회 내에 사회운동가들을 교육하여 배출한 조직으로 이곳에서 노동운동, 농민운동, 빈민운동 등의 교육을 받은 사람들이 노조 결성에 앞장서는 것을 눈치 챈 중앙정보부가 1979년 3월 이들 활동가들에게 간첩혐의를 씌워 재판에 회부한 사건이 '크리스찬아카데미사건' 이다.

관여가 됐습니다. 그래서 저는 이야기하고 싶은 게 그렇다면 집현전과 부마항쟁의 관계를 어떻게 봐야 할까. 분명한 건 집현전에서 학생시위나 시민항쟁을 치밀하게 준비한 건 전혀 아니었습니다.

그럼에도 불구하고 집현전의 회원 상당수가 관련이 됐죠. 이름을 거명하자면 황성권, 주대환, 김종철, 정성기 이분들은 모두 검거돼서 구속이 됐습니다. 그리고 명단에서 확인했지만 경제학과 3학년이었던 장정욱 씨도 구속이 됐습니다.

또 다른 형태로 잡혀가거나 연루됐던 사람들이 이윤도, 정혜란 씨. 그 다음에 김윤희 씨. 김윤희 씨는 면회를 갔다가 잡혀서 취조를 받았습니다.

하효선 씨는 부산으로 도망가서 상황을 지켜보고 있었고요. 이 외에도 집현전 완월 성당 그룹멤버라고 할 수 있는 정현섭 씨라는 분도 다른 형태로 관여가 됐습니다.

김진식 씨는 파출소 쪽 시각에서 관여가 됐고요.

각자가 경험한 부마민주항쟁

제 경험에 국한해 이야기하자면 18일은 제 단독으로 시위에 포함돼 있었고 19일 저녁에는 아까 이야기했던 집현전 여성 세미나 팀을 소집해서 창동 한성다방 2층에 모였습니다.

그때 누가 잡혔다 그럼 어떻게 해야 할까 이런 의논을 하고 있었는데 오후 한 7시나 8시 정도 되니까 창동 사거리 쪽에서 시위 소리가 확 들려왔습니다.

그래서 "데모를 하는 모양인데 여기 이러고 얘기할 게 아니라 각자 흩어져서 나름대로 시위에 참여하자"고 해서 여성 세미나 팀과도 흩어져서 각자 시위에 참여를 했습니다.

이외에도 기록이나 구술에서 파악되지 않은 집현전의 많은 회원들이 관여됐으리라고 봅니다. 또 구속자의 상당수가 집현전 회원들이었다고 볼 때, 우리가 조직적이거나 체계적으로 준비를 하지는 않았지만 집현전까지 흘러왔던 그 흐름이 결국 부마항쟁에 합류해서 어떤 역할을 하지 않았을까하는 생각을 하게 됩니다. 이에 대해서 덧붙이거나 혹시 다른 생각이 있으신지 이야기해 주시죠.

하효선 _ 제가 집현전을 조명해야겠다고 생각 한 게 항상 그렇습니다. 예를 들어서 마산에 살고 이런 이웃들과 네트워킹이 되잖아요. 저는 그게 토양이라고 생각하거든요. 그 토양. 그러니까 우리는 별거 아닌 거 같지만 연극 한 편을 올린다든지 또는 서슬이 퍼런 그 시대에 집회의 자유가 없으니까 끊임없이 세미나를 하면서 불법 활동을 한 거죠.

근데 우리가 불법이니까 불법을 하려고 한 건 아니잖아요. 필요하니까 했던 일들을 계속 해온 그게 저는 토양이고 퇴적되는 거다, 그 도시의 분위기를 좌우하는 자양분의 작용을 한다고 봅니다.

예를 들면 정성기 씨가 3.15탑 앞에서 친구들에게 얘기할 때 "너 밥 잘 먹었니?" 이런 얘기를 했을 리는 만무하잖아요. 그 상황에 대해서 뭔가 나름대로 논리적으로 설명했기 때문에 사복형사가 "아, 점마는 뭐가 있다"라고 잡아간 거잖아요.

다시 말하면 집현전에 속했던 사람들이 그렇게 세미나하고 연극하고 했던 것들이 그런 상황에서 자연스럽게 나오는 거예요. 학습하고 지식을 쌓고 저항해야 한다는 생각이 자연스럽게 이어져서 우리한테는 그게 굉장히 정상적인 게 되는 거죠.

부마민주항쟁을 만들어낸 시대적 분위기

하지만 혼자서는 그렇게 되지 않거든요. 집현전이라는 구체적인 장소가 있고, 구체적인 모임, 활동, 학습을 하면서 이런 것들이 쌓이고 쌓여서 어느 시점이 됐을 때 아무 준비가 없던 사람들보다는 훨씬 더 분출하는 에너지가 컸을 거라는 건 너무나 당연한 일입니다.

그래서 저는 숫자로 측정할 수 없는 여러 이야기들을 나누고 일상적으로 교류했던 이와 같은 이야기들이 부마항쟁의 어떤 분위기를 만들었을 거라고 확신하고 있어요. 역사가가 찾은 자료, 경제학자가 찾은 요인 등이 있지만 그것보다 훨씬 더 중요한 배경이 되는 거죠. 그 시대 마산이 가졌던 토양을 잊으면 안 된다는 겁니다.

박진해 _ 네. 이어서 부마항쟁 이후 이야기를 조금 하겠습니다. 중요한 것은 일단 부마항쟁으로 인해서 많은 구속자가 났을 때 밖에 있던 회원들이 상당히 책임감 있게 대응한 측면이 있습니다. 뭐냐면 구속자들을 파악하자, 그리고 구속자들에게 영치금이라든지 책을 사입한다든지 이런 활동을 하자고 했어요.

명단을 보니까 한석태, 한철수, 유위종, 김진식, 박진해 등의 사람들이 모여서 논의했고 여성들도 몇 분 특히 박애련 씨 같은 경우도 같이 참여를 했습니다.

짧은 기간이지만 대응을 했는데 그 뒤에 확인하기를 특히 옥정애 씨 같은 사람은 집현전에서 넣어 준 책을 받아서 안에서 읽었다고 해요.

어쨌든 10. 26 이후에 11월, 12월 경에 구속자들이 대거 석방되어 나오면서 이런 작업을 했던 집현전 멤버들하고 몇 차례 모임을 가졌습니다. 그 모임 명단을 보면 정성기, 정인권, 박인준, 김용년, 최갑순, 옥정애 이렇게 나와 있습니다.

여기서는 정성기 씨를 제외하고는 집현전 멤버는 아니었습니다.

경남대 학생들이었는데 집현전하고의 이런 만남이 있었습니다. 또 하나 상징적으로 같이 모였던 게 아까 이야기했던 79년 12월 말 3.15회관에서 불씨촌과 경남대극예술연구회가 같이 한 〈난장이가 쏘아 올린 작은 공〉 공연을 할 때였습니다. 그 공연을 구속자들과 우리가 다 같이 가서 보자고 해서 함께 봤고 이 흐름이 80년 초부터 는 또 다른 조직을 만드는 것으로 이어집니다.

창동의 공간은 없어져서 새로운 공간을 확보해야 했는데, 그때 방위였던 김진식 씨가 많은 역할을 했습니다. 그 기억을 조금 이야 기 해주시죠.

김진식 _ 네. 부마항쟁이 터지고 노심초사하던 차에 10.26이 터 졌습니다. 또 좀 있으니까 잡혀간 친구들이 다들 나오더라고요. 그렇게 고생한 친구들을 알게 됐습니다. 옥정애, 최갑순 그리고 정성기, 박인준, 김용년...

잡혀간 친구들 중에는 사실 뭔가 제대로 알지 못하면서 참여한 경우도 있었습니다. 그래서 나온 말이 "그러면 이참에 우리가 옛 날에 집현전이라는 걸 하면서 책도 있고 하니까 같이 모여서 공부 하면 어떠냐"고 했어요.

그런데 친구 중 하나가 자기는 집에서 농사를 짓는데 학교 때문 에 마산에 나오지만 뭐 있을 데가 없다 이거예요. 그 말을 듣고서 있을 곳부터 찾아보면 어떨까 해서 자취방을 알아봤어요. 그때는 자취방이 그렇게 비싸지는 않았던 기억입니다.

처음에는 자산동에 방을 얻었는데, 방에 젊은 친구들이 모여 있다 보니까 주인아저씨가 야단을 치고 해서 산호동 근처에 싸면서 주인집하고는 먼, 입출구가 다른 방을 하나 구해서 아지트 비슷하게 사용했어요. 그게 80년대 초인 것 같습니다.

그즈음에 〈연세춘추〉에서 마산수출자유지역에 문제가 있다는 시각의 르포기사가 났는데요. 경남대 학생들이 마산수출자유지역 여공들을 농락한다는 내용이어서 경남대 학생들이 분노하면서 데모를 하기도 했어요.

80년대 초까지 이어졌던 모임

특히 박인준, 김용년 씨가 비분강개하길래 "그러지 말고 너희도 공부를 해서 연세춘추에 나온 글을 반박하는 글을 써봐라" 했어요. 글로써 실제는 이렇다 하는 걸 제시하자고 해서 그 글을 쓰려고 한 달 정도 같이 스터디를 했는데, 결과적으로는 저 혼자 다 써서 내기는 했습니다. 아무튼 그 친구들 방에다 방위라는 특권을 이용해서 햄을 갖다 주기도 하고 그렇게 지낸 게 80년 초였습니다.

박진해 씨는 이걸 두고 조직적인 모임으로 확대됐다고 표현했지만, 제 생각에는 굳이 의도나 목적이 있어서 그랬다기보다 누구든 온당한 정신을 가진 20대 청년이었다면 똑같은 마음이었을 거라고 생각합니다. 하효선 씨 말대로 모종의 공감대가 공유되고 있었던 거죠.

부마항쟁 당일 현장에서 뛰어다니면서 느낀 건데 그날 나왔던 대다수 분들의 마음이 한결같았던 게 역사가 중요하다는 것이었습니다.

광주가 광주인 이유는 '학생의 날'이 광주에서부터 시작했기 때문입니다. 광주 학생들은 '학생의 날'을 기억할 때마다 자부심과 뿌듯함을 느꼈을 것 같아요. 4.19혁명의 전신이 3.15의거라는 걸 기억하고 아는 사람들은 60년 하고 79년의 차이가 19년이 아니고 바로 어제 일 같지 않았겠습니까. 그런 결정적인 순간에는 누구든 두려움이 생기기 마련입니다. 그렇지 않겠어요? 이랬다가 잡혀가면 어떡할까? 19년 전에 비슷한 일이 있었는데, 19년이 아니라 바로 어제 있었던 일처럼 말입니다.

제가 3.15세대 선배들한테 들은 이야기로는 서울 하숙집에 가면 마산 학생은 계란 하나라도 더 주고 그랬다고 하거든요. 특별대우를 해준 거예요. 그런 경험, 이야기를 듣고 자란 세대가 부마항쟁 세대였습니다.

후대에게 전해져야 할 이야기

지금 이야기는 그 다음 이야깁니다. 우리 후손이랄까 후대에 이런 역사와 정신이 전수되어야 하는데 그런 게 없다는 게, 그래서 더욱 이 자리가 의미가 있을 것 같습니다.

정리하자면 우리들은 겪으면서 들으면서 자라온 덕에 3.15의거의 기억이 어렴풋이 있습니다. "맞아, 마산은 그랬어." 그 덕분에 지금도 4.19혁명이 나오면 마산이 꼭 거론이 되지요.

우리가 그 후손이라는 것, 그런 역사를 가졌다는 것. 그것이 그날 시민들이 나온 이유라고 생각합니다.

그런 측면에서 역사랄까 전수랄까 그런 차원에 대해서도 우리가 신경을 써야 하지 않겠나 합니다.

그래서 지금 하고 있는 '부마민주항쟁 증언집' 작업 외에도 과거와 같은 방식이 아닌, 책이나 문자로만 남기는 것 외에 현재화할 수 있는 어떤 것을 고민해 봐야하지 않을까. 애들이 부를 수 있는 노래에 넣거나, 축제화하는 방식도 어떨까 생각해 봤습니다.

축제라고 해서 즐거운 것만 다루는 게 아니라 어둡고 힘들었던 과거라도 끊임없이 재연하는 과정에서 지금 자라나는 청소년들이 알게 모르게 체득하게 되도록 말입니다. 이런 것까지도 같이 한 번 고민을 해 봤으면 싶습니다.

하효선 _ 영화제는 하고 있습니다.

박진해 _ 김진식 씨가 산호동의 조그만 월세방 이야기를 해주었습니다. 공간은 아주 좁았지만 저는 의미 있다고 생각하는 이유가 그 공간에서 80년대를 준비를 했다는 점 때문입니다.

구속됐다가 석방됐던 경남대 학생들과 집현전을 계속 이어가고자 했고, 특히 여성 회원들 중심으로 계속 모이고 같이 논의했던 공간입니다.

방금 언급한 것과 같이 〈연세춘추〉 사건이 터졌을 때 조직적으로 대처하는 작업이 그 공간에서 이루어졌고 특히 옥정애, 박인준 씨가 상당히 적극적으로 참여했습니다.

그 이후에 '서울의 봄' 시기에 경남대가 학생운동 차원에서 어떻게 대처해야 할 것인지도 그곳에서 논의가 이루어졌습니다. 박성원, 제부원, 김용년... 등의 친구들이 '한사'라는 명칭을 쓴, 그게 아마 한국사회연구회였나요? 경남대 한사라는 명칭을 쓰면서, 제 기록에 의하면 5월 17일 전국 계엄령이 선포되기 열흘 전인 5월 7일에 경남대에서 시국 성토 시위를 했습니다. 거기에 천여 명의 경남대생들이 동참했다는 기록이 저한테 있고요.

결국 이런 작업이 그 공간에서 기획되었다는 것은 80년대 접어들면서 상당히 다변화되었지만, 엄혹했던 그 시기에 집현전의 흐

름이 부마항쟁으로 연결되고 또 더불어 80년대를 어떻게 대처해
야 할지에 대한 최소한의 준비로서 이어갔다는 데에 의미를 두고
싶습니다.

자, 이제 오늘의 이야기를 마무리를 하고자 합니다. 추가 발언이
있으신 분은 말씀 부탁드립니다.

하효선 _ 이번에 제가 테이블토크를 준비하면서 든 생각이 집현
전이 80년까지만 이어진 게 아니고 87년까지 연결됐구나 하는 건
데요.

유신체제가 시작되고 87년까지 그 중간에 79년 부마항쟁이 있
잖아요. 부마항쟁이 전혀 식지 않은 상태로 87년까지 가거든요.
왜냐면 79년 이후 많은 사람들이 자기 삶을 담보로 잡힌다든지 하
는 경우가 많았기 때문이에요. 집현전은 80년으로 이어지면서 박
성원, 박영주 씨 등에게로 이어지고 87년까지 갔다는 거지요. 비
슷비슷한 사람들이 끝까지 갔던 형국이었으니까요.

제가 말하는 '토양'이라는 게 부마항쟁에서 딱 끊기는 게 아니라
87년까지 이어졌다고 봐야 한다는 의미이고 이에 대해 계속해서
생각해볼 필요가 있다고 봅니다.

박진해 _ 네 잘 알겠습니다. 이번에는 방청석에 계신 분들이 자

기소개를 잠깐 하시고 질문 있다면 질문을, 없으면 소감이나 뭐든 좋습니다. 한분씩 말씀 부탁드립니다.

기록물 전시·상품화 등을 고민할 때

설진환 _ 설진환입니다. 저는 참 소중한 시간이었다고 생각합니다. 저도 부마항쟁 당시에 마산에 있었습니다. 부마민주항쟁이 지금 당면한 문제로서가 아니라 앞으로 어떤 과제를 가져야할지 고민해야한다고 생각합니다. 그래서 집현전에 참여하셨던 분들에게 앞으로 우리가 후세대들에게 이걸 어떻게 이야기하면 좋을 것인지에 대해 말씀을 들어보고 싶습니다.

김민수 _ 김민수라고 하고요. 영화 보는 걸 좋아해서 영화 보러 왔다가 이런 프로그램이 있기에 관심이 있어서 들어왔습니다. 오늘 주제와 관련해서는 사실 요즘 젊은 세대인 20, 30대들은 부마민주항쟁이 있다는 것 자체도 모르는 상황이거든요. 이야기를 들으면서 부마민주항쟁이 더 많이 알려지고 교육이 좀 많이 되어야 될 것 같다는 생각이 들었습니다.

그리고 아까 보여주신 기록물들을 보니까 전시를 하면서 이런 토크를 해보면 어땠을까 생각했습니다. 70, 80년대 사건들로 영화, 드라마화가 많이 됐는데, 전시도 하고 상업적으로 상품화도 많이 되고 그러면 사람들이 관심을 많이 가지지 않을까 했습니다. 고맙습니다.

손상민 _ 저는 창원에 사는 손상민입니다. 글을 쓰는 작가로 연극 작품이나 뮤지컬 대본을 쓰고 있습니다. 최근에 부마민주항쟁을 주제로 연극이나 뮤지컬을 만들어보자는 연락을 받은 터라 개인적으로도 굉장히 소중한 시간이었습니다.

엊그제 〈파업전야〉라는 영화를 보러 왔을 때 감독과의 만남을 하면서 70년대 마산수출자유지역에서 일하셨던 분들이 한 분도 그 자리에 오지 않으셨던 걸 가슴 아프게 받아들였는데요. 그럼에도 불구하고 타 지역에 있다가 마산으로 온 제가 느낀 건 마산에 계신 분들, 또 마산을 지켰던 분들에게 마산에 대한 큰 자부심이 남아 있다는 사실이었습니다.

제가 어렴풋이 느꼈던 그런 에너지들이 3.15의거나 집현전, 부마항쟁을 만들어냈다는 걸 오늘 다시 한 번 확인하게 됐습니다.

또 2000년에 대학을 입학한 저 역시 대학 신문사 기자로서 학생운동에 참여하거나 바라본 경험이 있는데, 저희의 고민이 70년대부터 이어져온 것이라는 사실을 새삼 깨달았습니다. 그때 학생운동을 하던 선배 한 분이 이런 말씀을 하셨는데요. 학생의 본분은 시위라고요. 그 말이 다시 생각나기도 했습니다.

어쨌든 선배님들의 많은 활동들이 축적되어서 지금의 사회가 만들어지지 않았나 생각합니다. 누구보다 순수했던 분들의 한 시절을 엿본 것 같아 좋았고요. 제 입장에서는 말씀하신 부분들을 글이나 공연으로 풀 수 있을지 고민을 안고 돌아가는 계기가 됐습니다. 고맙습니다.

박진해 _ 서익진 씨도 한 말씀 부탁드립니다.

앞으로가 기대되는 부마 재단의 역할

서익진 _ 다른 무엇 보다 우리 지역 민주화운동의 역사가 제대로 정리가 안 되어 있다는 생각을 하고 있습니다. 매우 단편적으로 사건 위주로만 정리되어 있고 또 현재 예산을 가진 단체는 재단법인 부마항쟁기념사업회밖에 없잖아요. 부마재단만이 인원과 예산이 있거든요.

그래서 부마가 부마에만 그치지 말고 부마 이전과 부마 이후 지금까지 우리 지역의 민주화 역사를 돌이켜볼 수 있는 이런 자리를 많이 만들었으면 합니다.

그럼으로써 3.15세대 부마세대 그리고 그 이후 세대들이 다 어울릴 수 있지 않을까 합니다. 오늘은 집현전을 주제로 이야기했지만 다음에는 또 다른 걸 주제로 할 수도 있겠죠. 부마가 중심으로 지역의 이런 저런 단체들이 화합하거나 소통하는 자리를 만들 수도 있고요.

부마가 이런 역할을 할 수 있는 좋은 기회를 가진 셈입니다. 그래서 계속 증언집도 만들고 관련 콘텐츠들이 나와야 합니다. 그걸로 소설도 쓰고 뮤지컬도 만들어 갈 수 있도록이요. 여기 이사분들도 계시고 저도 감사인 만큼, 그런 역할을 할 수 있도록 하자고 제안을 드립니다.

오늘은 제가 너무 몰랐던 일들에 대해 많이 알게 되었고 제가 집현전에 대해 잘 몰라서 이게 왜 부마항쟁과 연결이 되느냐고 하효선 씨하고 언쟁도 좀 하고 했는데, 들어보니 아주 밀접한 관계가 있구나, 직접적인 관계일 수도 있구나 알게 됐습니다. 단순한 토양이 아니라 후에 나오게 되는 민주화 운동하고도 연결이 된다는 거죠.

박진해 _ 잘 들었습니다. 몇 가지 질문이 있었는데 답변 가능한 부분에 대해 가볍게 답변을 드려볼까요. 질문을 다시 정리하자면,

설진환 선생님은 집현전이라든지 부마항쟁과 같은 역사에 대해 앞으로 어떻게 이어가고 교육하고 해 나갈 것인가였고, 김민수 씨는 관련 자료들을 다양한 형태로 전시하면서 확산시켜 나가면 젊은 층에게도 어필할 수 있겠다는 의견 그리고 손상민 씨는 이 내용을 다양한 콘텐츠로 만들어봤으면 좋겠다. 서익진 교수는 부마민주항쟁을 전후로 한 우리 지역 민주화 역사의 흐름을 계속 이어나가 보자는 건데 이에 대해 답변을 해주실까요.

김진식 _ 글쎄요. 저 역시 김민수 씨 말대로 우리가 지나온 역사를 어떻게 지금의 젊은 세대에게 전할까 하는 게 핵심인 것 같아요. 우리가 기념식을 하거나, 축제를 하는 이유도 거기에 있잖아요.

관혼상제를 통해 정신을 제도화하는 것처럼 우리가 하는 예술 활동도 큰 의미가 있겠지만, 세월이 많이 지나더라도 이 정신이 쭉 전달될 수 있는 틀은 없을지 같이 고민해 봐야 할 것 같습니다.

또 어떤 점에서는 이를 집행하는 하나의 주체 내지는 담당자들이 있고 없냐는 큰 차이가 나니까, 그런 점에서 보자면 지금의 재단이 해야 하는 역할이 큰 것이죠.

안타까운 건 오늘과 같은 자리에 신문사 기자 한 명이 오지 않았는데, 이런 행사도 조금 더 홍보가 되고 관심 있는 시민들의 참여가 이루어지도록 하는 방법을 고민했으면 좋겠습니다.

하효선 _ 한 마디만 하고 싶은데요. 지금의 리좀이 그냥 생겨난 건 아니고 제 생각에는 집현전의 후속편 정도 되는 건데요. 그 전에는 청운출판사가 있었고 제 팔자가 좀 사나운지 이런 일들을 왜 꼭 내가 해야 하는지 자다가도 막 신경질이 날 때가 있어요.

그러면서도 어쩔 수 없이 하고 있는 실정이죠. 올해는 씨네아트 리좀에서 부마민주항쟁을 기리는 영화제를 하는데요. 저는 영화가 부마항쟁과 같은 역사를 사람들에게 자연스럽게 알릴 수 있는 적합한 소재라고 생각해요. 아쉬운 건 40년이 흘렀지만 부마항쟁에 대한 영화 한 편이 없고, 부마항쟁을 다루는 표현들이 제한적이어서 저는 계속 이 일을 하면서 사람들에게 알리고 있어요.

그러니까 시간을 다른 데 쓰지 마시고 이런 행사가 있으면 조금 더 자주 발걸음을 해주시고 행사를 풍성하게 만들어 주셨으면 좋겠습니다.

산업화와 민주화에 성공한 도시의 침체, '마산 현상'

정성기 _ 저는 한 말씀 드리고 싶은 게요. 마산은 한국의 제일 대표적인 산업화 도시이면서 동시에 민주화 도시입니다. 이런 사례는 전국에도 찾아보기 힘든데요. 그런데 이 마산이 산업화, 민주화를 동시에 성공시킨 후에, 아예 간판을 내리고 창원에 흡수돼

버렸습니다. 그 결정적인 계기는 경제 침체였습니다. 산업화와 민주화에 성공한 도시가 간판까지 내리게 된 현상, 전 이것을 '마산현상'이라고 이름 붙였는데요.

최근에는 마산뿐만 아니라 마산이 흡수된 창원, 울산, 거제 이런 도시들이 모두 디트로이트화 되고 있더라는 것이죠. 이런 사태를 보면서 저는 "창원이 마산을 잡아먹었는데 창원도 마산화 되고 있다. 대한민국 전체가 마산화 될 지도 모른다. 이걸 어떻게 할 거냐?"고 말하고 있습니다.

마산이 옛날 산업화 시절에 잘 나갔다, 민주화 시절에 잘 나갔다 그런 과거의 향수만 먹고 살던 시절도 있었습니다. 그런데 이제는 정말 좀 뼈저리게 반성을 해야 될 때가 아닌지 묻고 싶습니다.

70년대 그 정신을 제대로 살린다고 한다면, 70년대 당시의 현실과 지금의 현실을 비교했을 때 해결이 된 건 뭐고 해결이 되지 않은 건 뭔지, 그때는 없던 새로 생긴 문제가 뭔지 이런 것들을 차근차근 정리하면서 방금 말씀드린 '마산 현상'을 곱씹어 봐야 하는 것입니다.

너무 거친 표현인지는 모르겠지만, 마산이 변하지 않으면 마산이 살 수가 없고 마산이 제대로 변하지 않으면 다른 지역까지도 살 수가 없는 대한민국이 아닌가, 지금 남북한 모두 총체적으로 위기에 빠져 있는 이 현실을 제대로 보고 살 길을 찾아 나가는 게 우리 지역만의 과제가 아니고 나라 전체, 남북 전체의 과제가 아닌가 생각합니다.

부마항쟁기념사업회와 재단 이야기가 나왔는데, 부마재단이 만들어지고 창동에 사무실을 개소하는 날, 저는 기분이 좋으면서도 참담했습니다. 뭐냐하면 부마 사업회 시절에 남의 집 더부살이를 하다가 쫓겨나기도 하고 어렵게 어렵게 유지했는데, 창동에 사무실을 차린 건 기적 같은 일이라서 기분이 좋았던 거죠.

한 편으로는 어떻게 창동에 사무실을 개소할 수 있었느냐, 바로 마산 경제가 폭삭 무너졌기 때문이 아니겠습니까. 어깨를 부딪치면서 걸어갈 수밖에 없던 번창한 시절이 있었는데 지금은 이렇게 황량하기 때문에 비로소 옛날에는 아주 비쌌던, 지금은 폭락한 이 땅에다 재단 사무실을 만들 수 있게 됐다는 양면성 때문에 참담했던 것입니다.

잊히지 않는 시대의 아픔

이윤도 _ 저는 집현전의 정신이 되살아났으면 합니다. 어쩌면 오히려 지금이 더 절박한 시절 같다고 느끼기도 합니다. 이제 황혼의 나이에 접어들었는데, 저는 더 제대로 공부를 해야겠다고 생각하고 있습니다.

오늘도 집현전을 주제로 이런 자리에 와서 연극이나 한 거 얘기하고 듣기만 했는데, 김윤희 씨 얘기가 나와서 거기에 정신이 팔려 있었습니다. 두 사람 사이에 제가 다리를 놔줬거든요. 지금은 고인이 되었는데, 같이 연극을 한 친구이기도 하고 고초를 심하게 겪었다는 말을 듣고 참 마음이 아팠습니다.

사실 부마항쟁을 잊으려고 많이 노력했습니다. 현장에서 잡힌 사람은 어떨지 모르겠는데, 나는 잡히지 않고 내 발로 자수를 했기 때문에 훈방 처분을 받았습니다.

10.26이 터지고 3~4일 뒤에 네 사람이 저를 또 찾아왔어요. 저를 지프차에 태워서 따로 보자고 데리고 나왔는데, 남민전에 대해 물었습니다. 상당히 모멸감을 느꼈어요. 편상철 형사한테 전화를 하니까 아무것도 아니라고 했지만, 그 시대의 아픔이 아직도 잊히지 않습니다.

어쨌거나 오늘 이런 자리에서 다시 기억하고 반추하게 되어서 제게는 의미가 큽니다.

정혜란 _ 정말 안 좋은 기억, 불안하고 불쾌하고 두려운 공포의 기억은 어떤 식으로든 자기 삶이나 다음 세대에게 안 좋은 영향을 끼치기 때문에, 지금은 편안하고 행복했던 기억, 그 느낌을 물려줄 수 있도록 노력해야하겠다, 이 말로 끝맺음하겠습니다.

박진해 _ 저도 사회 겸 해서 마무리 발언을 좀 하자면 방금 이야기한 내용들은 저희가 모두 20대 때 이루어진 활동들이었습니다. 마산 지역에 제대로 된 지적, 학술적인 토양이 없는 상태에서 20대의 열정과 활기로 만들어냈던 것이었죠.

지금의 20대는 우리 때보다 더 많은 고민과 어려움을 안고 있을 테지만, 더 많은 정보와 기회가 있다는 점을 감안하면 저희보다 나은 미래를 개척해 나갈 수 있을 거라고 봅니다.

중요한 건 아카이브 작업이 아닐까 합니다. 팩트를 하나하나 정리해 나가는 작업의 중요성은 두 번 세 번 강조해도 지나치지 않습니다.

올해 40주년 행사를 하면서 진해 석동중학교 학생들이 뮤지컬을 선보였고 MBC경남이 20부작 라디오 다큐멘터리를 했는데, 이 모든 게 가능했던 게 결국은 《부마민주항쟁 증언집》이 있었기 때문입니다.

1, 2편에 나온 증언집을 각색하고 새롭게 접근하면서 이런 작업이 가능했다는 점에서 볼 때 오늘의 테이블토크도 문화·예술적으로 변주해서 만들어내는 성과들이 나온다면, 70, 80년대 마산에

대한 접근도 훨씬 쉬워지지 않을까 기대해보면서 오늘 이 시간을
마무리하도록 하겠습니다. 고맙습니다.

세상에 영원한 건 없다는 진리

박진해

〈집현전 그때 그 사람들〉 테이블토크에서 진행을 맡은 박진해가 보여준 빛바랜 소식지, 회지 등은 단연 눈에 띄었다. 자신은 "자료 모으는 게 취미"이고 아내는 "자료 정리하는 게 취미"라는 천생연분 부부 덕에 40여 년 전의 일들이 퍼즐처럼 제자리를 찾았다.

그가 유독 자료와 기록을 중요하게 생각하는 이유는 오랜 기간 언론계에 몸담으며 벼려왔던 '기자정신' 때문일 것이다. 대학방송국 기자, 재경마산학우회 첫 회지 〈남도〉 편집자, 집현전 회지 〈집현보〉 편집자, 전국 최초 지역 무크지 〈마산문화〉 편집자로, 그는 머무는 곳마다 기자 및 편집자를 자처해 왔다.

이후 마산MBC PD, 마산MBC 노동조합 위원장, MBC 노동조합 수석부위원장을 거쳐 마산MBC 사장을 마지막으로 언론계를 떠났지만, 람사르환경재단 대표, 민주평화통일자문회의 기획홍보위원장 등을 역임하며 여전히 자료를 정리하고 글 쓰는 일을 멈추지 않는다.

3.15의거, 부마민주항쟁, 6월항쟁 등 굵직한 현대사를 모두 목격한 박진해는 천생 '역사의 기록자'인 셈이다.

생애 첫 기억과 3.15의거와의 인연

태어나기는 경북 포항에서 태어났어요. 당시 아버지께서 수산업 쪽에 종사하셨는데, 수산업은 부침이 심한 분야거든요. 어느 정도 자리를 잡은 상태였는데도 크게 실패를 한 후 일어서지 못하셨어요. 도저히 고향에서 있기 곤란한 상황이어서 아무 연고도 없던 마산 쪽으로 도피성 이사를 했던 가봐요. 제 나이 서너 살 때 일이라 포항에서의 기억은 거의 없어요. 그래서 태어나기는 포항에서 태어났지만, 저로서는 고향이 마산이나 진배없지요.

생애 첫 기억도 마산에서의 기억이에요. 5, 6살 정도 되었을 땐데요. 제가 살던 곳이 북마산역 바로 뒤편 동네였거든요. 그때는 담장도 없을 때라 북마산역에서 자주 놀고는 했는데, 놀다가 지루해지면 친구들과 함께 달리기를 했어요. 목적지가 어디였냐 하면 지금 3.15탑이 있는 곳이었어요.

기억하는 사람이 있을까 모르겠지만 그 자리에 원래는 물개 분수가 있었어요. 어린 제 눈에는 그게 물개가 아니라 코끼리 같아 보이기도 했어요. 물개 분수가 있는 그 쪽이 조그마한 로터리 형태로 되어있었기 때문에, 저와 또래 아이들은 북마산역 주변에서 놀다가 거기까지 달리기 내기를 하며 갔다 다시 동네로 돌아왔던 기억이 나요. 그 장소가 3.15탑이 있는 곳이라는 게 지금으로서는 의미 있게 다가오지요.

더군다나 전 3.15의거 현장도 봤어요. 그때는 취학 전이었는데, 북마산역에서 물개 분수까지 뛰어갔다 돌아오는 놀이가 일종의 코스처럼 되어 있었기 때문에 가능했던 일이에요.

제가 현장을 본 날이 3.15의거가 일어난 날 중 정확히 언제인지는 기억이 안 나요. 시내 쪽에서 난리가 났다는 소문을 듣고 같이 놀던 또래들과 가보자고 해서 뛰어 가봤어요.

저희한테는 물개 분수, 지금은 3.15탑이 있는 곳으로 가서 본 풍경이 버스에 사람들이 가득 타 있고, 지붕 위에까지 사람들이 올라타고 있던 모습이었어요.

사람들이 '전우의 시체를 넘고 넘어...'라는 전우가를 목청 높여 부르고 있었고 그 광경을 보고는 집으로 돌아가는 길에 북마산파출소가 불타는 걸 봤어요. 집으로 돌아가는 길이 북마산 방향이었는데, 그때 북마산파출소가 그 쪽에 있었거든요.

초등학교에 들어가기도 전인 코흘리개 시절인데, 그 모습이 알게 모르게 제게 어떤 영향을 미쳤나 하는 생각도 듭니다. 공교롭게도 전 3.15의거, 부마항쟁, 6월항쟁 모두를 직접 경험했으니까요.

빈털터리로 마산에 정착한 부모님

전 6남 1녀 중에서 여섯 번째로 태어났어요. 막내가 될 뻔했다가 저하고 5살 차이가 나는 제법 터울이 있는 동생이 태어나면서 막내를 면했죠.

부모님께서 마산에 오셔서는 빈털터리에다 아무런 연고가 없으셨으니 고생을 아주 많이 하셨어요. 아버지께서는 닥치는 대로 일을 하셨던 것 같아요. 날품팔이 비슷한 것부터 별의별일을 다 하셨죠.

아버지께서는 외동아들로 크셨는데요. 제게는 할아버지인, 아버지를 일찍 여읜 탓이었어요.

할머니는 할아버지에 대한 자긍심이 아주 크셨어요. 할머니 말씀으로는 할아버지께서 선교사를 따라 외국으로 나갔다고 해요. 외국으로 따라 나갔던 할아버지는 의술을 배워 돌아오셔서는 포항에서 작은 병원을 하셨어요.

그 시기에 병원이라야 아주 작은 규모였겠지만, 할머니께서는 남편이 무척 자랑스러우셨던 모양이에요. 할아버지는 병원을 운영하시다가 30대 중반쯤 일찍 운명을 달리하셨는데요. 상대적으로 백세 가까이 사신 할머니는 살아 계신 동안 할아버지가 오래 살아 계셨다면 대통령이라도 할 수 있는 분이셨다 그런 말씀을 줄곧 하셨어요. 너무 일찍 요절을 하셨으니까 확인할 바는 없는 얘기지만 그만큼 할아버지에 대한 존경심이 남다르셨어요.

할아버지가 일찍 작고하시는 바람에 아버지께서 본의 아니게 외동아들이 되셨어요. 그런 아버지가 꽤 일찍 자수성가를 했던 건데요.

아버지가 포항에 계실 때 바닷가 근처에 선구점이라고 배와 고기잡이에 필요한 각종 도구, 물품을 취급하는 가게를 크게 하셨거든요. 사업이 잘 되서 돈도 많이 벌고, 작은 배도 하나 가지고 계셨다고 해요. 그 배로 강원도 삼척을 오르내리기도 했는데, 그때 삼척에 계신 어머니를 만나 결혼하신 거였죠.

그럭저럭 잘 되던 사업이 갑자기 기울어진 건 정확하지는 않은데요. 배가 침몰해서 손해를 봤다는 얘기도 있었고, 선구점이 한국전쟁의 포탄으로 불타 없어져서 였다는 말도 있었어요. 자수성가를 해서 상당히 기반을 잡은 상황이었는데, 가세가 완전히 기울어지면서 마산으로 이사를 오게 된 셈이었어요. 완전히 빈털터리로 연고도 없는 곳에 오셨으니 상당히 고생을 많이 하셨죠.

어머니에 대한 기억, 서울로의 전학

저는 거의 누님 손에 컸다고 할 수 있어요. 누님이 둘째여서 저와는 나이 차이도 많이 났고요. 어머니께서 일찍 돌아가신 이유도 있었어요. 어머니는 고혈압이 있으셨는데 고혈압으로 고생 하시다가 병석에 눕는 일이 잦아졌고 결국 서울에서 돌아가셨어요.

서울에 계셨던 이유는 큰 형님 뒷바라지 때문이었어요. 제일 큰 형님이 집안형편이 어려우니까 공무원을 하겠다고 시험을 쳤는데요. 경찰공무원 시험에 합격해서 서울에서 근무하게 됐거든요.

서울에서 근무를 해야 하는데 혼자 지내기 힘들 테니 어머니께서 뒷바라지를 해주겠다고 서울로 가셨죠. 저와 제 동생도 데리고요.

그래서 전 국민학교 입학은 마산에서 했지만, 1학년을 마치고 2학년은 서울 초등학교에서 다녔어요.

하지만 2학년을 마칠 때쯤 어머니의 병이 급격히 악화됐어요. 병석에 몸져 누우셨던 어머니는 경찰병원에 입원해 계시다가 돌아가셨어요.

어머니께서 돌아가시게 되니까 저와 제 동생은 서울에 있을 형편이 못 되어 다시 마산으로 돌아왔어요. 그래서 누나가 집안을 모두 건사하는 그런 상황이었죠.

처음 서울에서 지낼 때 응암동이라는 곳에서 살았는데요. 응암동에 어머니의 동생 즉 외삼촌이 계셨거든요. 응암동에 살면서 은평국민학교로 전학을 가게 됐어요. 처음에 어머니와 함께 학교에 갔었는데, 학교에서 이전에 다녔던 마산 회원국민학교에서 서류를 보내면 그걸 들고 오라고 하더라고요.

얼마 후에 이전 학교인 마산 회원국민학교에서 서류가 왔어요. 서류가 왔을 땐 어머니가 아프셔서 병석에 누워 계셨어요. 그래서 할 수 없이 저 혼자 전학 서류를 들고 은평국민학교에 갔어요. 그때 담임선생님께서 그 모습을 보시고 깜짝 놀라셨던 기억이 나요. 겨우 2학년짜리 꼬마가, 그것도 어느 시골에서 온 촌놈이 저 혼자 서류를 들고 와서 내니까 놀라셨겠지요.

또 다른 건 고아원에서 영화를 봤던 기억이에요. 사실 그 당시가 60년대 초였으니까 전쟁고아들이 많았거든요. 제가 다닌 초등학교 건너편에 큰 고아원이 하나 있었는데, 근처 고아원 친구들이 학교에 많았어요. 같은 반에도 여러 명이 있었고요.

고아원에서 영화 상영을 한 번씩 했는데, 영화 상영을 할 때는 다른 친구들도 영화를 보러 고아원으로 가고는 했어요. 그때 가서 본 영화중에서 아직도 생생하게 남아있는 영화가 〈플란다스의 개〉예요.

영화 마지막에 주인공 네로가 성당에서 루벤스가 그린 '성모 승천'을 보다가 죽는 장면에서 눈물을 줄줄 흘렸던 기억... 그 장면이 아직도 또렷하게 기억이 나요.

전국학생백일장에서 입상한 '엄마 손'

어머니 작고 후 마산으로 돌아와서 지내는데 아무래도 힘들 수밖에 없었어요. 누님도 힘들었고요. 그 와중에 서울에 있는 형은 결혼을 했어요.

큰 형님이 결혼을 하셔서 제가 5학년 때 다시 서울로 갔어요. 그래서 5학년은 서울 삼선국민학교를 다녔어요. 삼선국민학교 시절에는 나름대로 산다하는 친구들이 주변에 있었어요. 양옥집에서 사는 그런 친구들이요.

잘 사는 친구들이 있는 반면 주변 고지대에는 판자촌이 형성되어 있었고, 가난하게 사는 사람들이 살았는데 저희가 사는 집도 그곳에 있었죠. 경찰공무원도 워낙 박봉이었으니까요.

그때 친구들이 절 돌봐줬다 해야 하나, 잘 챙겨줬다 해야 하나... 그런 기억이 있어요. 어느 날 짝지가 연필, 칼, 지우개가 든 필통을 들고 와서는 저한테 주면서 하는 말이 엄마가 갖다 주라고 하셨다는 거예요. 또 어느 날은 양옥집에서 꽤 잘 사는 친구네 집에 놀라 갔는데, 친구 어머니가 서울식 달짝지근한 비빔국수도 해주셨지요. 그때는 그게 얼마나 맛있었겠어요?

한 번은 안국동 풍문여고에서 전국학생백일장을 개최했어요. 담임선생님께서 저한테 한 번 나가보라 해서 갔는데요. 백일장 주제가 '엄마 손'이었어요. 2학년 때 엄마 손을 잡고 서울로 왔던 기억을 글로 썼어요. '그러나 지금은 엄마가 돌아가시고 안 계셔서 엄마 손을 잡아 볼 수가 없다' 이렇게 끝나는 글이었어요. 그 글로 백일장에서 입선을 했어요.

시상식은 서울문화회관에서 했어요. 서울문화회관이 불타기 전이었죠. 서울문화회관이 불탄 후 지금의 세종문화회관이 세워졌잖아요. 아무튼 서울문화회관 연단에 올라가서 상을 받았어요. 나름대로 잘 쓴 글이라 생각하셨는지, 담임선생님이 수업 중에 읽어주기도 하셨어요.

비슷한 내용의 글을 중학교에 들어가서 다시 썼는데, 국어선생님이 반마다 돌아다니시면서 제 글을 읽어주셨던 기억도 있어요.

서울에서는 5학년 한 해만 다니고 다시 마산으로 와서 국민학교를 졸업했어요. 서울 큰 형님이 강원도 쪽으로 전근을 가면서 거처할 곳이 없었거든요.

6학년이 시작될 즈음이었어요. 다른 친구들은 다 모의고사를 쳤는데 저만 치지 않았다고, 담임선생님께서 저 혼자 모의고사를 보게 시키셨어요. 그 모의고사에서 올 백점을 받으니까 "과연 서울의 학력수준이 다르기는 다르구나" 하면서 감탄하셨어요. 그리고는 저를 참 많이 예뻐해 주셨죠.

저희 6학년 때는 중학교 입시를 준비해야 했어요. 평준화가 아니고 시험을 쳐서 들어가야 했기 때문에 지금은 상상할 수도 없을 정도로 열심히 공부 했어요.

보통 그때 초등학교 6학년생들은 새벽 다섯 시 정도에 등교를 해요. 중학교 입시가 너무 과열이 되어 있었거든요. 새벽 다섯 시쯤 등교를 하려면 아침하고 점심 도시락이 필요하잖아요. 그때 그 가난한 시절에 어떻게 그게 가능했는지 모르겠지만, 애들한테 꽁보리밥에 김치라도 싸 보내면서 공부를 시켰던 시절이었어요. 그 정도로 치열했고 그런 분위기에서 대부분 6학년 선생님들이 과외를 했어요.

새벽부터 공부하고 오후에 하교를 하면 형편이 되는 아이들은 저녁 시간에 선생님 집에 가서 또 과외를 받는 거예요. 선생님께서 제게는 과외를 받아본들 별로 이득이 안 될 거다 그러시면서 전과와 수련장을 주셨어요. 출판사에서 선생님들에게 홍보용으로 주는 전과가 있잖아요.

중학교 진학과 학업에 돌파구를 마련해준 장학금

대부분 성적이 상위권인 학생들은 마산중학교에 진학했어요. 전 선생님이 마산동중학교에 수석 입학을 해서 장학금을 받으라고 하셔서 마산중학교 대신 마산동중학교를 선택했어요. 하지만 결과적으로 수석입학은 하지 못했어요.

성적으로는 뒤지지 않았는데 체력장 점수가 모자랐거든요. 예를 들어 총점 200점 만점이면 학력점수가 180점, 체력장이 20점 이었어요. 전 그때 체력이 약해서 턱걸이라든지 이런 데서 만점을 못 받는 바람에 전교 3등으로 입학했지요.

아쉽게 장학금은 놓쳤지만 중학교 시절에 구원의 손길이 다가왔어요. 당시 마산에는 호주 선교부가 있었는데요.

마산 노비산, 다른 이름으로는 제비산 위에 1900년대부터 호주 선교사가 와 있었어요. 호주 선교부가 설립한 학교가 창신학교예요. 아무튼 호주 선교사가 있으면서 선교활동도 하고 또 다른 한편으로 가난한 사람들에 대한 구호활동이랄까 이런 것도 상당히 많이 했어요.

그런 활동 중에 하나가 교회를 다니고 있는 형편이 어려운 주부나 여성들에게 수놓는 일을 하게하고 그 대가로 얼마간 돈을 주는 거였어요.

여성들이 책상보라든지 손수건에 널뛰는 장면, 제기차기 장면, 연 날리는 장면 등을 수놓으면 그걸 호주에 가져가서 호주교회를 통해 판매했어요. 판매수익금을 수놓은 사람들에게 돌려줘서 생활비를 벌 수 있게 도왔죠.

그렇게 수놓는 일을 저희 누님도 했어요. 한 달 동안 작업해서 가지고 가면 그에 상응하는 대가를 받아 왔어요. 그러던 중 호주 선교사가 수놓는 일을 하는 여성의 가족 중에서 장학생을 선발한다는 소식이 있었어요.

운 좋게 제가 호주 선교회의 장학생으로 선발됐어요. 장학생이 되면 중학교 때부터 대학 졸업할 때까지 장학금을 받을 수 있었어요. 저로서는 엄청난 행운이었죠.

그때 계셨던 선교사가 존 브라운 목사였는데, 우리 이름으로는 변조은 목사님이라 불렀고 마산의 마지막 선교사였어요. 왜 마지막이었냐, 한국도 조금씩 경제발전이 이루어졌기 때문에 완전한 후진국이라고는 할 수 없다 해서 한국 선교활동이 중단됐고 자연스럽게 마지막 선교사가 되신 거였죠.

존 브라운 목사님은 이후에 서울의 장로교 신학대학 교수로 가셨어요. 그 와중에 제가 받던 장학금도 중단될 위기에 처했어요.

하지만 존 브라운 목사님께서 제 장학금이 중단되는 걸 안타깝게 여기셔서, 선교활동은 중단됐지만 장학금은 계속 받을 수 있게 조치를 취해주셨어요.

한참 뒤에 제가 마산 MBC사장을 할 때 존 브라운 목사님을 다시 뵐 기회가 있었어요. 팔순을 맞으셔서 한국에 한 번 들어오셨거든요. 마산 창신대학에서 호주 선교사들의 기림비를 세우는 행사가 있었는데 거기에 초청이 돼서 오신 거였어요.

그때 저하고 반가운 해후를 했죠. 마산 MBC에서 한 시간짜리 대담프로그램에 출연하기도 하셨어요.

제 상황에서 존 브라운 목사님이나 호주 선교회의 선처가 없었다면 고등학교 진학도 힘들지 않았을까 생각해요. 제게 돌파구를 마련해주신 게 존 브라운 목사님이셔서 감사한 마음이 크죠.

어딜 가나 환영받던 어린 시절

어린 시절이나 학창 시절 집이 경제적으로 어려웠기 때문에 생활하는 과정은 힘들었지만, 제 자신은 어떤 궁핍함이나 그런 걸 딱히 느끼지는 못했어요.

상대적으로 자존감이 아주 쎘다고 할까 '나는 공부를 잘 한다' 그런 생각이 있었어요. 또 실제로 그 시기는 입시광풍이 얼마나 드센지 중학교에 진학하는 일조차도 굉장히 힘들게 준비해야 하는 때라 저처럼 공부 좀 한다하는 친구는 제법 대접을 받았어요.

예를 들어 친구 집에 가서 같이 공부를 하면, 부모들이 다 좋아하는 거예요. 공부 잘하는 애가 오니까 우리 애한테 도움이 되겠다 그랬겠죠. 그 때문에 친구 부모님들이 다 좋아해주셨고 어딜 가나 환영받았기 때문에 어린 시절이 막 불행하다, 그런 생각은 못하고 살았어요. 물론 가난하게 살아가는 과정에서 힘든 부분이 많이 있었겠지만, 제 나름대로 자존감을 가졌고 또 그 보상을 충분히 받았달까요?

하지만 스스로 만족하지는 못했어요. 공부로 굉장히 서열화 되어 있던 시기였고, 그 중에서도 공부 좀 한다하는 친구들은 또 그들대로 치열하거든요. 드물지만 경기고등학교, 부산고등학교, 경남고등학교 등지로 진학하는 경우도 있었으니까요. 그런 친구들은 공부도 잘하지만 다른 지역으로 가서 공부할 정도로 가정형편도 넉넉한 편이었어요.

마산고등학교도 잘 하는 축에 들었지만 경기고, 부산고 등지에 진학하는 친구들이 있었기에 마산고에 진학해서 뿌듯하다, 딱히 그런 느낌을 갖지는 않았어요. 오히려 나는 왜 여기밖에 못 갈까 그런 생각도 할 정도였으니까요.

자유교양경시대회 금상수상과 앞장서서 했던 교회활동

제가 마산고등학교 32기인데, 32기는 자타공인 마산에서 알아주는 기수예요. 왜냐하면 딱 공부를 잘했다 이런 느낌보다는 아주 단결력이 좋고 다양한 활동을 열심히 하면서 두각을 나타냈거든요.

고등학교 시절 기억나는 것 중 하나는 자유교양경시대회에 참가한 일이에요. 그때는 전국 단위의 고전읽기 운동을 벌였는데요. 학생들에게 외국 고전이나 국내 고전을 읽혀서 독후감을 쓰게 하고 일종의 테스트도 했거든요.

학업이 상위권이다 그러면 당연히 참여해야 하는 활동이었어요. 희한하게도 고등학교 2학년 때는 물론이고 대학입시를 준비해야하는 3학년 때도 고전읽기 공부를 했어요.

플라톤의 《향연》, 《소크라테스의 변명》 같은 책들을 읽었죠. 마침 경남지역 자유교양경시대회에서 제가 금상을 받는 바람에 전국대회까지 나가게 됐어요. 금은동 수상자들이 전국대회에 나가기로 되어 있었거든요.

그래서 입시를 앞둔 3학년 때 전국대회에 참가하기 위해 서울로 갔어요. 전국대회가 열린 곳이 경기여고였는데 경기여고 운동장에 모여 독후감 쓰고 테스트를 받았어요. 예쁘고 콧대 높다고 유명한 경기여고 학생들이 교실 창문에 다닥다닥 붙어서 운동장을 향해 막 고함을 치고 하던 모습이 참 재미있었어요. 전국대회에서는 동상을 받았는데 상금이 5천원이었어요. 지금 돈으로 치면 50만 원 정도?

또 열심히 했던 활동으로는 교회활동을 들 수 있어요. 지역마다 기독학생연합회가 있는데 마산에도 마산기독학생연합회라는 게 있었어요. 교회별로 학생회가 있고 학생회연합단체도 있었죠. 중학교 때까지 선배들의 그런 활동을 보면서 학생연합회를 좋게 봤는데요. 막상 제가 고등학교에 들어가서 보니 활동이 거의 중단되다시피 한 거예요. 고등학교 3학년 때 추산동에 있는 남산교회를 다니면서 고등부 회장을 했어요. 마산고 주변을 보니까 친구들 중에서 고등부 활동을 하거나 회장을 하는 친구들이 꽤 있는 거예요. 그래서 친구들에게 '예전에 마산기독학생연합회 좋지 않았냐' 물어보고 의기투합이 되서 마산기독학생연합회를 만들었죠.

마산기독학생연합회 친구들과는 친목모임도 하고 탁구대회도 열었어요.

생각해 보면 고3때 공부는 안 하고 무슨 외도를 이렇게 많이 하나 싶을 정도로 고전읽기활동이나 연합회 활동을 열심히 했어요. 기독학생연합회를 만들자고 의기투합한 친구들과 마산에 있는 교회들을 다 돌아 다녔을 정도로 열성적으로 했으니까요.

따지고 보면 그때부터 사람 모으는 일, 조직하는 일에 저도 모르게 재미를 느꼈던 모양이에요.

대학 입학과 학내 방송국 활동

제 경우에는 대학 전공을 결정할 때 아무런 고민이 없었어요. 전형적인 문과생이라서 수학에는 자신이 없었고, 영어는 고만 고만, 국어는 공부를 하지 않아도 만점 비슷하게 받았으니까, 나 같은 사람이 국문과에 안 가면 누가 가겠나 생각했죠. 딱히 시인이나 소설가가 되겠다는 생각이 있었던 건 아니고요.

처음부터 연세대 국문과를 지망했던 건 아니에요. 입시 첫 해에는 서울대 사범대 국어과를 지망했는데 수학이 너무 어렵게 나와서 망치고 말았어요. 재수를 하고 다음 해에는 조금 낮춰서 연세대 국문과로 지망해 합격했지요. 당시에는 입시제도 특성 상 재수생들이 많았어요.

대학에 입학해 학교 친구들과 가깝게 지냈지만, 그래도 여전히 친하게 지낸 사람들은 고3 때 같은 고향 친구들이었어요. 같은 생각, 비슷한 관점을 가지고 살아가는 사람들하고 만나는 게 편안했으니까요.

서울에서 학교를 다니던 학생들도 방학이 되면 거의 대부분 마산으로 돌아왔어요. 저도 마산에 와서 교회 아이들을 지도하기도 하면서 방학을 보냈어요.

우리 때는 방학 말고도 휴교를 많이 해서 마산에서 보내는 시간이 길었어요. 유신시대에는 시위가 벌어지면 수시로 학교 문을 닫

아버렸거든요. 한 학기에 많게는 두 달 정도까지 휴교를 할 때도 있었으니까. 휴교령이 내리면 다시 고향으로 돌아왔죠.

대학교에 입학한 후에는 연세교육방송국에 들어갔어요. 그게 계기가 되어서 나중에 MBC까지 입사하게 됐죠. 처음에는 학내 신문사인 연세춘추사로 가려고 했어요.

학보사 기자가 되려고 한 건 평론에 대한 관심 때문이었어요. 시는 못 써도 소설은 쓸 수 있겠구나 했는데 막상 현대 소설가들의 소설을 읽으니까 제 자신이 이렇게 쓸 수 있을까 싶더라고요. 그래도 시, 소설을 좋아하고 많이 읽으니까 평론을 하자 싶었죠.

그렇게 대학 1학년 때 평론 쪽으로 방향을 정하고, 비판적 관점을 기르기 위해 필요한 일을 하려니까 신문사 기자가 도움이 되겠다 싶었던 거예요.

그런데 연세춘추사는 2학년이 되어야 갈 수 있었어요. 그래서 1학년부터 들어갈 수 있는 연세교육방송국으로 가게 됐죠.

대학생활 중 열심히 참여한 일을 꼽으라면, 연세교육방송국에서 기자 활동을 열심히 한 것과 재경마산학우회 같은 마산 관련 일들을 들 수 있어요.

그중 방송국 활동을 가장 열심히 했어요. 그때는 대학 방송이지만 시위가 벌어지면 방송이 그걸 부추기는 역할을 했어요. 연대는 특징이 학내 어딘가에서 시위가 있다고 하면 '어메이징 그레이스'를 계속 틀어줘요. '어매이징 그레이스'가 시위의 배경음악이 되는 거죠.

어디서 시위가 터졌다 하면 기자들은 현장에 뛰어가서 보고 바로 올라와서 그걸 생중계했어요. 시위대가 어디서 뭘 하고 있고, 전투경찰이 지금은 어디에 와 있고 어디서 최루탄 발포를 하고… 그렇게 중계를 해주는 거죠. 그러면 PD들은 '어매이징 그레이스' 같은 음악을 틀면서 분위기를 잡아주고요.

기억나는 학내 시위

유신선포 이후에 최대 규모 데모를 한 적이 있어요. 75년도 4월 3일이었어요. 김동길, 김찬국 교수가 해직이 됐는데, 대학가에서는 두 사람을 복직시키라고 하는 입장이었고 문교부에서는 안 된다고 해서 정면으로 대결하는 구도가 됐거든요. 그래서 그날 시위가 크게 일어났고 그 일로 두 달 동안이나 학교 문을 닫아야 했죠.

다음에 있었던 시위가 77년도 10월인가 그랬어요. 그때는 학내 시위대가 연대 정문으로 나가지 못해서 후문으로 나가게 됐는데, 가까이에 이대가 있으니 이대로 들어가게 됐어요. 이대 대강당 앞에 300명에서 500명 정도 되는 인원이 쫙 앉아서 시위를 했어요.

이대생들도 많이 합류를 했고요. 그렇게 모인 학생들이 이대 정문으로 나가서 신촌 로터리까지 시위를 하며 나가고 일부는 서강대 쪽으로 들어가서 서강대생들과 같이 나오면서 신촌 일대를 휘저은 기억도 납니다.

유신시대 때는 데모가 엄청났고 파장도 컸어요. 유신정권은 학생들을 제일 겁냈으니까요. 왜냐면 학생들만큼 조직화된 세력이 없었거든요. 재야 지도자들도 명망이 높은 거지, 조직적인 뒷받침은 없었을 때예요. 노동계에도 민주노총이라든지 이런 조직이 없었고 그러니까 유신정권으로서는 학생들의 시위가 가장 겁나는 거예요. 어느 정도였냐면, 연대시위 이후에 고대시위가 있었는데 고대 한 군데만 긴급조치를 내려서 군인이 진주해 있을 정도였어요.

그 시기는 대학생들이 공부를 별로 안 했어요. 할 수 없었죠. 공부를 못한 이유가 수업이 제대로 되지 않았으니까요. 커리큘럼이 있으면 일정대로 착착 진행이 돼야 하는데 하다가 툭 끊어져 버리고 또 툭 끊어져 버리고 하니까 수업하기가 힘들었죠.

학생들은 일종의 반유신 조직화라할까, 이론화라할까 그런 소규모의 그룹들을 많이 만들었어요. 대학 내부에서 만들기도 하고 외부에서 만들기도 했죠.

재경마산학우회 편집부장이 되어 만든 회지

대학을 한 해 재수해서 들어갔는데, 그때 재경마산학우회 회장이 한철수 선배였어요. 그 분이 회장이 되면서 한 해 후배인 마고 32기인 저와 동기들에게 도움을 요청하면서 참모진으로 대거 영입을 했어요. 전 편집부장으로 임명됐고요.

근데 막상 들어가도 마땅히 할 일이 없는 거예요. 학우회 조직은 체육대회, 봉사활동, 학술활동 위주로 해왔거든요.

편집부장이라면 뭔가 매체와 관련된 일을 해야 할 텐데 아무것도 없었죠. 전 기왕 편집부장을 할 것 같으면 매체를 만들어보자해서 학우회 전체를 아우를 수 있는 학우회지를 만들자고 회장에게 제안했어요. 한철수 회장도 "그럴 필요성은 있다. 힘들어도 해보자"며 동의를 해줘서 회지작업을 시작하게 된 거예요. 거의 맨땅에서 한 거죠. 경험도 없고 준거틀도 없는 상황이었는데요. 그 일을 대학 1학년 때 한 거예요.

회지를 만들기로 결정하고 회장하고 같이 선배들을 찾아다니면서 찬조금도 받고 광고도 받았어요. 어쨌든 창간호를 만들어냈고, 한철수 회장의 임기도 끝이 났습니다.

우리들은 회지도 이어가고 학우회를 좀 더 내실 있게 다져갈 수 있는 사람이 다음 회장이 되어야 한다고 의견을 모았어요. 그래서 서울대 경영학과에 다니던 서익진을 추대하기로 했고요. 그것도 그냥 막연하게 회장을 하고 싶다, 추대하고 싶다고 회장이 되는 건 아니어서 조직적인 작업, 방향 설정이 필요했어요. 재경마산학우회 회원들이 1천여 명이 넘는 상황이었으니까요.

서익진을 회장으로 만들기 위해서는 각 대학별로 그 대학 동문회를 장악(?)해야 한다고 의견을 모았죠. 한철수 회장 임기중 참모직을 했던 사람들이 각 학교 동문회장직을 맡아서 하기로 하고 김진식은 서울대 동문회장, 저는 연세대 동문회장, 건국대 동문회장은 김장희가 맡고 쭉 이런 사전작업을 해서 서익진 교수가 당선이 됐어요. 상대적인 건지 어떤지는 몰라도 상당히 재미있기도 하고 해서 애착을 가지고 활동을 했죠. 동시에 학내에서는 방송국 활동을 열성적으로 했어요.

유신에 대한 저항감을 키운 계기가 된 기자 활동

하지만 방송국 활동 자체는 낭만적일 수 없었던 게 그 시기에는 그 일종의 반유신운동이 일상적으로 이루어졌거든요. 유인물 발표자가 있기도 하고 또 어느 시점에서는 몇 백 명 몇 천 명 단위의 대규모 항의 시위가 있기도 하고. 그리고 유신정권이 대학생 시위를 아주 경계했기 때문에 진압도 아주 난폭하게 했어요. 페퍼포그라든지 최루탄을 무차별 난사하고 학내까지 진입하면서 폭력적으로 탄압하고 하는 이런 국면이었거든요.

대학방송국 기자는 그런 상황을 취재해서 보도하는 게 일이어서 반유신의 처절한 현장을 쫓아다니며 취재하다보니까 유신에 대한 저항감이나 분노가 자연스럽게 커져나가는 계기가 됐죠.

또 그 당시는 반정부활동을 하거나 발언을 하는 교수들을 예사로 해직을 시켜버렸거든요. 심지어는 어제 우리 수업을 담당했던 교수가 오늘 수업이 있는데 안 나타나는 거예요. 사정을 알아보면 하루 사이 해직이 되어 버린 거죠. 그게 일상적으로 일어나는 시기를 살아왔는데, 그러면서 이런 생각들이 학우회에 대한 문제의식으로 연결됐어요. 이런 첨예한 시기에 학우회는 뭘 해야 하나, 친목활동, 체육활동 이런 활동 정도로도 괜찮은가, 물론 알맹이 있는 활동을 위해 학술 심포지엄이라든지 이런 것도 많이 기획도 하고 했는데 유신정권은 학생들이 한 자리에 모이는 일을 아주 경계하고 가로막았기 때문에 몇 차례의 그런 계획들이 다 무산되어 버렸어요.

단순한 친목행사라든지 체육활동이나 이런 정도는 용인됐지만 조금 학술적인 거라든지 이런 이념적인 방향으로 발전될 수 있는 것은 다 가로 막혀있기 때문에... 학우회라는 공개 조직을 가지고 할 수 있는 일은 지극히 제한되어 있다, 좀 더 깊이 있는 공부라든지 활동을 위한 준비는 별도 차원에서 이루어져야 하겠다, 그래서 학우회 내 소모임 쪽으로 접근을 하게 된 거죠.

소모임 대상을 누구로 할 것이냐, 1차적으로 쉽게 접근했던 게 학업이 상위권인 친구들 위주로 가자는 거였어요. 현실진단, 학술토론, 세미나를 좋아할 만한 친구들이고 그걸로 연결될 수 있겠다 싶었거든요. 그래서 각 대학별로 후배들을 만나고 설득해서 20~30명 정도 단위의 체계적인 학술 세미나, 소모임 등을 한 거죠. 그런 활동이 기반이 되었습니다.

될 성 싶은 후배들을 만나 설득하는 작업이 서익진 회장 후반부터, 그러니까 다음 기수에게 회장직을 넘겨주는 그 즈음부터였어요. 소모임이 활성화되고 체계적인 학습이 진행이 됐죠.

서울에서는 20~30명이 모일 수 있는 다방, 중국집에서 주로 모였어요. 중국집은 방이 있으니까 짜장면이나 짬뽕을 시켜 먹고는 오랫동안 죽치는 거죠. 세미나 발표하고 토론하면서요.

가끔은 천주교 수녀원이라든지 피정공간을 빌려서 1박2일로 모임을 갖기도 했어요.

활동의 지속성을 위해 경남대와 접촉하다

대학 다니는 동안 마산에 올 기회가 많았어요. 여름방학 겨울방학 때는 당연했고 그땐 방학이 길었어요. 여름방학, 겨울방학 합치면 한 4~5개월은 됐으니까요. 그리고 반유신 시위가 있고 하면 수시로 학교가 휴교를 해버렸기 때문에 한두 달씩 또 와서 있기도 하고요.

서울에서 소모임을 하던 회원들이 마산으로 오게 되면서 마산에서도 소모임을 이어갔어요. 마산에서도 희다방이나 중국집을 이용했죠. 또 마산가톨릭문화원 2층에서 하기도 하고요. 1층에는 강당이 있지만 2층에는 모임을 할 수 있는 작은 방들이 있었거든요.

마산에서도 소모임을 이어가는 활동을 1년 정도 해보니, 또 다른 문제의식이 생겼어요.

4학년 졸업반이 가까워지면서 현실적으로 졸업 이후 어디로 진출해서 어디에 살고 어떤 일을 할 것인가에 대한 고민이 생기거든요. 아무래도 서울에서 대학을 다녔으니까 서울에 정착해 취직하거나 대학원 진학을 하는 게 일반적이었어요.

그래도 우리 마산을 사랑하고 마산을 위해서 뭔가를 해야 한다는 문제의식도 서로 공유하고 했는데, 현실적인 조건 때문에 막상 졸업하면 서울에 정착하게 된다는 문제에 대해 고민하기 시작했죠.

그렇다면 마산에 지속적으로 자리 잡고 있으면서 마산의 문제를 고민하고 마산의 변화를 위해 노력할 수 있는 주체는 누가 되어야 하는가를 질문하게 됐어요. 결국 마산에 있는 대학생들이 그 역할을 담당해야 한다는 게 결론이었어요.

사실 그 전까지 마산 쪽을 쉽게 들여다볼 수 없었던 것이 규모 면에서 대학의 면모를 갖추었다고 볼만한 대학이 없었어요. 마산대학만 하더라도 전교생을 다 해봐야 300명에서 500명 정도였으니까요. 그 속에서 시대나 지역에 대한 문제의식을 갖는 사람을 발굴해내기는 어려운 일이었죠. 또 마산대학을 제외하면 교육대학, 간호대학 정도여서 쉽게 접촉하지 못했어요.

그런 상황에서 박정희 경호실장이었던 박종규가 마산대학에 이사장으로 취임하고 정치적 힘을 활용해서 대학을 급격히 확장시켰어요. 명칭도 마산대학에서 경남대학으로 바뀌고 단과대학에서 종합대학으로 변모하기 위한 준비를 해나가고 있었거든요. 그 사이 학생 수도 대폭 늘어났고요.

그래서 77년 초에 마산고등학교 졸업생으로 경남대에 수석 입학한 정성기 씨를 만났어요. 정성기 씨는 서울대 진학을 목표로 시험을 쳐서 떨어졌다가 재수를 하는 대신 곧바로 2차인 경남대학을 진학한 상황이었어요. 서울대를 목표로 하고 있었던 친구니까 학력수준도 높았고 서울에서 온 대학생들과 쉽게 교감이 이루어지기도 했죠.

그렇게 경남대 내의 우수한 친구들은 정성기 씨가 모아주기로 하면서, 경남대에도 7~8명 정도의 인물이 확보됐어요.

　그 후에는 방학 때나 휴교 때가 되면 서울에서 대학을 다니는 친구들과 경남대 학생들과 함께 합동세미나를 하게 된 거죠. 합동세미나에서는 서울 쪽 분위기를 집중적으로 전해주는 일을 했어요. 78년에 접어 들면서 구성원 모두가 경남대학이 모임을 좀 더 독자적으로 꾸려갈 필요가 있다고 교감했어요. 그렇게 경남대학 내 최초의 이념서클 사회과학연구회가 만들어졌죠.

　학내 서클을 만들려면 지도교수가 있어야 했는데요. 마침 고려대 노동문제연구소에서 활동하기도 하고 진보성향을 가진 배손근 교수라는 분이 경남대 경제학과 교수로 오셔서 그분께 부탁을 드렸어요. 배손근 교수님이 흔쾌히 승낙을 해주셔서 사회과학연구회가 공개적인 활동이 가능해졌죠.

　77년부터 78년 초의 일들이에요. 개인적으로는 76년 하반기에 한 학기 휴학을 해서 78년 8월에 코스모스졸업을 하게 됐어요. 군대에 가기 전이었고 서울에서 취직을 하겠다 마음먹은 것도 아니어서 군대 가기 전까지 뭐하고 지낼까 하는 고민을 하던 시기였거든요.

이광두 선배와의 만남으로 알게 된 양서협동조합

그때는 서울대를 다니는 김진식 씨하고 신림동에서 같이 하숙을 할 때예요. 하루는 마산고 한 해 선배인 이광두 형이 찾아왔어요. 전 그때 처음 이광두 형을 봤고 김진식 씨와는 완월성당을 같이 다닌 친한 선후배 사이였죠.

김진식 씨가 이광두 형과 저를 인사시키고 하면서 같이 이야기를 나누었어요. 그때 이광두 형은 집안 사정 등 여러 가지 이유 때문에 대학 진학을 하지 않고 지금은 이전을 했지만 당시 월영동 바닷가 근처에 있던 한국철강에 다니면서 4~5년 정도 철강노동자로 생활했어요.

하숙집을 찾았을 때는 다니던 한국철강을 그만두고 다른 길을 모색하던 시기였어요. 이런 저런 생각을 하다가 서점을 하고 싶다는 생각을 했는데, 일반적인 서점이 아니라 뭔가 성격이 뚜렷하고 독특한 서점을 하고 싶더라는 거죠. 그래서 수소문한 결과 부산에 양서협동조합이라는 곳이 있더래요. 아, 이거 괜찮겠다 해서 직접 부산으로 가서 양서협동조합 관계자들도 만나보고 했다는 얘기를 하더라고요.

저나 김진식 씨는 양서협동조합이라는 걸 모르고 있을 때였어요. 이광두 형이 먼저 관심을 가지고 찾아가서 어떻게 활동하고 어떤 방식으로 운영하는 지를 알아본 다음에 저희에게 이야기를 들려주었어요. 마산에서도 그런 활동을 해보면 좋겠다고 하면서요.

저는 졸업을 앞두고 있었고 김진식 씨도 78년 말에 졸업을 하게 되어서, 둘 다 길게 생각할 것도 없이 참 해볼 만한 일이다, 같이 힘을 실어서 잘 해보자라는 교감을 하게 됐어요.

특히 제 경우에는 졸업을 하고 마산으로 가겠다고 마음의 결정을 한 참이어서 같이 한 번 잘 만들어보자 결정할 수 있었던 것 같아요.

하지만 입장은 서로 달랐어요. 이광두 형은 생업으로 그걸 바라볼 수밖에 없었고, 제 경우는 필요하고 좋은 일이니까 군대 가기 전까지는 아무런 대가 없이 이 일을 전적으로 돕자는 생각으로 접근한 거였죠. 제가 원래 조직화하는 건 자신이 있었으니까요.

사람을 모으는 일에 대해서는 이광두 형은 완월성당에 다녔으니 성당 청년들과 완월동, 장군동 일대의 직장인을, 우리는 재경마산학우회, 경남대 학생들을 최대한 확보해보자고 결론이 났어요. 크게 두 갈래로 사람들을 모집하고 이들을 결합하는 형태로 양서협동조합을 만들어보기로 한 거죠. 그게 집현전이었어요.

양서협동조합은 부산에서 가장 먼저 만들어졌어요. 저희가 시작할 즈음 이미 부산에서는 1년 전부터 꾸준히 활동이 전개되고 있었죠.

이런 양서협동조합들은 70년대 후반에 전국 주요 도시에 여러 개가 생겨났어요. 하나의 트랜드처럼요. 부산을 제외하고 나머지 양서협동조합은 마산과 비슷한 시기에 앞서거나 뒤서거나 해서 생겨났어요.

다른 지역에는 양서협동조합이 없었기 때문에 마산의 양서협동조합은 온전히 부산을 모델로 한 것이었죠. 부산을 모델로 해서 마산의 여건에 맞게 만들어졌다고 보면 되요.

부산양서협동조합이 모델이기는 했지만 여러 사람이 모여서 같이 부산으로 가서 보고 설명을 듣고 교류하면서 만들어지지는 않았어요. 이광두 형과 김진식 씨가 다녀와서 보고 전한 내용을 바탕으로 만들어졌을 뿐이었죠.

최근 양서협동조합에 대한 연구가 이루어지고 제가 정황을 확인해보니, 부산은 마산하고는 여건이 많이 달랐더라고요. 부산은 여건이 훨씬 좋았어요. 양서협동조합에 참여한 사람들 중에 인권 변호사도 몇 명 있었고 진보적인 교회 목사님도 계셨더라고요. 부산 양서협동조합은 재정적으로 도움을 받을 수 있는 울타리가 있었지만, 마산은 전혀 아니었어요.

한 마디로 완전히 빈털터리 청년들에 의해 만들어진 거였죠. 집현전에 참여한 친구들은 갓 대학을 졸업했거나 대학에 다니는 재학생, 그리고 직장인들이 전부였어요. 직장인들이라고 해도 사회 초년생들이 대다수였기 때문에 재정적 기반은 극히 취약했다고 볼 수 있어요. 재정적인 부분은 전적으로 이광두 형에게 의존할 수밖에 없었어요.

78년 8월, 경남양서보급회의 발족

집현전이 시작될 때 이광두 형이 자신이 서점을 하겠다, 공간을 확보하고 책을 구비해서 하겠다고 했으니, 저희들은 이광두 형이 그러기만을 바라고 있었어요. 서점을 하려면 자금도 마련되어야 하고 단계가 필요하니까 시간이 필요하다고 생각했죠.

시간이 필요한 일은 일단 제쳐 둔 채로, 완전히 갖추어지지 않은 상태로 조직이 먼저 발족하게 된 거죠.

명칭은 경남양서보급회, 경남양서판매이용협동조합 그리고 집현전을 혼용해서 썼어요. 집현전이라고 해도 되고 경남양서조합이라고 해도 되죠.

이런 조직을 8월 말에 꾸리고 나서 마산 장군동에 공간 하나를 임대했어요. 공간이 생겼으니 본격적인 서점을 시작하기 전이라도 우리가 뭔가 해보자 그렇게 접근을 한 겁니다. 그래서 생각했던 게 책을 구입할 수 있는 재력이나 자금이 없으니까 각자 가지고 있는 책을 갖다 놓고 서로 돌려 읽자고 한 거죠. 새로 나오는 책들의 경우에는 조금씩 회비를 걷어서 구입해 읽기로 하고요.

다들 자발적으로 한 행동이어서 인건비가 나가거나 그런 건 아니었고 거의 맨땅에 몸으로 때우는 형태의 작업이었습니다. 부산은 마산에 비해서는 주변 울타리와 재정적 뒷받침이 있어 안정적으로 운영이 되던 상황이었고요.

창립총회에서 120여명 정도가 명단에 올랐는데, 창립총회 석상에 58명인가? 60명 가까이 참석했으니까 창립총회에 참석할 정도로 열의를 가진 멤버들이 60명 정도 됐다고 보면 되겠죠. 물론 그 중에는 방학 이후에 활동이 어려운 서울에서 학교를 다니고 있던 재학생들도 있었겠지만요.

나중에 입회하는 친구들한테는 이전에 만들었던 회지를 보여주면서 흐름을 알려주기도 하고 서로 책을 교환해 읽기도 했어요.

집현전 초창기에 가장 열심히 했던 사람들이 있었는데요. 이광두 형은 자기 사업이었기 때문에 모든 일에 집중할 수밖에 없었고 제 경우는 군대 가기 전에 완전히 자유로운 입장이었기 때문에 거의 전적으로 매달리다시피 했어요.

또 한 사람이 고려대 법학과 4학년이었던 김종철 씨예요. 김종철 씨는 그때 1년 휴학을 했다가 시기가 딱 맞물렸죠.

서울대 수학과에 다녔던 하영화 씨도 대학원 진학 여부를 고민하던 상황이어서 열심히 참여했어요. 2학년이었던 정성기 씨, 3학년이었던 하효선 씨. 그리고 집현전 인근에 마산시청, 세무서가 있어서 거기 다니던 젊은 공무원 일부도 상당히 관심을 갖고 열심히 참여하고 그랬던 기억이 납니다.

열심히 한다는 것의 의미는 세미나, 모임 등에 앞장서고 잘 참여한 것, 고등학생을 대상으로 프로그램을 만들고 진행한 것, 책을 자주 빌려보는 것 모두 포함이 됩니다. 서점이 만들어지기 전까지는 십시일반 기탁해서 모아놓은 책을 돌려 읽는 게 저희의 가장 큰 사업이었으니까요.

재정문제로 인해 미뤄진 서점개설 계획

그 와중에 이광두 형이 자금을 융통하기가 쉽지 않았던지, 서점개설은 계속 미뤄지고 있었어요. 자꾸 미뤄지니까 그러면 이 책을 돌려 읽는 일에 그치지 말고 체계적인 활동을 해보자 해서 소모임이 만들어지고 소모임 형태의 세미나를 만들었어요. 한국근대사 세미나라든지 여성문제 세미나라든지 이런 몇 가지가 이뤄진 겁니다.

또 집현전이 있던 장군동이라는 동네에 중고등학교가 여러 개 있었는데요. 집현전이 중고등학생들 등하교 길목에 위치해 있었어요. 집현전은 서가가 훤히 들여다보이는 형태여서 중고등학생들도 뭐하는 데인지 궁금하기도 하고 대학생 언니, 형들이 왔다갔다 하니까 관심을 보이는 거예요. 이게 뭐하는 곳이냐 들어와서 묻는 친구들도 있고요.

공식적으로 서점을 개설하기 전이었기 때문에 간판을 걸지 않았고, 유리문이었는데 항상 개방된 상태였기 때문에 닫았더라도 유리문으로 안을 훤히 볼 수 있는 구조였어요. 서가가 있고 본격적인 서점이 개설되기 전이라도 천 권 가까이 되는 책이 꽂혀 있었어요. 서점 같기도 하고 아닌 것 같기도 하니까 학생들도 호기심에서 들어오기도 하고 물어보기도 하고 이렇게 된 거죠. 집현전에 대해 설명을 해주니까 얘들이 자기들도 책 좀 빌려가고 싶다고 말해요. 고등학생들한테도 책을 빌려줄 건가, 의논을 하다가 그러면 고등학생들은 준회원으로 가입을 시키자고 해서 준회원도 20명 정도 됐어요. 적극적으로 참여하는 고등학생들이 늘어나서 이 친구들을 대상으로 영어와 수학 강좌도 열었어요. 일종의 영어, 수학과목 과외를 해준 거죠.

영어 실력이 뛰어났던 고대 법학과 김종철 씨가 영어 강좌를, 서울대 수학과 출신 하영화 씨가 수학을 가르쳤죠.

여성학 세미나는 대학생들도 몇 명 있었지만 오히려 대부분은 젊은 직장 여성들이었어요. 마산 세무서 직원들, YWCA 간사도 있었고요. 공단 쪽이 직장인 여성들도 있었고 아무튼 가장 오랫동안 지속돼 왔던 소모임은 여성학 세미나입니다. 여성학 세미나는 부마항쟁 이후까지도 계속 지속이 됐으니까 생명력이 가장 길었다고 볼 수 있어요.

8월 말에 창립총회를 하고 9월에서 12월까지 넉 달, 한 분기 정도를 보냈는데 서점 개설 작업은 진척이 없었어요. 당사자는 얼마나 속이타고 고민했겠어요? 우리는 서점 개설이나 경제적으로 기여할 수 있는 역량이 전혀 없었기 때문에 아예 손 놓고 있었던 거고, 재정적인 면은 이광두 형의 입만 바라보고 있을 수밖에 없었는데요. 이광두 형의 재정적인 고민과는 별개로 우리 나름대로는 도서대출활동이라든지 소모임 활동을 활발하게 진행하고 있었지만요.

그 와중에 12월에 접어 들면서 이광두 형이 가까운 몇 사람에게 자신이 여러모로 애를 써봤는데 도저히 개점할 만한 자금을 확보하기가 어렵다, 그래서 서점은 포기해야 한다, 일종의 폭탄선언을 했어요.

우리는 그에 대해 이광두 형의 입장을 수용할 따름이지, 어떤 대안을 제시할 수 있는 힘이 전혀 없었기 때문에 반박하거나 다른 입장을 가질 수 없었어요.

부산만 하더라도 상황이 이러면 어느 변호사나 목사님, 신부님을 찾아가서 지금 형편이 어려운데 어떻게 돈을 융통해 주시면 우리가 열심히 노력해서 나중에 상환하겠다든지 그런 노력이라도 했을 텐데, 당시 우리한테는 재정적으로 기댈 수 있는 선배나 어른이 없었어요.

우리는 경제적으로 역량이 안 되는 청년층이었고 그래서 이광두 형의 입장을 받아들일 수밖에 없었죠. 어쨌든 서점을 포기한다는 말은 임대했던 공간을 돌려줘야 한다는 의미니까 당장 장군동의 공간을 대체할 만한 공간을 어떻게 확보할 거냐는 문제를 고민하게 됐어요.

새로운 공간에 대한 고민

그래서 제가 기존 서가도 들어가고 회원들이 모일 수 있는 공간을 어떻게 확보할 거냐는 고민을 하면서 적당한 장소를 물색하러 돌아다녔어요.

그 이전인 10월쯤 주대환 씨 여동생 주정숙 씨한테 연락을 받았는데요. 주정숙 씨가 창원여중 국어과 선생님으로 재직하고 있었는데 마산MBC 피디에 지원해서 합격하는 바람에 선생님을 중간에 그만둬야 할 상황이라는 거예요.

합격을 했으니까 당장 입사는 해야 하는데, 학생들이나 학교에 피해를 주게 되니 고민하다가 자기 후임으로 와달라고 제게 부탁하게 된 거죠. 저도 집현전 활동만 하고 있었고 백수 신세였으니까 흔쾌히 받아줬어요. 국어과라면 괜찮겠다 생각도 했고요.

다른 데서 돈 나올 구멍은 없고 그러면 내가 받는 이 월급이라도 어떻게 활용해서 공간을 구해야 되겠다, 그런 생각을 가지고 이사 갈 곳을 막 구하러 다닌 거죠.

그 시기에는 마산에 3개 역이 있었는데요. 신마산역, 구마산역, 북마산역 이렇게요. 신마산역은 마산경찰서 앞이어서 기차가 거기까지 간 거죠. 철로가 시내까지 들어와서 시내의 발전을 가로 막는다고 해서 이 3개 역을 통합하는 작업을 하고 있었어요. 지금의 양덕동 마산역이 그 결과로 생긴 역이에요. 마산역이 거의 완공되는 시점이었기 때문에 예전 역으로 가는 철로는 소용이 없어지니까 그걸 들어내고 도로를 만들자고 하던 때예요.

마땅한 공간을 찾으려고 돌아다니다가 창동으로 내려가는 폐로가 된 철로변에 10평이 조금 못되는 나무로 된 허름한 창고가 눈에 띄더라고요. 얼마 지나지 않아서 도로공사가 진행될 텐데, 그 사이에 싸게 임대한다는 알림이 붙어 있었어요.

알림을 보고는 '아, 여기라도 해야 되겠다' 싶었어요. 왜냐하면 허름하고 곧 철거해야 하니까 임대료를 많이 주지 않아도 될 것 같았거든요. 그렇게 임대계약을 하게 된 거죠. 완전히 제 개인 차원으로 한 겁니다.

그런데 못해도 서가는 있어야 하고 사람들이 와서 쉴 수 있게도 해놔야 하는데 너무 열악한 조건이더라고요. 그래서 이윤도 씨한테 부탁해서 경남대극예술연구회에 SOS를 쳤어요. 일단 집현전 장소는 계약했다. 그런데 너무 낡았으니까 너희들이 와서 무대세트 만들던 실력으로 한번 변신을 시켜봐 달라 요청했더니 친구들이 왔어요.

그 친구들이 하루 이틀에 걸쳐 공사를 했어요. 무대세트 만들던 실력을 발휘해서 뚝딱뚝딱 서가 만들고 긴 의자도 만들어서 그럴듯하게 공간을 꾸며줬죠. 전기도 들어오게 하고요.

79년으로 이어지는 집현전 활동

79년 초부터는 그곳에서 집현전 활동이 이어지게 된 겁니다.

새로운 공간이 확보된 후에 모두들 좋아했어요. 이제 어떻게 하나 했는데 그나마 비빌 언덕은 생겼다, 그렇게 받아들였죠.

큰 틀에서 보면 그 이광두 형이 연결한 그룹이랄까, 완월동 성당 그룹이나 직장인 그룹은 조금 뒤로 빠지게 된 결과가 됐어요. 성당, 직장인 그룹과 학생운동, 소모임, 세미나 활동을 하는 대학생들이 결합한 상황이었는데 장군동에서 멀어지니까 자연스럽게 그쪽을 기반으로 한 사람들은 좀 소극적으로 변했죠.

그쪽 분들은 활동이 줄어든 대신 나머지 사람들은 시내와 가까워서 좋아하고 그 공간을 많이 활용했어요.

그러다 79년 3월에 제가 군에 입대한 후부터 점차 이용이 줄었어요. 공간을 꾸려가는 임대료 정도는 제가 부담할 수 있었지만 그 외에 다른 활동이 활발하게 이루어지는 동력은 잘 만들어지지 않는 침체된 상황이 지속됐죠.

저는 3월 말에 입대해서 3개월 동안 훈련을 마치고 6월 말 진해 해군부대에 소위로 임관했어요. 장교는 출퇴근이 가능했기 때문에 마산 형님 집에 있으면서 진해로 출퇴근하는 직장인 비슷한 상황이 되었죠.

그 상태로는 더 이상 동력이 잘 안 붙고 하니까 7월 7일에 임시총회를 열어서 지금처럼 침체된 상태로 두기보다는 한동안 활동을 접는 편이 낫다는 쪽으로 의견을 모았어요. 기탁된 책은 본래 주인에게 돌려주기로 하고요.

공간 자체는 몇 달 더 지속되었다고 들었어요. 저는 임시총회 이후로 활동을 중단하자고 한 다음부터는 가지 않아서 이후의 기억은 없고요. 하효선 씨의 기억에 따르면 부마항쟁이 터진 시기까지 공간은 이용되고 있었던가 봐요. 여성학 세미나를 하던 여성 회원들이 꾸준히 그 공간에서 모임을 가졌다고 하니까요.

내가 경험한 부마항쟁

군인이어서 소식을 빨리 알았어요. 16일 부산 시위 상황도 17일경에 알았을 거예요. 그럴 수밖에 없는 게 제가 소위로 임관하고 배치된 곳이 함대 사령부였어요. 지금은 해군 작전사령부로 바뀌었는데 사령관이 별 3개 쓰리스타예요. 그 사령관 비서실에 근무했어요. 비서실 행정관이었는데, 모임이나 행사 때 사령관이 하는 연설문을 작성해주는 역할이었어요. 한마디로 스피치라이터였죠.

유신시대에 가장 힘 있는 조직이 중앙정보부하고 국가보안대였잖아요. 모든 정보를 전부 다 장악하고 있으니까요. 사령관 비서실에 보안대 장교들이 거의 매일 드나들었어요. 보안대 장교들이 매일 정보보고를 하니까 저도 보안대가 파악한 동향이나 소식들을 볼 수가 있었죠.

부산에서 시위가 난 것도 알 수 있었어요. 17일 부산 동향을 정보보고를 통해 보고서는 심상치 않구나 마산은 어떨까 그런 생각을 했어요.

18일 저녁에 퇴근해서 오는데요. 진해에서 버스를 타고 마산으로 접어들었는데 수출자유지역 조금 지나서 오동교라고 다리가 하나 있습니다. 오동교 직전에 차가 멈추고 못가는 거예요. 보니까 그 앞에 시위행렬이 큰 도로를 다 점거하고 있어서 더 이상 가지 못하고, 가야백화점 조금 지난 정류소에서 다 내리라고 하더라고요.

제가 내린 시간대가 저녁 7시 전후 정도였는데, 이미 오동교 주변 큰 도로는 시민들이 모두 점거한 상황이었어요. 저도 군중에 섞여서 따라갔어요. 군복을 입은 상태여서 시위를 주도하거나 구호를 외칠 입장은 아니었죠. 그냥 시위를 쭉 따라가기만 했는데, 시위행렬이 내려왔다가 다시 불종거리로 올라가더라고요. 저도 시위대를 따라 창동 네거리까지 왔어요. 시위대에서 구호를 외치거나 하는 모습을 보면서 소극적으로 따라간 거죠.

다음날 출근을 해야 하는 상황이니까 길게 남아있지는 않고 한 아홉시에서 열시 사이 정도 귀가를 했습니다.

19일 저녁 한성다방에서 모이다

10.18이 있고난 다음날 19일 저녁에 활동하고 있던 여성 회원들을 소집했어요. 여성 소모임은 계속 되고 있었고, 그랬기 때문에 제가 연락을 하니까 바로 다 모일 수 있었죠. 19일에는 연락이 될 만한 사람들에게 연락을 막 한 거죠. 연락을 해서 파악한 건 부산에서 황성권이 잡혔다 전날 시위에서는 김종철, 정성기, 주대환이 잡혔다. 잡혀간 사람들이 모두 집현전 회원이었으니까 구성원들 차원에서는 어떻게 대처해야할지 논의해야 했어요.

어떤 식으로 대책을 세워야 할지 대책회의를 하기 위해 한성다방에 모이자고 연락을 돌린 거죠. 일곱 시나 일곱 시 반쯤 됐을 거예요. 7~8명 정도가 모여서 정성기, 김종철 씨 등 잡혀간 사람들 얘기를 했어요.

그러고는 우리는 어떻게 해야 하겠나 의논을 하는 와중에 거리 쪽에서 '와~'하는 함성소리가 들렸어요. 함성소리가 터져 나오고 하니까 우리가 여기 앉아서 얘기만 하고 있을 때가 아니다, 같이 뭉쳐 다니면 오히려 위험해질 수 있으니까 각자 흩어져서 시위에 동참하든지 진행상황을 지켜보기로 하자고 하고는 뿔뿔이 흩어졌죠. 저도 군복을 입은 채로 시위 행렬을 따라 갔어요.

결론적으로 19일 저녁에 여성 소모임 회원들은 개별적으로 흩어져서 부마항쟁에 참여했다고 정리할 수 있겠네요.

19일에 단편적으로 기억나는 장면은 위수령이 내리기 이전에 이미 군인들이 진주해 있는 상황에서 제가 지나온 길 뒤편으로 누군가 도망을 갔나봐요. 따닥딱딱 소리가 나더니 군인들이 쫓아가 잡고는 곤봉이며 구둣발로 마구 때리는 소리가 나더라고요.

뛰어가 말릴 수도 없는 상황이니 듣고만 있었는데, 광주에서 일어났던 무지막지한 폭력까지는 아니라도 진압 과정에서 군인들의 무차별 폭행이 있었다는 것만은 저도 경험을 했죠. 20일에도 시내를 둘러보기는 했는데, 큰 규모의 시위는 일어나지 않았으니 별다른 일은 없었어요. 지금 KT가 있는 곳, 당시에는 분수 로타리가 있는 그 곳을 지나는데 누군가 제 이름을 부르기에 돌아봤더니 같이 훈련했던 동기더군요.

지금은 해군과 해병대가 별도잖아요. 유신 때는 해병대가 겁도 없고 하니까 쿠데타를 일으킬 수 있다고 생각해서인지 해병대와 해군을 합쳐 놓았어요. 해군은 그냥 해군이라고 불렀고 해병대는 해군 해병이라 불렀죠. 해군 장교 지망생과 해병대 장교 지망생이 같이 훈련을 받았던 시절인데, 저는 해군 장교 지망생, 그 친구는 해병대 장교 지망생이었어요. 훈련 동기가 군인들 지휘한다고 출동한 상황이었던 거죠.

아시다시피 20일에는 큰 시위가 일어나지 않았고 군인들이 시내에 출동해서 경비를 서는 상황이었어요. 그렇게 26일까지 이어졌어요.

집현전 회원들은 친구들이 잡혀가 있고 해서 면회를 하자거나 책이라도 사서 넣어줘야 하지 않느냐 의논을 했고요. 잡혀간 친구들은 마산에서 취조를 당하고 부산으로 이송되는 과정이어서 구체적으로 어디를 찾아가야 할지도 알 수 없었어요.

황성권 씨가 걱정됐던 김윤희 씨는 부산 보안부대로 면회를 갔다가 그대로 잡혀서 고초를 겪기도 하고요. 정혜란 씨도 잡혀갔고요.

집현전이 어디까지 드러날까 조금 걱정은 됐지만, 한편 내심 다행스럽게 생각한 건 집현전은 이미 활동을 중단했다는 거였어요. 공식적으로 활동이 중단된 상태였기 때문에 잡혀가더라도 집현전 회원들이 계속 만나면서 뭘 조직했다거나 그런 이야기는 나오지 않으리라고 생각했죠.

부마항쟁과 유신체제의 종언

그 시기를 살아간 누구에게 물어봐도 마찬가지일 겁니다. 박정희가 금방 물러날 리가 없다, 진짜 종신집권을 하려고 한다, 그걸 어떻게 막을 수 있나 막을 수 있는 방법이 없다...

종신집권, 독재정권을 용납하지 못하기 때문에 격렬한 반유신

시위를 하기는 하지만, 박정희가 스스로 제 발로 물러날 거라고는 전혀 상상할 수 없었어요. 그만큼 철권통치였고 막강한 권력을 가지고 있었으니까요.

그런 상황에서 부산의 시위소식도 전해 듣고 마산에서는 직접 그 현장을 목격했기에 놀라웠어요. 시민들이 어떻게 이 엄혹한 국면에서 거리로 쏟아져 나와 이런 대규모 시위를 벌일 수 있나 경탄스러웠어요.

하지만 18일, 19일 이틀 시위가 있고나서 군대가 진주하고 더는 시위가 이어지지를 못했잖아요. 맥이 끊어지고 나서는 이게 서울까지 확산될 수 있을까 확신할 수도 없었죠.

마산이 시위를 계속했다면 거기에 영향을 받아서 어떻게 됐을지 모르는데, 마산도 일단락되고 잦아 들었으니까요. 그런 상황 속에서 박정희에게 어떤 일이 생긴다는 건 꿈에도 생각을 못했어요.

아마 그 시위에 적극적으로 참여했던 사람들조차도 몰랐을 거예요. 그만큼 박정희를 내려오게 하는 건 너무 높은 벽으로 여겼으니까요.

26일까지는 주로 잡혀간 우리 회원들을 어떻게 할 것인가를 걱정하면서 몇 차례 모였을 겁니다. 돈이라도 걷자, 책을 사서 전해주자 그런 얘기들을 했죠. 그리고 26일 저녁에는 집에 와서 박정희가 충남에 있는 삽교천 준공식에 간 걸 뉴스로 봤어요.

다음날 27일 아침에 마산에서 만원버스를 타고 진해로 출근을 하는데 8시 뉴스였을 겁니다. 정규뉴스는 당연히 아니었고요. 긴급 발표였으니까요. 정부 대변인이었던 김성진 문공부 장관이 박정희 유고를 발표했어요.

제가 발 디딘 현실은 사람들이 가득 찬 만원버스에서 몸이 밀리는 상황인데 귀에 들리는 건 그야말로 엄청난 소식이었죠. 이걸 어떻게 받아들여야 하나, 한참 생각했어요.

통상 박정희 사망에 대해서 두 가지 반응이 나왔어요. 대부분은 이제 유신이 끝났다, 좋은 세상이 오겠다고 한 사람들이고요. 나머지 하나는 박정희는 영원한 대통령이고 대통령의 대명사나 같기 때문에 북한 김일성 사망 때와 비슷하게 통곡하고 슬퍼하는 반응이 있었죠.

어쨌든 제가 그 방송을 듣고 떠올린 건 지긋지긋한 유신은 일단 끝이 났다는 것 하나와 잡혀갔던 우리 집현전 식구들하고 친구들이 살아서 나올 수 있겠구나 두 가지 였어요.

왜냐하면 그 전까지는 과연 살아서 나올 수 있을까, 살아 돌아오는 것조차도 확신할 수 없었거든요. 유신 때는 유인물 하나 뿌리면 5년, 10년 이렇게 형을 때리고 했던 시기니까요. 그렇게 10.26을 받아들인 거죠. 저는 비서실에 있었기 때문에 보도 통제가 되는 시기였지만 팩트를 거의 그때그때 바로 알았어요. 왜냐하면 보안부대가 사령관에게 보고하는 정보 보고를 그걸 제가 받아서 전달하는 입장이었거든요. 슬쩍슬쩍 내용을 본 거죠. 12.12가 있었다, 그다음에 5.18 광주항쟁이 어떤 식으로 진행되어 간다, 자세한 건 아니지만 간단하게 현재 벌어지고 있는 일들 정도는 파악하고 있었어요. 상당히 착잡한 마음이었어요.

힘들어도 좋은 시절은 온다

철이 들고 나서 지금까지 47년. 부마항쟁만 하더라도 이제 41년이 지났잖아요. 10년이면 강산도 변한다고 하는데 요즘은 더 급속도로, 빛의 속도로 뭐든 바뀌죠. 그 사이 정치지형도 많이 바뀌었어요.

유신시대만 하더라도 박정희라는 존재가 워낙 크고 막강해서 물리적 생명을 다할 때까지 가로막을 수 있는 방법이 없지 않나 하는 무력감이 계속 이어졌어요. 시위도 하고 저항도 하지만 참 미약하고 무력하다는 생각도 들고 계란으로 바위치기라는 느낌을 받기도 했었죠.

그러다 유신시대가 막을 내리고 또 다시 변형된 군사정권이 집권했어요. 신군부가 호헌조치 등으로 권력을 유지해 보려고 했지만 6월항쟁이 일어났고 그 권력을 독자적으로 유지하지 못해 3당

합당이라는 기형적인 형태를 만들었죠. 권력 연장을 위해 몸부림 쳤지만 민주정부로 바뀌고 다시 우익이 집권했다가 촛불시위로 또 반전되기도 하고...

제가 철 들고 나서 살아온 40, 50년 동안 무수한 반전이 있었어 요. 이 세상에 영원한 건 없다는 진리가 아닐까요.

그걸 보면서 힘을 가졌다고 과시하지 말고 지금 당장 힘이 없다 고 절망할 필요도 없다. 짧은 기간 동안의 변화만으로도 충분히 교 훈을 얻을 수 있다, 그렇게 생각하게 됐어요.

그래서 저의 부마항쟁 증언록 제목도 〈긴 역사에 대한 낙관론〉 이었어요. '힘들어도 곧 좋은 시절이 온다.' 그건 결코 허튼 말이 아 니고 제 경험으로 확신할 수 있죠.

힘든 국면이 지나갈 때까지 팔짱 끼고 기다리라는 게 아니라 최 선을 다해 노력하노라면 또 좋은 시절을 만날 수 있다는 그런 생각 을 하고 있습니다.

현실과 타협하지 않기 위해

여전히 20대의 순수함을 간직하고 있는지 묻는다면, 아무래도 상황에 따라서 달라졌겠지만 내심으로는 제가 막 변화됐다고 생 각하지는 않습니다. 다만, 하고 있는 일에 따라 조금씩 포장을 할 수는 있었겠죠. 경영자가 되면 노조하고는 대척점에 있어야 하니까요. 사장이 되어 심정적으로 노조를 보면서 '그래. 나도 너희들과 크게 생각이 다르지 않아' 하더라도 서로 대립된 지점에서 협상을 해야 하는 객관적 조전을 무시할 수는 없잖아요.

제가 어디선가 '40대는 부패할 나이'라는 시구를 봤는데요. 그 시구가 말하는 바는 40대가 되면 가족을 책임지면서 현실에 타협할 수밖에 없다, 그런 뜻이었죠.

아무리 고결한 정신과 이념, 사상을 가지고 있다 해도 현실과 타협해서 결국 부패할 수밖에 없다 그런 의미였던 것 같은데, 전 그 시구를 보고 최소한 거기에 저항해야 한다고 생각했어요. 지금도 마찬가지고요.

물리적으로 나이가 들었다고 해서 부패하고 싶지는 않다는 다짐. 그걸 유지할 수 있는 방편 중 하나로 전 아예 누군가를 책임지고 살지 않겠다고 결심했어요. 그래서 결혼을 하지 않고 나 혼자 살아야겠다 싶었죠. 그래도 한 번은 타협을 했어요. 결혼은 했으니까요. 결혼까지는 타협을 했지만 자녀는 갖지 않는다, 그건 지금까지도 유지하고 있습니다.

물론 너무 부정적으로 또 비관적으로 본 측면도 있겠죠. 하지만 현실에 자꾸 얽매이기 시작하면 저 역시도 어쩔 수 없이 변할 수밖에 없지 않는가, 나 자신을 최소한 객관적으로 지켜내기 위해서는 내 스스로가 그런 조건을 만들어야 한다, 그렇게 결론을 내렸습니다.

인간은 근본적으로 약하니까, 약하기 때문에 어떤 조건을 만들어서 놓지 않으면 한 번에 다 무너질 수밖에 없다 그런 생각이죠. 그래서 저는 저하고 조건이 다른 사람들이 변하는 모습을 보일 때 상대적으로 관대한 편입니다. 저런 조건이라면 나도 달리 딱히 다르게 행동하거나 살아갈 수 있겠는가 그렇게 보려고 하지요. 가급적 다른 사람의 약점을 보지 않으려 하고 나 역시 인간적인 결함이나 약점이 있는 사람이니 상대방을 비난할 자격이 있나 돌아보기도 하고요. 되도록 상대방의 장점을 더 크게 보려고 노력하자 그런 생각으로 살아가고 있습니다.

나만 행복한 게 진짜 행복인가요?

정혜란

부유한 집안에 맏딸로 태어나 이대 법대를 졸업한 스물셋의 정혜란은 성수동에 방을 얻고 반도체공장에 취직했다. 70년대 공장으로 간 대학졸업자, 이름하야 '학출'이었다.

훗날 부마민주항쟁 직후 마산 자택에서 검거된 그는 자신의 위장취업에 대해 일관되게 "궁금해서"라고 답했다. 혹 빌미가 될까봐 하지 말아야 하는 말들을 고르고 고르는 와중에도 '궁금해서' 취업한 것만은 사실이었다는 정혜란.

하지만 남들이 모두 부러워할만한 배경을 가지고도 굳이 궂은 길을 택한 건 반도체공장만은 아니었다. 마산YMCA, 경남여성회, 참교육학부모회, 가정법률상담소... 누군가는 해야 할 일을 묵묵히 그가 하고 있었다. 마산으로 돌아와 가장 먼저 여성학 세미나부터 시작한 그였기에, 창원시 최초의 여성 부시장 타이틀이 주어진 것도 어쩌면 당연한 일인 듯 보인다.

혼자만 행복하면 "마음이 불편해서" 견디지 못한다는 그는 오랜 기간에 걸쳐 사회에서 가정, 가정에서 여성, 여성에서 아이로 시선을 옮기며 '함께 행복한 사회'를 꿈꾸고 있다.

마음을 주고받지 못한다는 안타까움

인터뷰에 대해서 거부반응이 있는 이유가 있어요. 사람들은 각자 한 가지 사실을 놓고서도 자신이 갖고 있는 서로 다른 욕구들 속에서 자의적인 해석을 한다는 거예요.

자기 얘기하기보다는 남 얘기하는 걸 좋아하고 또 남에 대해 좋은 얘기보다는 비난하는 걸 좋아하는 걸 보면서 많이 안타까웠어요. 그렇다 보니 내 이야기를 하는 것에 대한 두려움이 커요. 물론 내가 다른 사람의 시선이나 평가에 대해 두려워하거나 신경 쓰는 사람은 아니지만, 억울하고 싶지는 않거든요.

내 자신이 깊이 상처를 받은 건 아니지만 해석을 달리함으로써 비난하고 비판하고 싸우고 그러는 경우들이 많잖아요. 진짜 하고 싶은 일이 있다면 열심히 하고 그 일이 잘 되면 좋은 거지 나 자신이 부각되는 건 꺼려하지요. 하여튼 진심을 담은 정서를 서로 주고받지 못한다는 점이 안타까워요.

아이고(컵받침을 보며). 이거 너무 예쁘다. 이런 거 만들 때의 정서... 마음이 담겨 있잖아요. 그 마음이 느껴져서 좋은 거잖아요.

제가 YMCA에서 근무했던 사실을 기억하시는 분들이 많은데요. 제가 YMCA에서 근무할 때 '사랑의 Y형제단'들하고 엠티를 정말 많이 갔어요. 엠티를 가면 밤에 모여 앉아서 각자 살아온 얘기를 하고 서로를 알아가는 시간을 갖거든요. 어떤 교육 프로그램보다 서로 정말 많이 가까워지고 연대감을 느끼게 하는 시간이 바로 그 시간이에요.

'나는 이렇게 살아왔다' 말을 하면서... 그때 마산수출자유지역이나 창원공단에 근무하는 노동자들이 각자의 얘기를 하고 제 차례가 돌아오잖아요. 그럼 저도 얘기를 해야 하는데 전 너무 창피했어요. 다들 너무너무 힘들게 살아왔는데 전 경제적으로 전혀 힘들지 않게 살아왔기 때문에 제 얘기를 하기가 너무 부끄러운 거예요.

그리고 이렇게 다르게 살아온 내가 왜 이 자리에서 이 일을 하고 있는지에 대해 말해야 하는데, 내가 하는 말을 이분들이 이해할 수 있을까, 하는 의문이 있었어요. 오늘 인터뷰 역시 마찬가지 기분이 들어요. 내 생각을 제대로 전할 수 있을까, 내 말이 잘 전달될 수 있을까. 이걸 또 되풀이하는 것만 같아서 그날 밤 기억이 떠오르네요.

부유했던 어린 시절

저희 아버지는 의사셨어요. 마산에서 군의관으로 13년을 계셨죠. 옛날 마산에 36육군병원이 있었어요. 아버지가 흉곽외과 전문의셨는데, 군의관 시절인 1959년에 여기 마산으로 오시게 된 거예요. 엄마와 저를 데리고요. 동생들은 마산에서 태어났어요.

군의관이니까 정식 개업의는 아니어서 크게 부유하지는 않았지만, 남들보다 못 살지는 않았어요. 전체적으로 경제수준이 낮았을 때고 하니까요.

흉곽외과의셨던 아버지는 폐결핵 수술을 많이 하셨어요. 육군 병원에 온 대부분의 군인들이 결핵 환자였거든요. 그렇게 마산에서 13년 동안 군의관 생활을 하셨죠. 보통은 짧게 하고 제대를 하는데 13년 동안이나 하셨으니 꽤 오랫동안 하신 거잖아요. 마산에서의 군의관 생활이 길어지면서 자연스럽게 마산에 정착하게 된 것 같아요.

아버지는 제 초등학교 졸업과 동시에 제대를 하고 개업을 하셨어요. 아버지가 개업의로 계시는 동안 부유하게 살았죠. 경제적 어려움은 전혀 모르고 살았으니까요.

지금 와서 생각해보면, 부모님께서 저희에게 주신 게 단순히 물질적이거나 정신적인 풍요만은 아니었어요. 부모님이 가르쳐주신 건 굉장히 진실한 삶이었어요. 나의 부를 위해서 누구를 속인다든지 하는 건 전혀 없으셨고 어머니는 사회 공헌도 많이 하셨어요. 진실하고 정직하게 사시면서 삶을 통해 직접 보여주시지 않았나 생각해요.

저희 아이들이 어릴 때 친정아버지와 같이 지냈는데요. 말씀하신 걸 기억해보면 현명하신 분이셨다는 생각이 들어요. 예를 들어 아이들 어린이집 다닐 때 바둑을 가르친다고 하는데, 보통은 머리가 좋아진다고 생각하잖아요. 그런데 저희 아버지는 "왜 애들한테 벌써부터 이기고 지는 걸 가르치냐, 그런 건 중학교 때부터 해도 늦지 않다"고 말씀하셨어요. 삼국지를 아이들한테 보여주는 일도 "어릴 때 삼국지를 익히게 하지 마라. 왜 전쟁하는 걸 아이들에게 익히게 하느냐"고 하셨죠.

집 근처에 국민학교가 있었는데 아침 조회를 하잖아요. 조회 시작하는 소리를 들으면 "저런 거 일본 군국주의 산물인데 아직도 하고 있다"면서 저더러 "니가 참교육학부모회를 하니까 저것부터 바꿔라" 하셨어요. 군국주의 시대에 쓰던 '국민학교'란 명칭을 일본도 바꿨는데 아직도 그걸 쓰고 있다고 말씀하시기도 하고요.

어머니는 생활 속에서 근검절약하는 걸 몸으로 실천하셨어요. 밥그릇에 밥알이 남아있으면 그냥 혼내는 게 아니고 농민들이 쌀 한 톨 얻기 위해 얼마나 애를 썼는지 아느냐고 가르치셨어요. 부모님은 생활 속에서 공공에 대한 책임감을 심어 주려고 하셨고, 저희도 자연스럽게 그걸 배웠던 것 같아요. 제가 장녀이고 밑에 남동생이 둘 있거든요. 우리 동생은 공공기관에 쓸데없이 불이 켜져 있으면 불을 다 꺼요(웃음).

두 분은 삶을 통해 경험하면서 알아가는 게 중요하다는 걸 가르쳐주셨고 특히 남녀차별을 전혀 하지 않으셨어요. 남자니까 어떻게 해야 하고 여자니까 어떻게 해야 한다 식의 말씀은 일체 하신 적이 없었죠.

교육에 대한 불만이 컸던 고등학교 시절과 대학시절

고등학교 때는 써클 활동을 했어요. 흥사단 고등학생 아카데미에 참여했는데 그 친구들은 지금도 모여요. 전 자주 가지는 않고 가끔 가보지만요. 흥사단은 도산 안창호 선생님이 설립한 단체라 도산 안창호 선생님에 대한 이야기를 많이 했어요. 민족에 대한 얘기도 많이 하고요. 일종의 민족에 대한 사명감 같은 것에 불타던 때였죠. 학교는 상당히 마음에 안 들었어요. 전 획일적인 걸 질색하는 사람인데, 교련하면서 너무너무 싫었던 기억이 나요. 똑같이 해야 하니까요. 불만이 많았죠.

대학에 가서도 계속 교육에 대해 문제를 제기하니까 기숙사 같은 방 언니가 저더러 나중에 문교부장관을 하라고 할 정도였어요 (웃음).

법대를 선택하게 된 건 약간의 환상이 있어서였어요. 자연과학

쪽으로는 영 소질이 없어서 인문학과를 선택해야 했는데 그때는 법학과가 여자들이 많이 가지 않았기 때문에 커트라인도 낮았거든요. 또 〈하버드 대학의 공부벌레들〉이라는 책이 당시에 베스트셀러였는데, 전 그렇게 공부할 줄 알고 간 거죠. 나름 희망을 품고 갔지만 막상 가보니까 기대와는 전혀 달랐어요. 정말 제 적성에 맞지 않았어요. 너무 어려운 일본식 용어들을 외워야 하고 도대체 내가 왜 이걸 공부해야 하는지 알 수 없었어요. 법대는 전혀 제 적성에 안 맞았다 생각해요. 아마 교육학과나 사회학과에 갔다면 제 적성에 딱 맞았을 거예요.

졸업은 79년 2월에 했어요. 학내 시위는 조금씩 있었지만, 많이 하거나 지속적으로 할 수는 없었던 게 조금만 움직임이 있어도 학교 문을 닫아버렸으니까요. 시위를 실질적으로 많이 할 수 있는 기회를 갖기가 어려웠어요.

졸업 이후인 80년대부터는 전국대학생연합도 생기고 가두시위를 많이 나가고 했다지만, 저희가 다닐 때는 그 정도까지 할 수는 없었어요. 학내 시위를 해서 휴교를 해버리면 한 달 정도 학교를 가지 않는 시간이 생겨버리니까요.

친구들과 함께 만든 독서모임

대학 때 음성적으로 가장 유명한 학생운동서클이 두 개가 있었어요. 하나는 새얼이고 또 하나는 파워였어요. 저도 들어가고 싶었는데 비밀조직이니까 어떻게 들어가는지 모를 때였는데요. 저희 과에서 한 친구가 파워에 한 번 가봤던 모양이에요. 그 친구가 "거기 들어가지 말고 법학과 친구들끼리 따로 만들자"고 하더라고요.

그래서 10명 가까이 사람을 모았어요. 새얼에 있는 선배가 지도를 해준다고 해서 독서모임을 시작했죠. 그 선배가 장하진 전 장관이에요. 얼마 전 이이효재 선생님 빈소에서 만나서 선배가 예전에 《전환시대의 논리》를 읽게 했다고 하니, 옆에 있던 다른 선배가 "나쁜 길로 인도했네"라고 해서 많이 웃었어요.

그렇게 장하진 선배한테 지도를 받다가 선배가 바빠지면서 다른 후배에게 자리를 넘겨주고 갔어요. 우리는 독서모임을 꾸준히 했고요. 한 2년 정도? 그때 읽은 책들이 《전환시대의 논리》, 《8억 인과의 대화》 등이었어요. 리영희 선생님의 책을 읽다가 베트남 전쟁에 대한 진실을 알고는 너무 충격을 받았어요. 사회문제에 대한 관심을 쭉 가지고 있던 차에 원풍모방, 동일방직 사건들이 연달아 터졌어요.

너무 궁금했어요. 전 풍족하게만 살았으니까. 정말 현실이 어떤

지는 모르잖아요. 진짜 얼마나 힘든 지 알 수 없었죠.

그걸 알아야겠다 싶었어요. 그걸 알아야 내가 뭘 어떻게 할지 결정할 수 있을 것만 같았죠. 진실을 알고 싶어서 아는 언니를 찾아 갔어요. 그 언니가 지금은 고인이 되신 오성숙 선배에요. 우리 모임을 이끌었던 리더였죠. 그 언니에게 찾아가서 나도 위장취업을 해보고 싶다고 말했더니 소개를 해줬어요.

위장취업과 크리스찬아카데미 교육

그 당시 위장취업을 할 때 중심이 됐던 곳이 도시산업선교회에 요. 저보다 한 해 선배가 도시산업선교회의 실무자였는데, 그 분이 성수동에서 취업을 하려고 하니까 거기 가서 같이 지내보라고 하더라고요. 그래서 자취방에서 그 선배와 같이 지내게 됐어요. 제가 취업한 곳은 아남산업이라고 반도체회사였어요. 월급 받으면 그 돈으로 생활하면서 크리스찬아카데미 교육에도 참여했죠.

크리스찬아카데미는 산업사회, 여성사회, 농촌분야 등 분야가 나눠져 있었어요. 여성사회 분야에서는 한명숙 전 총리가 간사로 있었고요. 현 경상대 장상환 명예교수가 농촌사회 간사를 했어요.

각 분야를 맡은 분들이 상당히 열심히 활동했어요. 전 여성사회 쪽으로 가지 않고 산업사회 즉 노동분야로 가서 교육에 참여했어요.

전반적으로 노동자들을 교육하는 프로그램이 상당히 활발했어요. 지금보다 훨씬 조직적으로 모일 수밖에 없었던 게 그때는 공동의 적이 딱 하나잖아요. 우리가 넘어 가야할 방향이 하나다 보니 결집이 아주 잘 됐죠. 또 그때는 노동자의 권리에 대해 누구 하나 제대로 얘기해주는 사람이 없었잖아요.

그러니까 일단 교육을 하면 그 효과가 바로 나타났고 결집력도 대단했죠. 소규모로 20~30명씩 아카데미 1기, 2기, 3기 이렇게 교육을 받았어요. 2박3일 교육도 있었고요. 끝나고 나오면 다들 감동 받아서 울기도 했어요.

모두들 실제 노동자분들이었고 저처럼 위장취업자도 더러 있었을 거예요. 크리스찬아카데미 교육을 받았던 사람들 중에는 YH무역 노조위원장이었던 최순영 전 국회의원을 비롯해 당시 노동운동으로 유명하셨던 분들이 많습니다.

10개월 남짓한 공장생활 후 마산으로 돌아오기까지

공장생활은 78년 2월에 졸업하고 바로 시작해서 10개월 정도 했는데요. 노동조합을 만들어보려고 모임을 만드는데 생각보다 너무 어려웠어요. 위장취업을 해서 공장에 들어갔지만 같은 동료 입장에서 뭘 말하기가 쉽지 않더라고요. 동료인 우리가 가르칠 수 있는 입장은 아니니까요.

그래서 아는 선배를 소개해주고 교육을 받게 하자해서 선배를 데리고 왔어요. 그 선배가 새얼 창립멤버인 최영희 선배였어요. 새얼 창립멤버는 장하진 전 장관, 이미경 전 국회의원이자 현 코이카 이사장, 최영희 전 국가청소년위원회 위원장이에요. 최영희 선배가 몇 번 모임을 진행해 주기는 했지만 결과적으로 잘 되지는 않았어요.

당시 아남산업 노동자들 대부분은 애당초 자기 삶에 대한 문제의식이 없었던 것 같아요. 직장에 다니는 것만 해도 너무 좋다고 생각했으니까요. 회사에서 새벽 6시까지 출근을 하라고 하는데, 보통 겨울에 새벽 6시까지 가려면 캄캄하잖아요. 우리는 공장 근처 가까운 성수동에 방을 얻어놓고도 그 시간을 맞추기가 어려운데, 함께 일했던 다른 노동자들은 한 시간씩 걸리는 먼 곳에 살면서도 새벽 4시에 일어나서 화장하고 나오는 거예요.

그런 모습을 보면서 '사람마다 살면서 뭘 중요하게 생각하느냐가 저마다 모두 다르구나'라고 생각했어요.

서울에 있었으니까 집에서는 위장취업 사실을 몰랐어요. 졸업 후에 크리스찬아카데미에 취직했다고 하고 전 서울에 계속 있었죠.

아남산업에서 2교대를 했는데 3개월씩 주야교대를 했어요. 12

시간씩 밤일을 하는 건 쉬운 일이 아니었어요. 저는 크게 못 느꼈는데 제 얼굴이 아마 엉망이었던 모양이에요. 늘 타이밍 먹고 잠을 제대로 자지 못했으니까요.

어쩌다 집에 한 번 오면 제 꼬라지가 말이 아니었을 거예요. 얼마나 마음에 안 드셨을까. 꼬치꼬치 물어보지는 않으셨지만요. 크리스찬아카데미를 다닌다고 하고 자세히 얘기도 안하고 지냈으니까요.

그러다 몸이 너무 안 좋아졌어요. 마침 막내 동생까지 서울로 대학을 가는 바람에 집에 부모님 빼고는 아무도 없는 거예요. 그 핑계로 공장 일을 그만두고 마산으로 왔어요.

아마 제가 힘들어서 그랬을 거예요.

마산으로 온 지 얼마 안 되서 79년 3월에 크리스찬아카데미 사건이 대대적으로 터졌어요. 크리스찬아카데미가 용공으로 몰리고, YH사건, 부마항쟁, 11월에 남민전 사건까지 79년 그 해에 사건이 많았어요.

책 읽는 모임을 만들다

마산으로 와서 뭘 하겠다는 생각은 없었어요. 잠깐이라도 쉬고 싶었는데, 제게는 집이 일종의 피신처였으니까요. 조금 쉬면서 아는 후배들을 한 번씩 만났고 제가 먼저 "우리 모여서 책을 읽어보자" 했어요.

그때는 일본 서적들에서 국내에서는 잘 언급되지 않는 세계적인 문제 특히 미국과의 관련된 문제를 다룬 그런 정보를 많이 얻을 수가 있었는데요. 그래서 지식인들이 일본책을 많이 찾아 읽었어요. 일본어 원서를요.

후배들하고 우리도 일본책을 같이 읽어보자 하고는 일본어 공부를 하려고 후배 한 명한테 수업을 해달라고 했어요. 이제는 고인이 된 친구인데 경남대 일본어학과 4학년인가, 졸업생인가 그랬어요. 모임에서 일본어 공부도 하고, 여성학 공부도 했는데, 마산에서는 여성학이란 걸 전혀 모르던 때에요.

이화여대에서는 76년도 즈음 처음 교양강좌로 여성학 강의가 개설되면서 이이효재 선생님이 강의를 하셨거든요. 제가 선생님 강의를 수강했는지는 기억이 가물가물하지만 여성학에 관한 책도 읽어봤고 관심도 있었죠.

마산에 와서 이 지역에 여성학에 대한 이해가 전혀 없다는 걸 생각하고, '여기에 여성학을 퍼트려야 겠다' 싶었어요. 그래서 여성학이나 여성문제에 대한 다양한 생각을 공유하려고 노력했죠. 모임멤버는 4~5명이었어요. 마여고 출신은 저와 친구 하나, 나머지는 학교가 달랐고요.

집현전은 재경마산학우회 친구들을 통해서 알게 됐는데, 여성학 모임을 집현전에서 한 건 아니에요. 주로 한 친구 집에 모여서 했어요. 그 친구는 사망한 지 20년도 넘었네요.

부마항쟁과 다방에서 걸려온 한 통의 전화

부산에서 10월 16일에 터졌다는 소식을 전해들었어요. 누구를 통해서 들었는지는 모르겠어요. '아, 그럼 마산에서도 뭔가 있겠다' 예상만 했어요. 그러던 차에 10월 18일에 항쟁이 일어났죠. 저는 경남대 쪽하고는 교류가 없어서 자세한 건 몰랐어요. 10월 18일에 일이 있고 나서 들은 내용들이에요.

황성권 씨는 서울에서 재경마산학우회 하면서 잘 알던 사람이에요. 우리끼리 만나면 이런저런 얘기를 하니까 대충 성향은 알지 않겠어요? 황성권 씨가 김종철 씨와 부산에 병무청에 갔다고 하더라고요. 병무청에 갔다 오는 길에 시위를 하는 걸 봤나 봐요. 시민들이 즉흥적으로 시위를 하니까 뭔가 조직적이지는 않잖아요. 그렇다보니 두 사람이 앞에 나서서 시위를 이끌었다더라고요. 그러고선 황성권 씨는 바로 잡혀갔던 걸로 알고 있어요.

그런데 황성권 씨와 사귀던 사람이 우리 여성학 모임에서 일본어를 가르쳐줬던 김윤희 씨였어요. 황성권 씨가 잡혀가고 나서 그 친구가 자꾸 면회를 간다고 해요. 저는 면회를 가면 안 된다는 걸 너무 잘 알았기 때문에 극구 말렸죠. 하지만 그 친구는 그런 걸 너무 모르는, 정말 아무것도 모르는 순박하기 이를 데 없는 학생이었어요.

자기는 면회를 가겠다 해서 제가 절대로 하면 안 된다 했는데도 혼자 갔어요. 제가 면회 갔다는 소리를 듣고는 어떡하나하고 걱정을 하는데 역시나 돌아오지를 않는 거예요. 그래서 하효선 씨하고 우리 집에 모여서 걱정을 하던 차에 전화가 왔어요.

그땐 핸드폰이 없잖아요. 집전화가 왔는데 우리 집 근처에 다방에서 온 전화였어요. 한 여자분이 제게 전화로 자기가 부산에 볼일이 있어 갔다가 김윤희 씨를 만났대요. 김윤희 씨가 나한테 뭘 전하라고 했다더라고요.

안 그래도 걱정하면서 기다리던 참이었으니 얼마나 반가웠겠어요. 지금 다방에 있다고 잠깐 나오라고 하길래 알았다고 나가겠다고 그러고는 전화를 끊었어요. 그런데 끊고 바로 다시 전화가 왔어요. 사실은 자기가 다방 레지인데 누가 잡으러 왔다, 빨리 도망가라는 거예요.

저는 그 다방 레지한테 너무 감사해요. 왜냐면 그 소리를 딱 들는 순간, 잽싸게 방으로 뛰어올라가서 방문을 잠갔거든요. 방마다 열쇠가 두 개씩 있잖아요. 근데 제 방 열쇠는 하나밖에 없었어요. 방을 잠그고 열쇠를 핸드백에 넣어서 동생 방에다 집어 던져 넣었어요. 그리고 다시 동생 방 문을 잠그고 내려왔더니 이미 형사들이 집에 들어와 있는 거예요.

크리스찬아카데미에서 받은 자료들이 즐비했던 방

우리 엄마는 니가 잘못한 거 없는데 왜 잡혀 가냐 순박한 말씀을 하시고(웃음). 어머니는 제가 무슨 일을 했는지 전혀 모르고 계셨으니까요. 또 부마항쟁 때 밖에 나가지 않았다는 걸 알고 계시잖아요. 아무튼 전 그 자리에서 바로 잡혀갔죠. 저를 지프차에 실어놓고 이 사람들이 제 방문을 열려고 했어요. 방문이 열릴 리가 없잖아요. 동생 방문도 안 열리고요.

열쇠를 가져오라고 다그쳐서 엄마가 열쇠꾸러미를 들고 와서 방문을 열어보려고 하는데 방문이 안 열리는 거예요. 우리 집에 방이 되게 많고 열쇠꾸러미가 한 움큼인데 그걸 어떻게 다 넣어 봐요. 귀찮으니까 그냥 가자해서 두고 갔나 봐요. 우스운 게 형사들이 가고 나서 엄마가 열어보니까 또 열리더래요.

제 방에는 크리스찬아카데미 자료들이 엄청 많았어요. 일단 무슨 자료만 있으면 눈에 불을 켜고 뒤를 캐려고 하니까 방을 뒤졌다면 상당히 불리한 상황이었죠. 《전환시대의 논리》를 비롯해서 보지 말라는 책들도 방에 즐비하게 있었으니까요.

또 하나, 무리하게 열려고 시도하지 않은 건 그나마 의사 집이라는 점이 작용을 했던 것 같아요. 어머니가 사회활동도 많이 하셨고요. 당시에는 시민단체라는 게 없고 주부교실 같은 관변단체밖에 없었잖아요. 그런 단체에서 활동을 많이 하셨어요. 그렇다고 어머니가 어떤 이익이나 권한을 취하신건 아니고 그야말로 헌신적으로 봉사하셨기 때문에 주위 평판이 아주 좋았어요. 그런 저런 점들이 조금씩 작용했을 거라고 추정하죠.

그 사람들이 제 배후를 캐기는 어려웠을 거예요. 자료가 일체 없었으니까요. 조사를 할 때 이 사람들이 뭘 알고 왔는지 전 전혀 몰랐지만, 일단 저한테서 자료를 가져간 건 없으니까 일거수일투족을 적으라고 할 때 크리스찬아카데미 관련한 건 다 빼고 적었어요.

전혀 상관없는 친구들과의 관계에 대해서만 계속 적었어요. 근데 이걸 한 번만 적는 게 아니라 중앙정보부에서 와서도 적으라하고 치안본부에서 와서도 적으라하고 보안사에서도 적으라하고… 그러다보니 헷갈리지 않으려고 엄청 애썼어요. 조금 다를 수는 있어도 내용이 비슷하기는 해야 하니까. 한 번 쓴 내용을 안 잊어버

리려고 안간힘을 썼어요. 기억을 유지하면서 다음에 또 써야 하니까요. 안 잊어먹어야 하니까. 같은 내용으로 쭉 쓰다 보니 나중에는 결론이 부잣집 철없는 순둥이가 친구 잘못 만나서 운동권에 빠진 걸로 자기들끼리 정리를 하더라고요.

공장 들어간 건 빼놓고 얘기하면 앞뒤 말이 안 되는데다 또 이미 알고 있는 것 같아서 그건 말을 했어요. 그랬더니 공장에는 왜 들어갔느냐고 하도 문제를 삼으니까 제가 너무 궁금해서 들어갔다고 대답했어요. 진짜 그런 일들이 일어나는지 궁금해서 그랬다고. 사실이기도 했고요.

거기까지만 얘기하고 그 이후에 누구랑 뭐했다 이런 얘기는 일절 하지 않았죠. 어차피 제가 가진 자료들을 전혀 발견을 못한 상황이니까 전 다 숨길 수가 있었고 계속 상관없는 친구들 얘기만 썼던 거죠.

형사들이 왔을 때 방문을 잠그지 않았다면 어떻게 됐을지 확신할 수 없어요. 뭐든 엮어서 자기들이 뭔가를 만들려고 했을 수 있겠죠. 불행 중 다행으로 박정희가 사망하는 바람에 그런 얘기들까지 안 나와도 됐어요. 더 심문을 안 받아도 됐고요. 드러났다면 그분들한테까지 연락이 갔을 수도 있어요.

79년 11월 터진 남민전 사건에 관계됐던 사람이 크리스찬아카데미에 와서 교육을 받기도 했거든요. 그때 저하고 같이 교육받았던 사람 중 한 명이 신문에 났더라고요.

나중에 들으니까 황성권 씨가 제 얘기를 했데요. 자기한테 남민전에 대해 하도 모르는 걸 많이 물어보니까 정혜란한테 가서 물어보라고 그랬다는 거예요. 아마 그렇게 말할 수밖에 없었던 사정이 있었을 거라고 예상해요. 고문이 심했을 테니까요.

이기기 위한 싸움 vs. 선을 실현하려는 싸움

대학 다닐 때 끌려간 적이 한두 번 있었어요. 참고인 비슷하게요. 그때는 그런 사회였으니까요.

한 번은 1976년 3월 1일 명동성당 근처에 있었어요. 명동성당에서 3.1민주구국선언을 했을 때에요. 독서모임 같이 하자고 했던 친구가 화장실에 들어갔다 나오더니 화장실에 유인물이 잔뜩 쌓여있다면서 나눠주자고 해요. 같이 들어가서 유인물을 들고 나와서 강의실 책상 위에 한 장씩 놓아뒀어요.

그리고 얼마 안 되서 서대문 경찰서에서 형사들이 나왔어요. 학내 경찰이 많을 때였는데요. 저희 과에도 프락치가 있었다는 얘기에요. 어디서 어떻게 정보를 입수하고 와서는 우리 둘을 데려가는 거예요. 내가 만든 것도 아니고, 화장실에 있던 걸 그냥 들고 나와서 책상 위에 올려만 둔 건데 서대문경찰서에서 나와서 '가자' 한 거예요.

지금 생각해보면 왜 그 친구가 화장실에 있는 걸 나한테 같이 나눠주자고 했는지 모르겠어요. 자기 혼자 나눠주고 끝내면 되는데 말이에요. 물론 자기도 겁이 나니까 그랬겠지만요. 그 친구는 나중에 보수진영의 대표 정치인이 됐어요.

극에서 극으로 변한 사람들이 많아요. 김문수 씨는 4월 노동자 운동에서 큰 획을 그은 분인데, 갑자기 너무 변했어요. 극과 극은 통한다고 하잖아요. 그 말이 맞지 않나 싶어요. 언젠가 유시민 씨가 방송에서 이런 얘기를 한 적이 있어요. 무엇 때문에 사람이 급격하게 변해버리는 지에 대해서요. "뭘 위해서 행동하느냐에 따라 차이가 나지 않을까"라고 답했는데요. 저도 비슷해요. 이기려는 목적을 가진 것과 선을 실현하고자 하는 목적을 가진 것은 전혀 다르니까요. 뭘 위해서 행동하느냐. 제가 한 번 공개적으로 얘기해보고 싶은 주제이기도 해요.

제가 YMCA에서 '사랑의 Y형제단' 모임을 하면서 각자 살아온 이야기를 할 때 제 얘기를 하는 게 부끄럽다 얘기했잖아요. 그래도 전 그냥 있는 얘기를 다 했어요. 상대한테 이해받지 못하더라도요. 나는 이렇게 살아와서 실제로 그런지 궁금해서 공장에 들어가

봤다, 정말 한 인간으로서 마땅히 공명정대하게 누려야 될 권리가 있음에도 불구하고, 늘 살면서 그렇게 대접받다 보니 그게 당연한 줄로만 아는 걸 보니까 너무 안타까웠다고요.

사실 나 같은 사람은 모르고 살아도 그만인데 왜 이렇게까지 하느냐... 마음이 불편하잖아요. 같이 행복해야지 나만 행복하면 된다고 해서 진짜 행복해질까요? 우리 사회가 영원한 것도 아니고요. 나눔이 있어야죠. 난 같이 행복 하고 싶다, 그때도 그렇게 얘기를 했던 것 같아요.

내향적이냐고요? 전 지금도 뭐 하자 소리 잘해요. 내향성, 외향성은 표현하는 방법의 차이지 추구하고자 하는 가치와는 별개에요. 민원을 넣을 때도 강하게 주장하시는 분들이 있잖아요. 표현을 좀 덜 하는 사람도 있고요. 발언을 겉으로 세게 하느냐 아니냐의 차이지만 그게 가치관의 차이는 아니잖아요.

하지만 너무 세게 주장을 하다보면 자기주장에만 매몰이 되어서 이걸 어떤 방식으로 성취하는지에 대한 핵심에서 벗어나게 되는 것 같아요. 원래 내가 이루고자 하는 게 뭔지를 분명하게 잡으면 방법은 열 가지도 있을 수 있고 스무 가지도 있을 수 있는데, 너무 주장을 강하게 밀고 나가다보면 자신이 가고자 했던 원래 목표를 잊어버리기 쉽죠. 성향과는 다른 별개의 문제에요.

제 기질을 보면 내가 지켜야할 가치를 실현하기 위해 꺾이지 않게 노력하며 꾸준히 가는 편이 아닌가 생각해요.

우연찮게 함께 하게 된 YMCA

YMCA는 현 실무자들에 비하면 오래 근무했던 건 아니에요. YMCA에서 간사로 잠시 있었는데도 많은 분들이 기억하고 계세요. 현재 YMCA 중심 활동가들은 평균 20년 이상이거든요. 20년, 30년 막 이렇게 근무하는데 저는 고작 6년 있었으니까요. YMCA에 들어간 건 우연이었어요. 그때 전 YMCA에 대해서 전혀 몰랐고 종교적이지도 않았고요. 전 종교를 가질만한 성향이 아니거든요.

YMCA로 저를 이끌어준 선배가 YH무역 노조위원장으로 유명했던 최순영 언니의 남편인 황주석 선배였어요. 어느 날 전화가 걸려 왔는데, 자신도 소개를 받아서 하는 전화라면서 본인이 마산 YMCA에서 일을 할 건데 나와 얘기를 좀 하고 싶다고 해요. 얘기를 조금 나눴는데 제가 해보고 싶던 일이더라고요. 그래서 저도 YMCA에 들어가게 됐죠. 그때까지만 해도 전 YMCA하면 'Y~MCA(노래)'하는 레크레이션만 생각을 했어요. 사실 한국 YMCA는 79년도 전후에 시민사회의 플랫폼 역할을 하기 위한 목적으로 실무자들을 전국 곳곳에 심고 있었어요. 그 중심에서 역할을 하던 분이 한국YMCA 사무총장이었던 강문규 씨에요. 황주석 선배는 강문규 사무총장이 채용해서 마산으로 보낸 분이죠. 황주석 선배는 마산 YMCA에서 노동자들의 의식을 깨우고 조직화할 수 있도록 돕는 플랫폼 역할을 하려고 온 거였어요.

처음 YMCA에 들어왔을 땐 시민단체 일을 한 번도 안 해본 상태라서 황주석 선배가 많이 도와줬어요. 가르치고 이끌어주고, 못하는 건 야단도 치면서 일을 배울 수 있도록 해주셨죠. YMCA에 들어가기 전에는 모르는 것도 많고 사고도 경직되어 있었는데, 유연하게 생각할 수 있도록 도움을 많이 받았어요.

월요회에서 경남여성회, 그리고 참교육학부모회까지

YMCA에서 86년 12월까지 일하고 나온 다음에 가톨릭여성회관에서 주최하고 크리스찬아카데미에서 진행한 여성 리더십에 관한 프로그램에 참여했어요. 교육이 끝나고 나서 프로그램 이수한 사람끼리 자연스럽게 모임을 시작했어요. 열 몇 명이 모여서 여성학 공부를 하자고 했는데요. 그땐 마산이 고향이 아닌 외지 사람들이 많았어요. 마산에는 여성운동을 한다고 할 만한 사람들이 제가 아는 한은 거의 찾기 어려웠던 시절이었거든요. 모임을 시작한 게 월요일이어서 월요회라고 이름 붙였어요. 1반, 2반도 만들고요. 처음 모인 우리가 1반이 되고 2반은 주부모임이었어요. 그게 경남여성문화연구회라는 이름이었다가 현재 이름인 경남여성회로 바뀌었죠.

경남여성회 2반에 속한 분들은 전업주부들이었어요. 이분들과 얘기가 된 게 교육문제에 집중해 보자는 거였죠. 마침 그때 전교조가 전국적으로 만들어지던 시기였어요. 지원도 할 겸 참교육학부모회를 만들었죠. 경남여성회 회원뿐만 아니라 다른 분들도 참여를 했지만 마창진참교육학부모회는 경남여성회가 태동 역할을 한 셈이에요.

창립 당시에 전 아이를 낳기 전이라서 참교육학부모회에 들어가지는 않았는데, 아이를 학교에 보낸 후에 적극 참여하게 됐어요.

참교육학부모회 활동을 하면서는 학부모들이 모두 같은 생각을 가진 사람들은 아니구나라는 걸 알게 됐어요. 저와 의식이 같은 사람은 극소수이고 너무나 이기적이고 사리사욕을 가진 사람들이 학교에 주류를 형성하고 있었죠. 어머니회에도 그분들이 다 들어가 계시고. 그때 제가 가졌던 교육적 가치에 대한 생각은 지금도 변하지 않았어요.

하지만 교육 자체는 별로 크게 변한 것 같지 않아요. 물론 제도적으로 변화된 건 많지요. 졸업앨범이나 급식, 수학여행 등을 진행하는 과정들이 많이 투명해졌잖아요. 교복도 유착관계가 많았는데 지금은 공개입찰을 하고 하니까 제도적으로는 개선된 부분이 많이 있기는 해요.

가정법률상담소 상담을 통해 깨닫게 된 '육아'의 중요성

'사랑의 Y형제단'으로 알게 된 노동자들과의 비공식 모임, 경남여성회 활동 등을 하다가 본격적으로 가정법률상담소를 창립하는 일에 합류하게 됐어요. 가정법률상담소는 1987년 12월 22일 창립됐는데요. 그즈음에는 결혼을 한 상태였어요. 결혼하고 나서 제일 좋았던 게 87년 6월항쟁 때 부모님 신경 안 쓰고 나간 일이었어요.

가정법률상담소는 제가 꿈꾸던 일은 아니었어요. 원래 하던 일과도 상관없었죠. 어쩌다보니 맡게 된 경우랄까요.

우리가 대학 다닐 때는 4학년이 되면 여의도에 있는 한국가정법률상담소에 의무적으로 실습을 다 나가야 했는데요. 여성들이 특히 우리 민법체계 속에서 불이익을 받고 차별받는다 해서 이태영 박사나 이이효재 선생님 같은 분들이 가족법 개정운동을 할 때였거든요. 저도 거기 가서 교육받고 하면서 그런 내용에 익숙해져 있었어요. 마침 마산에서 동기와 선배를 우연찮게 만나 지부 창립하는 일에 힘쓰게 됐어요. 몇 달 동안 뛰어다니면서요.

선배 한 명, 동기 한 명이 같이 했는데 재정도 넉넉지 않은 상황에서 후원을 받아가면서 운영하느라 초창기 고생을 많이 했던 기억이 납니다. 전 YMCA 활동을 해본 이력이 있어서 상담소를 꾸려나가는데 도움이 됐던 것 같고요.

가정법률상담소의 상담 내용은 주로 남편의 폭력, 부정행위가 많았어요. 그러니 업무환경 자체가 스트레스를 받기 쉬웠어요. 특히 우리가 상담공부를 따로 한 게 아니고 법률상담만 하려고 '가정법률상담소'라고 했는데 내담자들과 얘기 해보면 인생 상담이 되어 버리거든요.

그러다보니 처음에는 많이 힘들었어요. 제가 원래 남의 사생활에 관심이 없거든요. 나도 바쁜데 남 사생활 얘기하는 거 싫어하고 남이 어쩌고저쩌고 얘기 듣는 게 도통 재미가 없어요. 근데 이혼문제를 두고 남의 집 사생활을 모두 들으려고 하니 얼마나 힘들었겠어요?

어떤 때는 가정폭력을 행사하는 남편들 얘기를 들으면서 이 사람들도 민주주의 사회에서 똑같이 투표권을 행사한다는게 영 불편한 마음이 들기도 했어요.

그런데 시간이 흐르면서 가정폭력이 단순한 가정 내 문제가 아니라 사회 문제라는 생각이 들었어요. 또 부모를 따라온 아이들을 보면서 이 아이들이 나중에 우리 사회의 시민이 될 텐데 삐뚤어진 인격을 형성하게 되면 어떻게 할까 고민도 많이 됐죠. 건강한 가정이야말로 민주주의 사회의 기초가 되잖아요.

결국 '자녀를 키우는 건 우리가 가진 사회적 책임이다'라고 생각하게 됐어요.

그 시절만 해도 양육은 오로지 개인들이 책임져야 한다고만 여겼거든요. 여성운동을 하는 사람들조차 아이 키우는 일에 대해서는 여성이 희생한다는 관점으로만 봤어요. 그런데 전 그게 아니다, 아이를 키우는 일이야말로 정말 중요한 일이다, 깨닫게 됐죠. 그러니 '애나 봐라' 이런 얘기는 절대 하면 안 된다고 봐요.

몸으로 익히는 교육의 중요성

지금도 저는 교육이 가장 중요하다 여겨요. 몸의 교육이요. 몸의 교육은 머리로 들어오는 게 아니라 몸으로 익히는 거잖아요. 우리 부모님이 딸이 정부가 싫어하는 걸 해서 불이익 받는 걸 걱정하시기는 했지만, 제가 추구하는 가치가 '아니다'라고 하신 건 아니거든요. 제가 추구하는 가치에 대해서는 부모님과 의견을 다 공유할 수 있었어요. 제가 특별히 감사하게 생각하는 건 어릴 때부터 남녀 차별하지 않고 키워주셔서 이렇게 살아올 수 있도록 몸에 익히게 만들어주신 거죠. 그런 감수성을요.

감수성은 가르쳐서 배우는 게 아니라 그냥 익히는 거잖아요. 약한 사람이나 억울한 사람을 보면 마음이 아프고 좋은 거 보면 감동받고. 이런 건 제가 어렸을 때부터 가정에서 익혀온 감수성이니까요. 저는 교육에서 이 감수성이 제일 중요하다고 생각해요. 옳다고 말은 하지만 말하고 행동하는 게 다른 사람들이 있지 않습니까? 그 사람들이 그렇게 된 건 자라날 때 여러 가지 부족함을 겪었던 탓이 아닐까 생각해 보기도 해요.

가정폭력행위자 교육을 할 때 참여자들이 아버지를 본 적이 없어서 제대로 된 남편, 제대로 된 아버지 역할을 못한다는 걸 알게됐어요. 사람들 자체가 나쁜 게 아니라 보고 배운 게 없으니까 이게 최선이다 생각하고 자기 딴에는 그렇게 표현한 거죠. 실은 그게절대 최선이 아니고 더 좋은 방법이 있다는 걸 배워야 하는데 말이에요.

아이들을 위한 교육은 머리로 받아들이는 교육이 아니라 부모와나누는 대화 한마디, 부모가 나를 존중해주는 경험 그리고 나로 인해 부모가 감동을 받는 경험이어야 해요. 이런 것들이 모여 아이의자존감이 생기고 제대로 된 판단력도 생기고 창의적인 아이디어도 나오죠.

최근에 책을 하나 봤는데, 제목이 《나의 다정하고 무례한 엄마》예요. 여성분들한테 얘기하니까 책 표지만 봐도 무슨 말을 하려는지 모르지만 알겠데요.

그 책이 좋아서 직원들에게 나눠줬어요. 보라고요. 공무원들이 민원인을 대할 때, 정책을 집행할 때, 도시 계획을 할 때도 감수성이 필요하잖아요. 전 이런 감수성을 어릴 때부터 가질 수 있는 문화, 분위기가 만들어졌으면 해요.

또 우리가 남의 눈치를 많이 보지 않습니까. 남이 나를 어떻게 평가하느냐에 대해 민감하잖아요. 어릴 때부터 잘했다 못했다, 그것밖에 못하냐...등 등 평가를 너무 많이 받고 살다보니 자신의 본연의 느낌, 욕구들을 돌아보지 못하고 살아가는 게 너무 많이 보여요.

자신의 느낌, 욕구도 들여다 보고 서로 이런 부분에서 인정해 주고 존중하는 관계들을 만들어가는 일들은 어릴 때 부터 부모와의 교류, 식구들과의 부대낌 속에서 형성되는 거 아니겠어요. 다른 사람의 눈치를 보기보다 서로 격려하고 응원하는 즐거움이 정말 많이 필요하다고 생각해요.

경력단절이 아니라 경력플러스로 인정받기를

전 아이를 낳고 키운 경험이 경력단절이 아니라 경력 플러스가 되면 좋겠다 생각해요. 아이와의 교류를 통해 배우는 게 얼마나 많은데요. 저는 우리 아들들한테 진짜 많이 배웠거든요. 애들이 그야말로 많은 가르침을 제게 줬어요.

똑같은 행동을 하면서도 제가 새롭게 깨닫는 부분들이 있고요. 또 작은 행동이라도 평소 제 말과 다른 행동을 하면 우리 애들이 당장 뭐라 하거든요.

예를 들어서 우리 작은 놈이 초등학교 처음 일학년 들어가서 받아쓰기 30점을 받아 왔어요. 아무리 성적에 신경 안 쓴다고 했지만 30점짜리 시험지를 보고서는 "그래도 이건 좀 너무하지 않니?" 했더니 저희 아들 하는 말이 "어머니, 30점 받는다고 하늘이 무너집니까?" 그래요. "아, 맞아. 하늘은 안 무너지지." 그 다음부터는 "그래. 니 말이 맞다" 했어요. 이렇게 애들이 하는 말에 제가 배우는 거죠.

제가 아주 힘든 시기가 있었는데요. 어머니가 편찮으실 때예요. 간병하고 애 키우고 밖에 나가서는 참교육학부모회 활동도 하고. 하루가 너무 힘들어서 잘 때가 제일 기분 좋은 시절이었어요.

어느 날 우리 애가 노란 철사 있잖아요? 빵 봉지 묶을 때 쓰는 철사요. 전 그걸 안 버리고 놔뒀다가 다시 쓰거든요. 아이가 그 철사를 하트모양으로 만들어서 배게 위에 딱 놔둔 거예요. 이부자리 가지런히 펴놓고 잠옷도 예쁘게 접어 올려놓고요. 저를 기분 좋게 해주려고요. 얘는 나를 기쁘게 해주기 위해서 그 행동을 했잖아요. 남을 기쁘게 하기 위해서 어떤 행동을 한다는 건 그 자체로 본인이 기분 좋은 일이잖아요. 그 마음에 제가 감동을 받아서, 이 마음을 오래 주고받고 살아가면 좋겠다 싶었어요. 이런 경험들이 우리 사회에 많아지면 좋겠다 하고요.

그래서 저는 부모교육을 갈 때면 부모들한테 아이한테 감동받은 기억을 한번 되살려 보자고해요. 다른 어떤 교육보다 그게 자녀를 다시 보게 하거든요. 아이를 제대로 키우려면 부모들이 자신의 사고방식을 전환해야 해요.

부시장이 되고 나서는 어떻게 하면 시 정책상 부모교육을 의무적으로 받게 할까 고민해요. "부모교육을 두 시간 정도가 아니라 열여덟 시간 반강제적으로 받게 하자" 제안도 하고요.

아이들과의 애착관계는 초등학교 들어가기 전까지 제대로 형성하는 게 제일 중요해요. 양육자가 나를 전폭적으로 믿어준다, 존중받는다는 느낌을 가지는 게 중요하죠.

그건 양이 아니라 질에서 결정된다고 봐요. 물론 같이 오래 있어도 좋겠죠. 하지만 여건이 안 되면 자녀에게 직접 물어도 보고, 양해도 구해야 해요.

큰 애가 어릴 때 가정법률상담소 일로 출장을 일주일 동안 가야 했어요. 아이에게 일주일 동안 엄마를 못 볼 테니 엄마 사진이라도 놓고 갈까 물어봤어요. 아이가 "그건 현실이 아니잖아요!"라고 하는 거예요(웃음).

그러면 어떻게 하면 좋을까 의논하고 출장을 갔는데, 아버지하고 잘 지냈어요. 문제없이 잘 넘어간 거죠. 때때로 우리는 문제가 아닌 걸 자꾸 문제화 하는 경향도 있는 것 같아요. 어떻게 교류하고 재미있게 만들어서 하느냐에 집중하면 좋겠어요.

아이들이 행복한 사회를 위해

대학 때는 《전환시대의 논리》가 큰 영향을 줬어요. 막연하게나마 뭔가 사회활동을 하고 싶다는 생각은 어렸을 때부터 있었고요. 방향을 이렇게 구체화시켜준 건 아무래도 그런 책들의 영향이 아니었을까 생각은 해요. 안 그랬다면, 제가 새마을운동을 했을 수도 있지 않았겠어요? 물론 어릴 때부터 반골기질은 좀 있었어요. 그렇다 하더라도 구체화된 건 그때 읽었던 책들, 모임 때문이었겠죠.

솔직히 진지하게 생각해 본 적은 없어요. 제 스스로가 어떤 영향을 받았다기보다는 그냥 자연스럽게 이렇게 흘러왔다고 보는 편이 맞겠네요.

지금은 공무원이잖아요. 부시장직은 임기가 있는 일이어서 임기가 끝나면 아이들과 관련된 일을 해보고 싶어요. 아이들이 행복하게 잘 자랄 수 있는 사회를 만드는 쪽으로 집중하고 싶어요. 바뀔 수도 있겠지만요. 아동, 청소년을 위한 정책들이 있지만, 제 욕심에는 차지 않아요. 아동, 청소년들에게 시민사회가 좀 더 관심을 쏟으면 좋겠어요.

미래사회의 주역은 아이들이니까요. 이전까지는 교육이라고 하면 입시교육만 주로 해왔는데, 조금 바뀌었다고는 해도 크게 바뀐 건 없어요. 여전히 공부 잘하는 걸 최고로 치고요.

작년에 제가 학교폭력대책 지역위원을 했는데요. 학폭사건으로 불려오는 아이들의 감정을 풀어주고 정서를 보듬어줘야 하지만 실상은 그렇지 못해요. 비단 한 두 사람의 잘못이 아니라 학교에서 풀어나가는 방식이 많이 아쉽더라고요. 근본적인 문제해결방식은 아니니까요.

우리도 독일처럼 정치교육, 생태교육, 성교육을 제일 중요하게 생각하면 좋겠어요. 또 아이들이 어른들에 의해서 짓눌리지 않았으면 좋겠고요.

최근에 비폭력대화 공부를 하면서 만나게 된 강사분도 비슷한 생각을 하시더라고요. 아이 키우는 일이 가장 중요하기 때문에 부모 교육도 해야 되고 아이들 문제에 더 많은 관심을 가져야 한다고 말이에요.

비폭력대화를 공부하면서는 존중과 협력을 배웠어요. 우리는 똑같은 주장을 하지만 언행에서 일치하지 않는 경우가 너무 많아요. 이쪽 방향으로 가야하는데 엉뚱한 쪽으로 가는 경우들도 많고요. 시민단체 안에서도 감정싸움이 일어나고 갈등이 생기고, 힘들어지는 경우들을 무수히 봤어요. 제가 이런 얘기를 하면 많은 분들이 공감을 하시더라고요.

앞으로는 가치가 바뀌었으면 좋겠어요. 사람들에게 제가 습관처럼 하는 얘기인데요. 앞으로는 돈이 많고 적다고 할 때 적은 것도 좋다고 하는 가치, 높고 낮은 게 있으면 낮은 것도 좋다고 하는 가치, 빠르고 느리다면 느린 것도 좋다고 하는 가치를 추구했으면 좋겠어요.

덜 벌고 덜 쓰고 행복하게 사는 사회가 되면 얼마나 좋을까, 그렇게 해야 지구도 살고 우리가 조금이라도 행복할 수 있을 것 같다고요.

지금까지는 돈을 많이 벌어야 하고 큰 집에 살아야 하고 높은 지위에 올라야 하고 그런 욕심만 가졌잖아요. 그런데 이대로라면 우리 다 같이 망하지 않겠어요? 지금부터라도 가치기준을 바꿔서 좀 다르게 살아가야 하지 않을까요.

천천히 가면 볼 수 있는 많은 것들

제가 예전에 지역아동센터에 자존감 코칭 교육하러 갔는데요. 이 얘기는 정말 많은 사람한테 해줬어요. 아이들한테 각자 강점을 적어보라고 했어요. 한데 아이들이 모두 어른들의 기준에 의해서 주입된 강점만 써놓은 거예요. 내가 나에 대해 생각한 게 아니고 어른들의 눈에 비친 자기 모습이었죠. 그래서 강점을 적으라고 하면 애들이 힘들어하더라고요. 칭찬을 많이 듣지 못했거든요.

저는 아이들이 자신에 대해 가진 편견을 없애줘야 되겠다 싶어서 높다 낮다 빠르다 느리다 이런 형용사들의 장단점을 적어보라고 시켰어요.

높은 것의 장단점, 낮은 것의 장단점, 빠르다 느리다의 장단점을 다 적어보라고 했어요. 모둠별로 적어보고 발표하도록 했더니, 초등학교 2학년 여자아이 하나가 "천천히 가면 빨리 가면 못 보는 많은 것들을 볼 수 있어요"라고 하는 거예요. 전 그 말이 정말 예뻐서

"맞아. 맞아" 맞장구를 쳤죠.

한데, 지역아동센터 교사한테 그 얘기를 했더니 선생님이 대뜸 하는 말이 "어머 쟤 수학 못하는데" 이러는 거예요. 전 "쟤는 수학은 어떤지 모르지만 인문학적 소양이 뛰어난 아이니까 그걸 잘 키워주라"고 했지요.

아이들에게 장단점을 생각해 보도록 하면 정말 다양한 얘기들이 나와요. 키 작은 애는 키가 작으니까 돈이 떨어졌을 때 빨리 줄 수 있다 뭐 이런 얘기도 하고요. 몸집이 작은 애는 개구멍으로 빨리 도망갈 수 있다고도 말해요.

남기지 않는 삶

저는 저에 관한 기록을 별로 남기지 않는 편이에요. 뭔가 남기고 싶은 욕심이 없어요. 박경리 선생님이 남긴 유고 시집 제목이 《버리고 갈 것만 남아서 참 홀가분하다》잖아요. 저도 그렇게 생각해요. 부모님 유품을 제가 정리했는데, 그것도 보통 일이 아니더라고요.

버리고 비우고 천천히 가는 일. 지금 우리에게 필요한 일들이 아닐까요? 우리가 이제껏 지향해온 가치를 조금 바꾸고 행복의 가치를 좀 다르게 볼 수 있는 노력을 지금 하지 않으면, 코로나19 이후 사회는 더 큰 혼란을 겪게 될 거라고 봐요.

무언가를 바꾸기에 지금이 딱 좋은 시기 아닐까요. 앞으로도 이런 이야기를 더 많은 사람들과 나누고 싶어요.

현재는 근대 사회 전체의
거품이 드러나는 시대

정성기

가난한 소작농의 아들이었던 정성기는 어렸을 때부터 '애, 어른 가리지 않고 하루 종일 열심히 일하는데 왜 이렇게 못사는 걸까' 라는 의문을 온 몸으로 품고 살다 경제학과에 진학했다.

경남대 수석입학자로 이름을 알린 그에게 서울에서 온 선배들은 세미나를 하자고 접근했고, 세미나를 계기로 경남대 최초 이념 서클 '사회과학연구회'를 만들었다.

대학 3학년, 함께 시위를 하자고 찾아온 친구들과 논의하는 중에도 머릿속을 떠나지 않았던 건 분단이라는 한반도의 특수한 문제였다. 당시 탈진하면서까지 쓴 논문 〈탈냉전시대 통일이념의 모색〉의 문제의식은 교수가 된 후 2002년에 펴낸 《탈분단의 정치경제학과 사회구성》에까지 이어졌다.

분단체제, 사회구성체 논쟁에 대한 반성을 고민하는 한편, 모교에 교수로 돌아온 다음해인 89년부터 지금까지 그는 줄곧 부마항쟁의 중심에 있었다. 그 사이 부마사태는 부마민주항쟁으로, 부마민주항쟁기념동지회는 부마민주항쟁기념사업회로 이름이 바뀌었다.

부마민주항쟁의 진상 알리기가 어느 정도 진척된 지금, 그는 다시 대학시절의 고민으로 돌아가 우리 사회를 '제대로' 진단해 보려 한다.

한국 현대사 최대의 논쟁과 첫 저서

제 딴에는 게으르지 않게 살아왔는데, 2002년에 낸 《탈분단의 정치경제학과 사회구성》이 책은 오랜 교수생활을 하면서 저 혼자 이름으로 낸 유일한 책입니다. 혹시 '사회구성체 논쟁'이라고 들어보셨어요? 이 책의 부제는 '사회구성체 논쟁의 부활과 전진을 위하여'인데요, 한국현대사의 최대 논쟁이라는 1980년대의 '사회구성체 논쟁'을 다시 하자는 도발적인 주제죠.

대학시절부터 분단에 대해 관심이 많았고 경제학을 전공 하다보니까 자본주의는 물론 사회주의도 자연스럽게 관심 갖고 해야 하는 공부였어요. 대학 시절은 대체로 자본주의 시장경제를 당연하게 여기고, 후진국에서 선진국으로 가는 길을 당연히 여겼어요.

민주화운동도 반공·반군사독재 민주화 이런 방향이죠. 그런데 5.18의 충격을 딛고 나온 80년대 민주화 운동은 70년대와는 많이 달랐어요. 전두환 정권 하에서는 민주적인 개혁을 하는 게 애당초 불가능할 거라고 봤어요. 그러다보니 우리 사회를 민주화하자, 개혁하자가 아니라 아예 '혁명'을 하자는 급진적 좌파 민주화운동 세력이 급성장한 거죠. 여기서 해방 이후 최대의 논쟁이라고들 하는 NL, PD 논쟁을 시작하게 된 거예요.

지금은 아주 생소할 수 있지만 사실은 현재 문재인 정부에서 실권을 쥐고 있다는 586세대가 학생운동하던 시절에 벌인 논쟁이죠. 한국이라는 사회, 한국 자본주의라는 사회구성체가 어떤 모순을 갖고 있나, 한국은 후진적 독립국인가, 미국, 일본의 신식민지인가, 국가는 국민의 국가인가, 가진 자들 즉 부르주아계급의 국가인가, 북한체제는 공산독재인가, 인민민주주의인가, 사회주의로 혁명을 하자면 반제국주의 민족혁명이 우선인가, 파시즘 국가권력에 대항하는 민중민주주의가 우선인가… 이런 걸 놓고 크게는 우파의 자유민주주의파와 좌파, 좌파 내부에서 민족해방파(NL)냐, 민중민주주의(PD)파냐, 이렇게 나뉘어서 격렬하게 논쟁했는데요.

그 논쟁에 대한 자료집이 바로 《한국사회구성체 논쟁》이라는 책입니다. 이 책을 공저한 박현채 씨는 우리나라에서 제일 유명한 좌파 경제학자에요. 박현채 씨와 조희연 현 서울시 교육감이 당시 있었던 논쟁을 편집해서 총 4권으로 낸 거예요.

그때 논쟁에 참여했던 조국은 PD 쪽이었죠. 이렇게 80년대 학생운동을 했던 많은 사람들이 현재 권력을 쥐게 됐어요. 아직까지도 우파와 좌파, 우파 내부, 좌파 내부에서 미국에 대한 관점, 북한에 대한 관점이 상당히 첨예하게 엇갈리는데 따지고 보면 바로 이 논쟁에서 시작된 겁니다.

반미운동은 70년대 민주화 운동에서는 전혀 없었는데 80년대에 나타났거든요. 통일운동 그러면서 '북한이 우리와 같은 한민족인

대'라는 감성적인 접근도 나타나고 전두환 정권을 반통일세력이라고 규정하기도 하고요. '미국은 제국주의다'라는 인식이 이때 나타났습니다. 이렇게 엄청난 논쟁이 노동운동, 학생운동에 많은 영향을 미쳤어요.

하지만 89년, 90년 러시아 사회주의 진영이 무너지면서 사회주의 혁명을 하자는 주장은 거의 완전히 그 기반이 무너져 버렸죠. 동시에 사회구성체 논쟁도 사그라 들었고요.

그렇다면 사회주의 혁명을 하자고 했던 사람들의 주장은 엉터리가 아니었나, 심각한 오류가 있지 않은가를 정리해야 할 필요가 있었습니다.

북한이나 소련식 사회주의가 우리의 전망이라고 보고, 롤모델이라고 보면서 그리로 가자고 했던 건데, 롤모델이 무너져버렸으니까요. 결국 사회주의를 잘못 봤다는 거 아닙니까? 지하에서 혁명운동을 위해 마르크스 레닌주의 이론이나 김일성 주체사상으로 무장한 건 기본이고 불법·폭력이라는 수단까지 정당화했는데 말이에요.

대학 3학년 때 부마항쟁을 겪고 4학년 때 서울의 봄과 5.17, 5.18을 겪은 뒤 대학원에 진학한 저도 20대 후반에는 좌파였는데 사회주의 진영이 붕괴되자 그야말로 '멘붕'이 왔어요.

그때 상당수 사람들이 아예 이제는 지하운동을 하지 말고 지상에서 합법적이고 공개적으로 사회주의 운동을 하자고 했어요. 그래서 만들어진 게 민중당이었고 이후에는 민주노동당이 됐죠. 그 주역 중 한 사람이 주대환 씨입니다. 집현전, 부마항쟁에도 참여했고 민주노동당을 만든 주역이죠.

아무튼 공개적인 방식, 새로운 방식 다 좋아요. 좋은데 그 이전에 학생들, 노동자들, 대중들한테 우파 학문·정치는 거짓말이다, 한국자본주의에 제국주의, 반식민지다 등등 온갖 딱지를 다 붙여 놨잖아요. 그러고는 사회주의로 가자고 했는데, 그때 주장은 뭐가 잘못된 건지 정당했던 주장은 어떤 건지 뭔가 대중들한테 책임 있게 정리하고 넘어가야 될 거 아니냐. 논쟁에 참여한 사람들 중에는 대학교수가 된 사람들도 있는데, 왜 이렇게 무책임하냐. 이 논쟁 다시 하자 하면서 낸 책이에요.

책에서 저는 사회주의 몰락 이후를 놓고 '현장'을 보자. 현장에 대해서는 우리가 잘 몰랐다. 이제는 현장에서부터 출발하자고 했어요. 노동 현장만 현장으로 생각하는데 딱히 그렇지도 않지 않냐, 전 방위적으로 '삶의 현장'을 보자고 했죠. 다시 보니까 마산지역에서 80년대 노동운동을 했던 좌파운동가들이 기독교하고도 연대를 했어요. 그런데 기독교하고 마르크스주의는 어울리지 않지 않습니까. 유일신 섬기는 종교와 무신론은 상식으로나 철학적인

부분에서부터 전혀 다르니까요

책의 1장은 제가 살아온 이야기를 담았어요. 70년대 후반, 80년대 후반까지 살아온 걸 반성했던 글이고요. 뒷부분에는 부마항쟁에 대한 논문을 실었어요. 부마항쟁에 관한 논문을 너무 사람들이 안 썼기 때문에 제가 당사자로서 직접 쓴 거예요.

경제학자가 사회구성체 논쟁에 대한 책을 왜 썼냐? 경영학은 연구대상이 기업이고, 경제학은 연구대상이 나라 경제입니다. 그러니 불가피하게 국가재정과 관련된 입법 정치, 사유재산제를 비롯한 경제제도 등을 다루게 되거든요. 이미 아담 스미스 때부터 '폴리티컬 이코노미(political economy)' 이런 표현을 썼어요. 우리의 전통적인 표현으로 하자면 '경세'인데, 경세제민(經世濟民), 경국제세(經國濟世). 거기에도 이미 정치가 들어있는 거죠.

열심히 일해도 못 사는 이유에 대한 궁금증

제 고향은 밀양 촌이었어요. 워낙 가난하게 살았어요. 농촌에서도 특히 가난했죠. 우리 땅이 전혀 없었어요. 소작이라고 하죠, 소작을 하는데 사는 게 너무 힘들었어요.

초등학교 시절에 학교에서 빌린 소설책 보는 게 너무 좋고 글 쓰는 것도 조금 재주가 있었는데요. 저는 책을 조금이라도 더 많이 보고 싶은데 집에서는 '일 좀 해라'고 하는 거예요. 산으로 들로 돌아다니면서 논 메고 밭 메고 나무하러 가고. 힘들기는 했지만 그래도 자연 속에서 성장했던 건 참 좋았어요. 자연과의 교감, 자연의 원초적인 생명력이랄까. 그런 것들에 대한 기억이 선명하게 남았죠.

그렇기는 해도 우리 집은 애부터 어른까지 하루 종일 열심히 일하는데 왜 이렇게 못 살지 하는 의문이 늘 있었어요. 가을걷이를 할 때 오는 저 분은 아무 일도 하지 않고 우리가 수확한 것에 반이나 가져간다고 하는데 그래도 되나 하는 의문이 어릴 때부터 온 몸에 배어 있었죠.

요새 말로 하면 양극화, 불평등 이슈, 더불어 잘 사는 세상인데, 같이 잘 사는 게 왜 안 되나 어떻게 하면 될까 그 생각이 대학까지 이어졌어요. 그래서 경제학과에 들어갔죠.

밀양에서 마산으로 온 건 1970년이었어요. 한국사적으로 70년은 매우 중요한 해인데요. 70년에 전태일 분신사건이 있었습니다. 새마을운동이 시작된 해이기도 하고요. 경부고속도로가 개통되고 마산수출자유지역이 개설된 해가 1970년이에요. 부모님은 자식들이 공부를 좀 하는데 이대로 시골에서 계속 살면 중학교는 어찌어찌 보낼 수는 있겠는데 고등학교는 못 보내겠다 싶으셨나봐요. 거기다 선생님이 우리 집 형편을 아시고는 부모님께 도시에 나가면 잘하면 고등학교는 보낼 수 있을 테니까 도시로 가라고 권하셨어요. 그래서 마산으로 오게 됐죠. 친척이 한 분 계시기도 하고요.

제가 6학년 2학기 때였어요. 마산으로 전학 와서 한 학기를 다니고 졸업을 했어요. 선생님이 직접 부모님께 마산으로 가라고 하신 건 제가 좀 눈에 띄어서였을 거예요. 밀양에서 군학예발표회에 학교 대표로 나가고, 또 거기서 뽑혀서 도학예발표회에 나가기도 했으니까요. 그 덕에 밀양읍에 나가보기도 하고, 열두세 살 무렵 도학예발표회에 갈 때는 난생 처음 차타고 진주로 가보기도 했어요.

아동문학가를 꿈꿨던 어린 시절

어릴 때 본 책은 학교에 비치돼 있었던 《톰 소여의 모험》, 《소공자》, 《소공녀》 같은 청소년을 위한 문학소설이었어요. 책을 보고 독후감을 써서 교내백일장대회에서 상도 받았고요.

그때만 해도 장래희망이 문학가였고 장르까지 정해져 있었어요. 아동문학가. 왜 아동문학가를 선택했냐 하면, 청소년들을 위해 쓰인 작품들을 보면서 제 자신이 굉장히 위안을 얻었거든요. '주인공이 힘들게 살기는 해도 힘든 일들을 잘 극복해 나가는 구나'하면서 읽었지요. 보면서 무슨 생각을 했냐요. 지금 생각하면 대견한데 '이런 글을 쓴 작가들처럼 나도 크면 문학가가 되어서 나처럼 힘들게 사는 청소년들에게 꿈과 희망을 줘야지' 했어요.

그래서 부모님이 "너 커서 뭐하고 싶냐?" 물으면 "아동문학가 요"라고 답했죠. 돌아오는 답은 "밥이나 먹고 살겠나"하는 걱정이 었지만요(웃음).

중학교 때 큰 고비가 있었는데요. 마산으로 오면서 고등학교에 갈 수 있는 희망은 조금 생겼거든요. 문제는 고등학교를 어디로 가 냐 하는 건데 제 앞에 놓인 선택지가 2개 있었어요.

어머니는 "요새는 상고에 가면 은행 취직이 잘 된다더라"하시고, 아버지는 "공고 가는 게 좋다. 기술을 배우는 게 최고다" 하셨죠.

그런 와중에 정부에서 만든 공립 공고인 대구 금오공고에 넣을 지원서류까지 준비했어요. 금오공고는 학비, 생활비가 전액 무료 라서 아주 엘리트들이 가는 공고였어요.

저는 속으로 갈등을 많이 했죠. 공부를 더 하고 싶다. 책도 더 많 이 보고 싶다. 특히 보고 싶은 소설책이 너무 많았어요. 《죄와 벌》 이런 책도 요약본으로 밖에 못보고 학교 공부만 해야 했으니까요. 갈증이 굉장히 많았어요.

결국 부모님한테 선언을 했어요. "고등학교까지만 보내주세요. 대학부터는 돈 벌어서 갈게요. 제가 가는 길을 막지만 마세요" 하 고요. 부모님이 더는 말씀 안 하시고 "그러겠다" 하셨죠.

그렇게 공고도 상고도 아닌 인문계 고등학교를 간 거예요. 그때가 처음 만난 제 인생의 가장 큰 갈림길이었어요.

고등학교 때 참여한 흥사단 아카데미 활동

고등학교 때 도산 안창호 선생이 만든 흥사단 아카데미에 들어가서 서클활동을 했어요. 마고, 마여고, 제일여고 3개 학교가 모여서 서클활동을 했는데요. 남학생, 여학생이 합법적이고 공개적으로 만날 수 있는 기회였어요(웃음).

저는 7기인데 해마다 선배들이 신입생 중에서 공부 좀 하는 똘똘한 친구들을 선발해요. 기수마다 열댓 명 정도? 됐을 거예요. 졸업 즈음에는 절반 정도 남아있던 걸로 기억해요.

흥사단 아카데미에서는 함께 모여서 책 읽고 토론했어요. 사회정치적인 이슈도 다루고요. 사회의식 면에서 좀 조숙했던 편이죠.

아카데미 학생들을 이끄는 지도교사가 한 분 계셨는데, 김유국 선생님이라고 그 분이 상당히 지사적이고 강직한 선비풍의 선생님이셨어요.

제가 74년에 고등학교 들어가고 77년에 졸업을 했는데, 그때는 유신시대잖아요. 제가 초등학교 들어간 게 68년. 초등학교 들어갈 때 대통령이 박정희였고, 대학에 들어가도 대통령은 박정희였어요.

이 김유국 선생님이 유교적인 분위기이면서도 상당히 진취적인 분이셨는데요. 유교와 관련해서 "백성은 바다, 지도자는 바다 위에 떠 있는 배와 같다"는 말을 하셨어요. 바다가 평안할 때는 배가 잘 가지만, 바다가 성이 나면 파도를 일으켜 배를 뒤집기도 한다고 하신 거예요. 유교 고전에 있는 얘기잖아요. 시대가 시대였던 만큼 아주 인상적으로 들렸어요.

박정희는 '국적 있는 교육, 자립 경제, 자주국방' 이런 걸 내세웠잖아요. 한국적 민주주의를 해야 한다고 하면서요. 서양식 자유민주주의는 안 된다. 교육도 서양 교육만으로는 안 된다고 하면서 우리 전통의 고전공부를 하도록 했어요. 정책적으로요.

김유국 선생님 말씀은 박정희 정부에서 강조하는 상하관계를 중시하는 충, 효와는 배치되는 면이 있지만, 그 말 역시 유교에서 나온 말이니 틀린 말이 아니었죠.

그때는 선생님이 하신 말씀에 영향을 좀 받았어요. 고등학교 때 이미 서울에 진학한 선배들 중에서 데모를 하고 감옥에 갔다는 소식을 접했거든요. 대학에 들어가서는 왜 데모를 하지, 왜 정부를 비판하고 정부는 왜 또 비판을 수용하지 않지 그런 뭐 소박하고 막연한 생각을 했었죠.

나중에는 조금 더 파고 들어서 교과서에 없는 많은 것들을 공부하게 됐어요. 노동문제에 대해서도요. 박정희 때는 '선성장 후분배' 정책을 내세워 '노동'이란 말 자체를 불온시 했으니까요. 그리고 70년에 전태일 사건이 일어났죠.

바랐던 대학에 떨어진 후 진학한 경남대

마산으로 와서 어머니는 어시장 생선장수를 하셨어요. 아버지는 청소부를 하시고요. 세상 가장 밑바닥 일들이죠. 그러다 고등학교 1학년 때 집안에 큰 사고가 났어요. 덜커덕 아버지가 암으로 돌아가신 거예요. 제가 맏이고 밑에 남동생 하나 여동생 하나가 있었는데요. 형편이 더 어려워졌어요.

그래서 전 고등학교 때부터 중학생 가르치는 아르바이트를 하기도 하고 다른 일도 이것저것 하면서 돈을 벌어서 학비를 보탰어요.

고등학교 때는 문과 쪽 공부를 했어요. 서울지역 대학에 시험을 봤다가 떨어지고 재수를 할 생각이었죠. 돈 벌 자리를 하나 만들어 놓고요. 대학시험 떨어지고 재수를 하려고 했는데 주변에서 "소꼬랑지보다 뱀머리가 낫다", "어딜 가나 자기하기 나름이다", "어머니 도우면서 장학금 받아가며 지방대에서 공부하면 안 되겠냐" 많은 분들이 그런 말씀을 해요. 그래서 고민 고민하다가 경남대에 들어갔어요.

그 시절 경남대는 당시에 아주 작은, 마산대 간판을 이제 막 바꾼 대학으로 그 당시에 공부 좀 하는 친구들은 쳐다보지도 않았어요. "멸치가 생선이가?", "경남대가 대학이가?" 그런 시절이었는데 경남대에 들어갔죠. 그래도 대학 진학률이 낮을 때라서 대학 나오면 상당히 대접 받았고 저처럼 성적이 괜찮아도 가정형편상 서울 등지로 가지 못한 친구들도 제법 있었거든요. 그래서 1학년 때는 방황을 하기도 했지만 2학년에 들어서는 마음을 잡았을 수 있었어요.

내가 처한 현실과는 맞지 않았던 수입경제학

이 책이 제가 대학 때 배웠던 경제원론 책이에요. 조순 교수가 쓴 책《경제학원론》인데, 서울대 교수가 일본이 아닌 미국에 유학 갔다와서 쓴 최초의 책이에요. 미국에서 교수까지 한 분이 쓴 미국 이론 직수입한 경제학원론인거죠. 그런데 아무리 이런 책을 읽어봐도 제가 어린 시절 맨 처음 가졌던 의문, 왜 우리집은 아무리 열심히 일해도 못 사는 건지에 대한 해답이 없는 거예요. 다시 말해 분배 불평등에 대한 얘기가 없었어요.

뭐라고 하기는 하는데 도대체 현실하고는 안 맞아요. 그래서 의문이 생겼죠. 미국 유수 대학에서 나온 교과서하고 서울대에서 쓰는 교과서하고 우리 경남대에서 쓰는 교과서가 똑같다는 게 말이 되나? 나라마다 지역마다 사정이 다른데 같은 교과서를 쓴다는 것. 물론 같은 것도 있겠지만 같은 건 같은 데로 다른 건 다른 대로 이론이 달라야 하는데 그렇지를 못하다는 생각이 들었죠.

그 당시 유신체제를 반대하는 교수들 중에도 학문을 우리 현실에 맞게, 정치를 한국 상황에 맞게 해야 한다고 여러 분야에서 문제제기를 하는 분들이 있었어요. 한편으로는 큰 논쟁이었죠. 학문의 토착화, 우리 '한국적 학문'에 대한 논쟁이요. 저는 교과서에 의문을 갖고 있던 중에 이런 논쟁이 상당히 신선하고 충격적으로 받아들였고요.

대학 다닐 때 제가 가장 인상적인 것 중 하나는 철학이었어요. 경제학의 바탕도 철학이 아니겠어요? 합리주의 인간관이라든지, 합리적 소비, 합리적 생산.. 경제학을 제대로 알기 위해서 철학도 공부를 좀 했죠.

경제문제를 공부하게 되니까 경제학 분야 중에 좌파경제학도 있다는 걸 알게 됐어요. 우리나라는 분단이 됐잖아요. 자본주의와 사회주의, 뭐가 다르지? 어떻게 다른 체제가 됐지? 그걸 알려면 근현대 역사를 공부해야 하고, 자유주의, 사회주의 등의 사상을 공부해야 하고 사상을 공부하다보면 철학, 종교까지 보게 되는 거예요. 헤겔 철학을 다룬《시대와 변증법》같은 책도 보게 되고요.

서구중심적 세계관을 완전히 뒤바꿔놓은 한 권의 책

그러다 접한 책이 슈퇴리히의 《세계철학사》에요. 제가 교양과정에서 철학수업을 들었거든요. 그때 고대 그리스 철학, 중세 교부철학, 근대 데카르트 정도까지만 하고 끝났는데요.

그런데 《세계철학사》를 보니까 작가가 서양 사람인데도 불구하고 세계철학사 안에 동양철학을 넣은 거예요. 그것도 서양철학 앞에 인도철학, 중국철학 이렇게요. 이걸 보면서 아니 서양사람 중에서도 이렇게 눈 밝은 사람은 '동양철학'을 인정하는데 정작 이 나라 철학교수는 서양 철학만 철학의 전부라 가르치고 있다니 싶더라고요.

대부분의 서양 철학자들은 "동양철학은 철학이 아니다"라고 얘기하잖아요. 지금도 대체로 그렇죠. 문제는 서구 사람들의 시각이야 그 사람들의 것이라고 치지만, 한국의 철학자들이 서양철학을 하면서 우리 철학을 인정하지 않고 무시하는 건 뭐냐는 거예요. 그나마 철학과에는 가끔 유교철학, 불교철학을 하는 동양철학 쪽 교수들이라도 있죠. 이게 사회과학으로 넘어오면 동양철학을 철학으로 인정하는 사람이 거의 없어요. 동양철학은 윤리·사상 정도이지, 철학까지는 아니다 이런 분위기죠. 그러다 보니 동양 경제학, 사회과학이란 것도 전혀 인정하지 않죠.

슈퇴리히의 《세계철학사》는 철학에 대한 개설서 중에서는 전 세계적으로 가장 많이 팔렸다고 알고 있는데요. 최근에 개정판이 나오기도 했다고 들었어요. 학부시절 저 역시 이 책으로 인해 세계관이 크게 바뀌었어요. 학문이라고 하는 게 너무 서구 중심적이고 사대주의적이구나, 하다못해 서울대 교수들 조차도 그렇구나. 그걸 폭넓게 공부하다 보니 지방대 학부생인 저로서도 알겠더라고요.

집현전과 사회과학연구회 활동

방학이 되면 서울에 갔던 마산 출신 선배들이 돌아와서 경남대에 있는 후배들, 똑똑한 놈을 꼬드겨서 공부시킨 다음 운동권을 만들어야 겠다고 의도적으로 접근을 했어요. 그 사람들한테 꼬여 가지고 《전환시대의 논리》 같은 책도 읽고 공부를 했죠(웃음). 대표적인 분이 박진해 선배였어요.

제가 집현전 활동을 한 게 2, 3학년 때인데, 2학년 때 집현전 활동을 하면서 '이런 책은 좋은 책입니다. 같이 읽읍시다'라고 읽을 책을 선정하는 양서선정위원회의 위원장을 맡았어요. 고작 대학 2학년생이었는데요. 대졸자, 대학 재학생이 많지 않은 시절이나 가능한 일이었다고 생각하죠.

서울에서 온 선배들과는 1학년 때부터 세미나를 했어요. 방학이 끝나면 선배들이 다시 서울로 가잖아요. 남아있는 사람끼리 공부를 계속 해야 하는데, 우리끼리만 할 게 아니라 어떤 책을 보는 지 공개적으로 알리고 참여하게끔 해보자고 '사회과학연구회'를 만들 었어요. 경제, 경영, 역사학과 등 여러 학과 출신의 열 명 남짓한 친구들이 참여했어요.

사회과학연구회는 경남대 최초의 이념 서클이었어요. 지도교수 가 나중에 대학을 떠나게 된 배손근 교수님이셨어요. 어느 정도 서 클 활동의 자유는 있었지만, 형사가 대학에 상주할 때라 감시의 대 상이었죠. 그래도 서울과는 많이 다른 분위기였어요. 그때까지 우 리대학에서 정치적 시위는 한번도 없었고 형사도 한 다리만 건너 면 아는 사람이었으니까요. 우리 대학 담당형사만 해도 마산경찰 서에 근무한 제 당숙과 같은 부서였어요. 얼굴 보면 아는 사이라 마주치면 인사도 했고요.

'한국적 민주주의'와 분단에 대한 자각

사회과학연구회는 2학년이던 78년부터 79년 상반기인 3학년 1 학기 정도까지 모였어요. 제 개인적으로는 2학년에서 3학년으로 넘어가면서 커다란 인식의 변화를 겪었는데요. 분단에 대한 자각 이었어요.

박정희 유신체제가 '한국적 민주주의'라는 걸 내세우면서 자유를 제약했던 명분이 뭐였냐면 남북 분단이라는 특수상황이었어요. 남북이 분단된 상태에서는 서구식 자유민주주의가 아니라 '한국적 민주주의'가 불가피하다고 말이에요.

10월 유신 선포 직전에는 7.4남북공동성명이 있었는데요. 분단 이후 처음으로 남북 당국간에 공식적으로 대화를 한 거예요. 어제까지 '북괴'라 부르던 '공산독재' 세력과 웃으며 대화한다니 놀라운 변화였죠. 남북이산가족이 만날 수도 있었고 대화를 하게 됐다 이거예요. 다행이다, 좋다 했는데 불과 석 달 후에 계엄령으로 유신 쿠데타를 일으켰단 말이에요.

'이건 뭐지? 속았다' 이런 느낌이었어요. 그런데 박정희가 내세운 명분은 평화통일이었으니 분단문제가 풀리지 않고는 민주화도 쉽지 않겠구나 싶었지요.

그래서 민족 분단에 대해 공부를 하고 자본주의, 사회주의도 공부하게 됐어요. 그러면서 깨달은 사실이 이승만 정부를 무너뜨리고 민주당 정부가 들어섰지만 군부정권이 들어왔듯이 박정희 정권을 무너뜨린다고 하더라도, 설령 그렇다고 하더라도 자본주의와 사회주의의 체제 분단, 민족분단이라는 상황은 그대로 남아있겠구나... 이런 걸 깨닫게 됐어요.

'남들은 민주화에 목숨을 건다고 하는데. 그래. 목숨을 걸 필요도 있는데, 그렇더라도 해결이 안 되는 더 근본적인 문제가 남아있다. 분단 체제의 문제. 전 세계적인 차원의 자본주의, 사회주의 갈등보다도 우리가 처한 분단이라는 문제는 어떻게 해야 하지?'라는 고민에 빠져버린 거예요.

이걸 제대로 다루려면 자본주의 경제에 대한 이해와 좌파 경제학, 마르크스 경제학과의 대립, 역사관으로는 유물사관. 관념사관 철학으로 들어가면 유물론, 관념론, 유신론과 무신론 등이 있는데 이걸 그대로 놔두고 뭐가 되겠나, 이런 어마어마한 걸 알아버린 거예요.

그걸 깨닫게 된 계기가 3학년 1학기에 논문을 쓰면서였어요. 2학년 말쯤에 우리 대학 학생처장 한 분이 절더러 전국대학생 논문 발표대회가 있다고 논문을 내보라고 했는데요. 제가 학보에 낸 글을 보시고는 응모를 권하신 거였어요.

아무튼 논문을 쓴다고 온종일 매달리다시피 하면서 공부를 했어요. 일제 강점기 때 독립운동가들을 보니까 좌파 독립운동가도 있었네? 자유주의, 마르크스주의, 공산주의자들도 독립운동을 했네? 몰랐던 내용도 확인하고요. 공부하기 전에는 드러나 있지 않았으니까 몰랐던 사실들이었죠. 그 외에도 굉장히 충격적인 걸 많이 알게 됐어요.

철학의 통일을 먼저 해야 한다는 생각

나름대로 치열하게 공부한 끝에 분단문제에 생각이 미치면서 모르는 게 점점 늘어났고 나름대로 공부할 것도 무궁무진하게 많았어요. 그게 3학년 1학기 내내 갔어요. 3학년 1학기 여름방학 마치면서 논문을 제출했는데요. 그때는 대학마다 돌아가면서 대회를 주관했는데 고려대였던가 봐요. 얼마나 열중했는지 논문을 내고 나서 탈진하는 바람에 며칠 병원에 가서 링겔을 맞기도 했어요.

그때 제가 제출했던 논문이 1980년 교지에 실려 있어요. 여기 학생논단 중 〈탈냉전시대 통일이념의 모색: 선성장 후통일 가설의 문제점을 중심으로〉가 제 글이에요.

요즘 미국과 중국간 무역 패권전쟁이 벌어지면서 신냉전 상황이라고들 하는데, 그 당시에는 닉슨이 처음으로 '철의 장막'을 걷고 중공에 가서 마오쩌둥을 만났어요. 경천동지할 탈냉전 데땅트가 일어난 거죠.

그런 분위기에서 7.4남북공동성명이 발표됐어요. 남북이 긴장하고 있던 상황에서 유신체제가 선포됐고요. 그때 이 논문을 썼는데 경제학도가 썼다고 하기에는 보기 드문 주제와 내용이었어요. '선 성장 후 통일' 이게 박정희 정권의 통치철학이었기 때문에 "통일, 분배 얘기 함부로 하지 마라, 먼저 경제성장하고 후에 분배도 있고, 통일도 가능하다" 엄포를 놓은 거예요. 반박하면 잡혀가기

도 했죠. 저는 그런 정치논리나 정책논리가 타당하냐, 그걸 점검해보자고 했어요. 마침 베트남이 미국보다 군사 경제적으로 약한데도 거대 미국 물리치고 사회주의로 통일했던 시기여서 이런 저런 상황을 염두해 두고 논문을 썼어요.

결론적으로는 통일이론을 새로 모색하려면, 철학을 재정립해야한다. 유물론, 관념론 이렇게 나뉘어서 싸우는데 철학이 통일되어야 한다, 철학 자체가 분리된 상태에서 싸우면 안 된다, 역사관도 유물사관, 민족사관 또 좌파, 우파 나뉘는데 이렇게 대립해서 교육하면 안된다, 정치경제학도 한국 상황에 맞는 정치경제학을 만들어야 한다, 이렇게 주장했어요.

학부생이지만 영어 논문도 꽤 찾아보고 제법 열심히 공부해서 쓴 논문이었어요. 주석만 해도 50개가 넘었죠. 막 수입된 종속이론도 들여다보고 이것저것 많이 찾아봤어요.

8월에 논문을 제출했는데 10월에 10.18이 터져버렸어요. 본선에 올라가서 상당히 좋은 평가를 받았다는 얘길 전해 들었고 서울로 발표하러 오라는 소리를 전해 들었을 때, 전 경찰서에 갇혀 있었죠. 결국 발표는 못하고 당시 총학생회 대신 있었던 학도호국단이 내는 교지에 실렸어요.

지금도 분단 상황을 정치경제학적으로 이해하고 철학, 역사학, 경제학 등 학문의 재정립과 통일을 먼저 해야한다고 주장하는 예는 찾아보기 힘들어요.

2002년에 낸 《탈분단시대의 정치경제학과 사회구성》이란 책역시 이런 대학시절 문제의식의 연장선상에서 쓴 책이에요. 대학원에 갈 수 있었던 것도 그때 가졌던 문제의식이나 목표의식이 워낙 분명했기 때문이었어요. 일종의 '소명'처럼 여겼으니까요. 그래서 대학원에 가서도 신들린 것처럼 공부를 했죠.

결의에 찬 친구들과의 만남

79년 3학년 1학기 때 학교 다니면서 논문 쓰는 일에 매달렸는데, 8월 달에 YH노조 사건이 터졌어요. 심상치 않다 싶었어요. 9월에 개학하면 뭔가 분위기가 다를 거라고 생각했죠. 역시 예상대로 학교 분위기가 어수선했어요.

그 와중에 정외과에서 주최한 '정치학 명저 발표회'에서 한 발표가 반향을 일으켰어요. 미국 철학자 데이빗 소로우의 '불복종운동'(《시민의 불복종》)으로 발표를 했는데요. 간디 사상에 대한 얘기도 나왔어요. 온건한 내용이었지만 불복종이라는 것 자체가 당시로서는 반향이 클 수밖에 없었죠.

최갑순, 옥정애 두 사람이 찾아온 건 제가 조금 알려져 있었기때문이었어요. 현실에 비판적인 글을 학보에 글도 실은 적도 있으니까요. 그 전까지는 모르던 친구들이었어요.

두 사람은 성당에 다니고 있었는데 그때 성당 분위기가 심상치 않았어요. 유신체제 저항으로 지학순 주교가 가톨릭계 종교 지도자로서 처음으로 구속된 이후라서요. 그런 분위기 속에서 사회적인 문제의식을 키웠던 두 여학생들과는 의기투합했죠. 3학년 여름방학이 끝난 후 개학을 한 후에 만나기 시작했고 10.18 전까지 서너 번은 만났을 거예요. 경남대 정문에서 좀 떨어진 곳에 풀잎농산이라는 가게가 있어요. 옛날 제일극장이 있던 자리에 지금은 제일식당이 있고 건너편, 풀잎농산 자리에 풀잎다방이 있었어요. 거기서 많은 얘기를 했죠. 하숙집에 가서도 얘기를 했고요.

그 친구들은 상당히 결의에 차 있었어요. 시위 준비가 구체적이었고, 준비 과정에서 성당 신부님 도움을 받으면서 만류하는 신부님께 '우리는 목숨을 내놓을 각오가 되어 있다'고 얘기했더라고요.

저는 사회과학연구회에서 공부하면서 2학년 때는 혼자서라도 데모를 해볼까 했지만 공부를 할수록 모르는 게 많다, 대학원을 가자, 학문을 하자고 마음을 굳혔던 상황이었죠. 대학에 입학할 때는 고르게 잘 사는 세상을 위해서 경제학과를 선택했는데요. 행정고시를 봐서 고위직 공무원을 하면 좋은 경제 정책을 펼칠 수 있지 않겠냐 싶었거든요. 하지만 알고 보니 선성장 후분배 이런 통치철학이 딱 정해져있으면 거기에 따라야지 공무원이 뭘 할 수 있는 게 아니라는 걸 알았어요.

그래서 마음을 접고 2학년 때는 운동권으로 가자고 했다가, 또 3학년 접어들면서 그 논문을 쓴 후에는 대학원에 가는 걸로 마음을 바꾼 거예요. 대학원에 가고 공부 하는 일에 내 젊음, 내 인생을 걸자고 생각한 거죠. 학문을 바꾸는 것으로도 세상을 바꾸는 데 기여할 수 있다는 생각을 했죠.

그렇게 생각을 정리한 후라서 9월에 개학을 하고 발표를 하고 또 친구들을 만나기는 했어도 시위의 전면에 나서서 하는 일은 제 역할이 아니라고 생각했어요.

그런 친구들이 저를 불러서 의논을 하자고 한 건데, 전 "이러저러한 사정으로 전면에 나설 수는 없다. 같이 의논하는 과정에서 필요하다면 할 수는 있다. 그렇게 해도 되겠냐?" 물어봤죠. 친구들은 괜찮다고 했고요. 그런데 나중에 일이 예상보다 엄청나게 커져버리니까 제가 부마민주항쟁 주모자, 주동자 그룹의 한 사람이 된 거였어요.

이야기 도중 사복형사에 잡혀가다

그때는 방송에서도 보도가 안됐으니까 부산에서 16일에 터졌다는 걸 바로 알았는지는 모르겠어요. 다만 17일에는 확실히 알았던 게 부산에서 통학하는 친구들이 많아서 소식을 전해 들을 수가 있었거든요. 부산에서 통학하는 친구들이 "부산 시내에 탱크가 깔리고 난리가 났다"고 말하고 다니니까 학교도 술렁술렁하는 거죠.

데모 준비하던 친구들과 계획한 디데이는 22일이었는데요. 부산에서 먼저 일이 터지는 바람에 허둥지둥하던 차에 18일 대학당국이 휴교령을 내렸어요. 그런데 휴교령이 마른 장작에 불을 붙인 셈이 됐죠.

우리는 시위를 준비하는 과정에 있다 보니까 선언문도 없었어요. 18일에 선동연설을 했던 정인권이라는 후배는 저희가 만나려고 예정했던 친구였어요. 그 전에는 한 번도 만난 적은 없었고요.

18일에 저는 사람들 앞에 나서기도 그렇고 아예 외면할 수도 없고 무계획적으로 터져버린 일이 뭔가 좀 불안하고 그랬어요. 어떻게 하지 고민하다가 계획과 달리 터지기는 했어도 이것 또한 역사의 한 페이지다 생각해서 현장을 지켜보자는 생각으로 시내까지 걸어갔어요.

3.15탑 근처 향원다방 앞에 갔더니 학생들이 좀 모여서 웅성거리고 있더라고요. 그 중 아는 친구가 있어서 몇 마디 말을 주고받고 있는데, 갑자기 누군가 거칠게 팔을 끼더라고요. 사복형사였어요. 형사가 보고 있다가 뭔가 있는 놈인가 보다 했던 가봐요. 그리

고는 바로 마산경찰서로 호송되어 갔죠.

처음에 전 금방 나올 줄 알았어요. 뭐 학내에서나 거리에서나 고함 한 번 지른 적 없었으니까요. 최갑순, 옥정애는 시위를 하다가 현장에서 먼저 잡혀 들어와 있었어요. 두 사람이 절 보고는 엄청 반가워했죠. 전 이 여학생들을 두고 남자인 제가 먼저 석방되어 나가게 될텐데 어떻게 하지, 이런 걱정을 했어요. 지금 생각하면 엉뚱한 걱정이었죠. 집에서 가족들이 걱정하지 않을까 하는 생각도 하고요.

경찰에서는 사전모의 했다는 걸 꼬투리 잡았어요. 같이 의논한 것까지는 얘기를 했거든요. 사전에 모여서 얘기한 게 혹시 잡히면 유신반대 말고 종합대학이 되지 못한 걸 규탄하는 시위를 논의한 걸로 하자고 했었어요.

실제로 그 말을 하기도 했고요. 당시 서울은 물론이고 박정희의 도시인 대구의 경북대학 같은 데도 유신반대 시위가 있었지만, 3.15의 도시 마산은 박정희 집권 18년 동안 한 번도 반정부 시위가 없었으니, 데모를 한다고 해도 학생들이 호응할지 전혀 모르는 상황이었어요. 아무 소득 없이 신세만 망칠 수 있다는 걱정도 있었죠.

그래서 학생들한테 제일 쉽게 먹힐 수 있는 주제라고 가지고 온 게 진주에 있는 경상대는 단과대학에서 종합대로 승격되었는데,

경남대는 왜 종합대가 되지 못하냐 하는 거였어요. 종합대 승격을 안 시켜준 교육부를 규탄하는 분위기를 만들면서 학생들의 동조를 얻은 다음에 정치 얘기며 유신체제 규탄까지 해보는 걸로 가닥을 잡은 거예요. 잡혀가서는 뒤에 얘기는 빼고 앞에 얘기만 하자고 했었고요.

10.26으로 반전된 분위기

그런데도 "저 놈들은 김영삼이 사주했다" 또는 "북한의 사주를 받았다", "남민전과 연결되어 있다" 이런 정해진 시나리오를 가지고 와서 고문을 해가며 무조건 불라고 했어요. 우리가 사전에 약속한 말은 믿어주지 않았어요. 게다가 최갑순 씨 경우에는 "유신철폐 독재타도"라고 외치다가 시위현장에 잡혔으니까요. 사전에 모의는 했지만 종합대학만 얘기했다고 해도 전혀 안 믿는 거죠. 제가 학교 안에서 이념서클을 만든 것도 알고 있었고요.

유치장에는 일주일 남짓 있었는데 10.26 이후엔 일주일 만에 분위기가 확 바뀌었어요. 정치권력 차원에서는 이걸 어떻게 해야 하나 난리가 났고 계엄령이 전국으로 확대됐죠. 제주도만 빼고요.

참고로 알아두어야 할 게 계엄령이 확대된 순서예요. 부산에서 10.16이 터지고 처음에는 부산 지역만 계엄령이 내려졌잖아요.

10.26 다음에는 제주도를 뺀 전국으로 확대됐단 말이에요. 한데 5월 17일에 제주도까지 포함한 전국 계엄령으로 확대시켰어요. 제주도만 제외했다가 제주도를 포함한 계엄령, 그걸 하면서 탱크로 국회 문까지 닫게 된 거였죠. 제주도 포함 여부가 작지만 큰 차이이고 이 계엄령 확대가 5.18을 불러온 거예요.

확연히 달라진 게 10.26 이후 경찰들의 태도였어요. 상황이 뒤집혀서 완전히 우리한테 아부하는 것 같은 분위기가 되어 버렸거든요. 그 전에는 갇혀있던 웬만한 사람이 거의 다 고문을 당했어요. 저한테는 주대환 같은 선배를 만났을 때 무슨 얘기를 들었냐, 남민전에 대해 얘기하지 않았냐, 박정희에 대해서는 뭐라고 했냐... 물으면서 발가벗기고 물고문을 했죠. 여학생들한테도 무지막지한 고문을 했다는 얘기를 나중에 들었고요.

가장 많이 느낀 건 공포감이었어요. 그 사람들이 아주 쉽게 하는 얘기가 "너희 같은 놈들은 쥐도 새도 모르게 죽여 버릴 수 있다"였거든요.

밤늦은 시간에 안대를 씌우고 어딘가로 끌고 가면서 "쥐도 새도 모르게 죽여 버릴 수 있다"고 말을 하니 실제로 '내가 죽을 수도 있겠구나' 싶어서 굉장한 공포감을 느꼈죠. 그리고 고문을 당할 때는 인간으로서 최소한의 존엄성 조차 완전히 사라진 상태. 벌거벗은

짐승 상태죠. 짐승 상태인데, 또 짐승 세계에서는 절대 일어나지 않는 그런 상황. 비참하고 모멸스럽고 뭐 그런 기분이었어요.

취조하고 고문하던 사람들 중에는 여기 마산 사람들도 있었고, 중앙정보부 쪽에서 온 듯한 사람들도 있었어요.

하늘 아래 새로운 것 없다

아직도 기억나는 게 유치장에 라디오를 틀어놓았는데 27일 새벽에 라디오에서 장송곡이 나왔어요. 그 전에는 '마음 약해서 잡지 못했네…' 뭐 이런 와일드 캐처 노래가 나오다가 갑자기 장송곡이 나온 거예요. 뒤에 경찰이 와서 얘기했죠. "대통령이 돌아가셨다. 너거 이제 살겠네."

그때 제일 처음 떠오른 문구가 '하늘 아래 새로운 것 없다'에요. 기독교 신앙생활을 했던 사람도 아닌데, 상상도 못한 이런 상황을 접하고 나니까 성경책에서 본 구절이 떠올랐어요. 공부할 때 종교까지 아우르면서 성경책을 보기도 했으니까요.

'절대 권력은 절대 무너진다', '총으로 일어선 자 총으로 쓰러진다' 이런 경구들이 떠오르면서 '결국 이렇게 되는구나' 뭐 그런 생각들이 스쳐지나갔어요.

그리고 며칠 있다가 부산으로 이송되고, 부산 헌병대에서 조사

받고 마산교도소로 이감된 후에 검찰 조사를 받고 풀려났어요. 바로 풀려난 사람들도 있었지만요. 저처럼 주모자로 몰린 사람들은 12월 7일 긴급조치가 해제된 후에야 풀려나왔어요. 과격분자로 몰려서 3월에야 풀려난 사람들도 있었고요.

박정희가 그렇게 됐으니까 살았다는 느낌은 들었는데, 밖으로 나오면서는 개인적으로나 국가적으로 앞날이 어떻게 될까 걱정이 좀 많았어요. 전혀 예상하지 못한 상황이 벌어졌으니 앞으로는 어떻게 일이 전개될까 하고요.

12월 8일 출소하고 바로 12.12사태가 터졌죠. 심리적으로는 충격이 컸어요. 신군부의 지배로 계속 가는지도 걱정하고. '나는 대학원에 가야 하는데 나라가 어떻게 되려는 거지?' 공부가 손에 안 잡혔어요.

결국 79년 겨울방학 때 우울증이 왔어요. 신경과에 가서 상담 받고 진료도 받았죠. 우울증이 한 동안 계속됐어요. 3월이 되고 '서울의 봄'이 왔어요. 20년 동안 데모를 안했는데 80년에는 데모 하는 게 아무 일도 아닌 것처럼 시대가 변했어요.

하지만 저는 일체 안 나섰어요. 대학원에 가야 하는 이유도 있고 함부로 나섰다가는 일을 완전히 망칠 수도 있다는 생각도 있었거든요. 그러면서도 공부는 여전히 손에 안 잡혔고 전국적으로 어수선한 '서울의 봄' 상황이 계속되다가 5.18이 터졌어요.

도강을 들으면서 했던 서울대 대학원 준비

학교에는 휴교령이 내렸고 한참동안 문을 닫았어요. 한 달 넘게 갔나. 수업이 제대로 진행되지 않았고 공부도 제대로 하지 못한 채 그냥 시간을 흘려보냈어요. 6월, 7월쯤 되서야 그만 정신 차리고 공부를 하자 마음을 다잡았어요.

학기가 남아 있었지만 교수님께 양해를 구하고 서울대에 도강을 하러 갔어요. 서울에서 대학원을 다니고 싶었고 학비가 싸야 하니까 제가 갈 수 있는 데는 국립대인 서울대 밖에 없다고 생각했죠. 그렇게 대학 4학년 2학기 때 서울대에 가서 몇 달 간 수업을 들었어요. 동생이 서울에서 대학을 다니고 있던 때라 동생 자취방에서 같이 지내면서요.

9월에서 11월 사이에 도강하면서 도서관에서 공부도 하고 지냈어요. 3학년 1학기 때 논문 쓸 때처럼 몰입해서 대학원 못 들어가면 아무 데도 갈 데가 없다는 절박감으로 신들린 것처럼 공부를 했어요. 대학원 진학이 금방될 거라고는 생각하지 않고 1년 정도 재수는 각오한 상태였는데요. 배우지 않은 전공과목 시험도 있었고 제2외국어와 영어를 봐야했기 때문이었어요. 그런데 운 좋게 덜컥 그 해에 붙었죠.

대학원에 가기까지 여러 곳에서 도움을 받았어요. 서울대 경제학과 출신으로 나중에 기획재정부 장관을 했던 박재완 선배가 마산 출신이고 당시에 마산에서 동사무소 방위병 근무를 하면서 경남대에서 공부를 했는데 행정고시를 준비하고 있었어요. 그 선배한테 서울대 경제학과 자료를 좀 얻기도 하고요. 대학원 다니면서도 제가 학비며 생활비를 벌어야 했는데, 마침 경남대학의 극동문제연구소라고 서울에 연구소가 있어서 거기를 다니면서 학비도 구하고 연구생활도 할 수 있었죠.

좌파와 우파를 뛰어넘으려는 시도

대학원 시절에는 5.18의 충격을 겪은 후에다가, 우파 경제학의 부실에 대한 불만이 겹쳐서 마르크스 경제학에 빠져 있었어요. 자본의 노동 착취, 빈익빈 부익부 등 자본주의 시장 경제의 문제점에 대한 마르크스 경제학의 진단이 상당히 타당하다고 받아들였어요. 그래서 사회주의로 가는 것은 불가피하다, 혁명을 해야 한다, 뭐 그런 급진적인 생각도 갖고 있었죠.

하지만 1988년 모교에 교수 자리를 얻고 그 직후인 1989년에 동유럽과 소비에트 사회주의 진영이 무너지면서 제가 크게 잘못 생각했다는 걸 깨달았어요. 당시 사회주의가 무너질 거라고 예측한 사람이 많지 않았는데요. 저와 같은 사람들에게는 사회주의권 붕괴가 거의 지축이 흔들리는 것과 같은 충격이었어요.

저는 마치 어두운 동굴에서 빠져나온 느낌이었죠. 그동안 엄청난 무지의 세계, 캄캄한 동굴 속에 있었구나 그런 느낌을 받았어요. 동굴에서 빠져나왔다? 이 자체가 철학적인 문제잖아요. 딴에는 좀 똑똑하다 생각하고 공부도 많이 했는데 '세상에 대해서 왜 이렇게 심각하게 잘못 알았을까, 어쩌다가 이렇게 무지하게 됐나' 자문했어요.

저만의 문제가 아니었고 이 나라와 전 세계 수많은 마르크스주의자들의 문제였어요. 따지고 보면 마르크스주의자 뿐만 아니라 우파 쪽 사람들도 환상을 가졌던 부분이 많기 때문에 결국은 양쪽 모두가 가진 보편적인 철학의 문제더라고요.

좌파 경제학에 뛰어들 때는 우파 경제학의 결함에 대해서, 좌파 경제학에서 빠져나오면서는 좌파 경제학의 결함에 대해서 알게 됐어요. 양쪽 다 결함이 있고 둘 다 나름대로 강점이 있다는 걸 인식하게 된 거예요. 그때부터는 좌파니 우파니 어느 한쪽에 빠지지 않고 둘 다를 다시 공부하기 시작했어요. 상대적인 진실성이랄까, 상대적인 과학성을 인정하면서 둘 다가 가진 결함을 뛰어넘으려고 하는 그런 시도를 해보는 거예요.

동양학문을 접하며 생긴 시야의 확장

굉장히 오랫동안 방황을 많이 했어요. 방황하면서 건강이 안 좋아져서 간염으로 병원에 입원하기도 했고요. 건강을 회복하는 과정에서 우연찮게 동양학문을 접하게 됐어요. 동양학문이란 게 동양철학이기도 하고 동양적인 사회과학이잖아요.

동양의 정치학이나 경제학이 근대 자본주의를 대상으로 한 건 아니어서 그 전까지 제대로 공부해보지는 못한 상황이었죠. 자본주의 시장경제학은 기본적으로 근대화 이후의 서양에서 만들어진 것이니까요.

그런데 동양철학에 사회주의나 자본주의, 서구나 동양 모두에서 적용될 수 있는 보편타당한 진리가 있는 것 같더라고요.

예컨대 성경이나 불경이 전 세계에서 오늘날도 읽힌다는 게 그런 거잖아요. 그 속에 시대와 나라를 뛰어넘는 보편타당한 진리가 있잖아요.

동양학문을 접하면서 조금 더 시야가 넓어지고 여유가 생겼어요. 그 속에서 수양, 수행 이란 것도 배워보면서 심신의 건강도 좀 회복할 수 있었고요. 강의도 새로운 방향을 잡아나갈 수 있었죠.

부마항쟁 자료집 제작부터 첫 사망자 확인까지

89년 사회주의가 무너진 그 해가 부마항쟁 10주년이었는데요. 처음으로 공개적이고 전시민적인 부마항쟁기념행사를 했어요.

부마항쟁 10주년 자료집을 보면, 주관단체로 나와 있는 '부마항쟁기념사업회'는 부산의 상설조직이었고, '부마민주항쟁10주년기념사업회'는 마산 조직이었어요. 부마민주항쟁10주년기념사업회는 마산에서 만들어진 부마항쟁 10주년 기념사업을 위한 한시조직이었어요.

이후에 부마항쟁기념사업회는 부마항쟁뿐만 아니라 6월항쟁까지 모두 포함하는 '부산민주항쟁기념사업회'로 바뀌었고 부마민주항쟁10주년기념사업회는 상설조직으로 바뀌면서 '부마항쟁기념사업회'로 바뀌었어요.

두 조직이 부마항쟁10주년자료집편집위원회를 구성하고 공동으로 만들었는데 제가 마산쪽 학술분과의 책임을 맡았어요. 이 자료집에서 굉장히 중요한 자료가 하나 있는데요. 부산에는 없는 마산만의 자료예요. 경찰 쪽에서 작성한 부마항쟁이 전개되는 과정 일지입니다. 부산, 마산의 항쟁이 시간대별로 작성이 되어 있어요.

이 자료 일체를 남부희 전 경남신문 사회부 부장이 제게 넘겨주셨어요. 이 분이 89년에는 경남대 강사를 하고 계셨고 부마항쟁 이후에는 해직까지 당한 분이셨어요. 보도하지 말라는 걸 보도했거든요. 남부희 씨가 제 마산고 선배신데요. 이 자료를 10년 동안이나 몰래 숨겨가지고 있다가 89년도에 저한테 자료를 넘겨줬고 이 자료집에서 그 내용이 처음 공개됐어요.

이 기록에서 중요한 부분이 뭐냐면, 변사자가 있다는 내용이에요. '50대 노동자 풍 남자가 눈에 멍이 들고 퉁퉁 부은 채 죽어 있었다, 타살이 분명해 보인다'는 내용이었어요. 이렇게 피해자는 있었는데 아무리 수소문을 해봐도 오랜 동안 유족이 나타나지 않았어요.

그러다 한참 세월이 지난 후 2011년, 부마항쟁진상조사를 위한 특별법을 만들자고 하고 진상조사를 위한 특별법을 제정하자고 추진하는 과정에서 활동내용이 여기저기 알려지다 보니까 비로소 유족이 나타났어요. 그 분이 부마항쟁의 첫 공식 사망자인 고 유치준 씨입니다.

자료를 오랫동안 보관했던 사람이 있었고 자료집이 만들어졌고 억울했던 죽음이 밝혀진 경우죠.

22년 동안 떠나지 못한 부마항쟁

89년도에 10주년기념사업을 할 때 어른으로 모셨던 분은 3.15 세대에요. 공동대표직을 맡아주셨죠. 그때 우린 고작해야 20대 후반이었으니까요. 99년에는 20주년 기념사업을 했어요. 마찬가지로 그때도 30대 후반이니까 젊은 세대였죠. 사회적으로 어른 대접받을 나이도 아니고요. 그때도 공동대표로 모셨던 분은 3.15세대로 3.15의거기념사업회 강주성 회장, 경남대 조영건 교수였어요.

89년 10주년 사업을 하기 위해 한시 조직을 만들고, 그 성과를 가지고 상설조직으로 만들자고 했지만 역량이 안 되는 거예요. 또 하나는 너무나 큰 문제였던 5.18진상조사 등이 아직 해결되지 않았잖아요. 그쪽으로 향하는 원심력이 워낙 큰 거예요. 우리도 진상조사가 안 됐고 거기도 안 됐지만 광주가 워낙 절박하니까요. 5.18을 진상조사하라, 특별법 만들어라, 우리도 힘을 보태야 했어요. 참 희한한 운명이죠. 부마민주항쟁이 7개월 먼저 터진 사건인데, 먼저 해결하라고 할 수는 없었어요.

그런저런 이유로 89년 이후에는 기념사업을 이어갈 수가 없었고 공중에 붕 뜬 상태였어요. 부산은 계속 이어졌지만요. 그 10년 동안 마냥 손 놓고 있을 수는 없어서 부마항쟁기념동지회를 만들었고 제가 회장을 맡았어요.

3.15기념사업회가 90년대 중반에 만들어졌는데요. 3.15기념사업회 어른들의 도움을 받아서 부마항쟁 진상조사도 시도할 수 있었어요.

99년도에 20주년 기념사업을 하고 나서는 또 해산하고 말거냐 논의했어요. 10년 후에 30주년 사업을 할 때 또 한시조직을 만드는 건 아니지 않냐 해서 20주년 기념사업회의 실무진들 끼리 만이라도 상설조직을 만들어가자, 해서 만든 게 '부마항쟁정신계승위원회'에요. 그걸 부마항쟁 관련자인 허진수, 주대환 씨 이런 선배분에 이어서 당시 마산 YMCA 활동을 하시던 허정도 박사가 위원장을 이어받았다가 조직 명칭을 부마민주항쟁기념사업회로 바꾸었어요. 일반회원들을 받아들여서 숫자가 적거나 많거나 시민조직으로 만들어갔죠. 그리고 그 다음에 제가 회장직을 이어받아서 8년 정도 일을 맡아서 했어요.

8년이나 맡게 된 건 회장직이라는 자리가 여유 시간이 좀 있고, 밥 먹고 사는 데는 지장이 없어야 하고, 기관장, 정치인 이런 분들 만나면 명함이라도 낼 수 있어야 하는데 실상 그런 사람이 몇 안 되는 거예요.

다행히 저는 대학교수여서 밥은 먹고 살고, '부마사태'로 남아있는 불명예를 그대로 둘 수 있느냐, 당사자부터 책임지고 해결해야 하는 거 아니냐는 책임감이 있어서 뿌리칠 수가 없었죠. 70년대를 다시 돌아봐야겠다는 학문적인 차원에서의 책임감도 있었고요.

그렇게 88년도에 모교에 교수로 와서 그 다음 해에 바로 10주년 기념사업회를 하고 그때부터 지금까지 부마항쟁기념사업에서 떠나질 못했어요. 8년 동안 회장을 했고, 그 이후에 이사가 됐다가 지금은 평회원으로 남아 있어요. 그런데 그 사이에 부마항쟁법이 제정되고 정부가 재정출연한 부마항쟁기념재단이 만들어져서 또 억지로 이사가 됐는데, 내년까지 첫 임기 3년만 하고 이제는 안 한 다고 말하고 있죠. 대학에서 퇴직이 3년 남았는데, "변변한 책 한 권 못 남기고 본업을 너무 못해서 강의하고 연구할란다(웃음)." 그 러고 있습니다.

사실 공식적으로는 2013년 부마항쟁법이 만들어지기 전까지 '부마사태'였어요. 부마사태라는 건 박정희 정권이 붙인 이름인데, '부산, 마산 폭도들의 반국가적인 난동'이라는 의미거든요. 부마 사태를 부마항쟁으로 바꾸는 명예회복, 그 전에 진상규명. 거기에 인생을 거의 다 바치다시피 한거죠. 제 개인적인 명예회복이기도 하고, 우리 지역 시민들의 명예회복이 되어야 했으니까요. 시민들 까지 폭도들로 되어 있는데 억울하지 않겠습니까. 이 나라 중요한 역사의 한 부분이기도 하고요.

지금은 총리실 산하 진상규명위원회에서 부마항쟁진상조사보 고서를 준비 중이에요. 박근혜 정부 때 진상조사보고서가 발표됐 는데, 워낙 내용이 부실했어요.

문재인 정부 들어서면서 위원들이 교체됐고, 부마항쟁진상조사 보고서가 다시 작성되고 있어요. 내년쯤 보고서가 나오게 됩니다.

마산수출자유지역에 대한 엇갈린 주장

80년대에 제가 마르크스주의에 빠졌다고 말씀드렸는데요. 지금 생각해 보니까 70년대를 여러 면에서 너무 잘못 알았어요. 80년대 좌파에 빠졌던 사람들이 70년대 한국의 시장경제, 유신체제를 제대로 봤다면 현재도 달라졌겠죠.

사실 한국의 대다수 좌파들이 김일성은 항일운동을 했다, 박정희는 친일파다, 북한은 경제도 남한보다 우월하다 그런 생각을 해 왔어요. 그런데 김일성이 항일운동한 건 맞지만 한국전쟁의 가해자이고 경제도 70년대부터 이미 남한이 북한보다 우위에 서기 시작했잖아요. 또 70년대 소비에트나 중국이 가진 문제가 굉장히 심각했어요. 사회주의는 이미 70년대에 전망이 없는 상황이었어요. 모델로 삼을 수도 없고 삼는다 해도 오래가지도 않을 그런 모델이었죠.

구체적으로 얘기를 하면 이런 거예요. 70년대 한국 경제에서 노동문제가 제일 심각한 사례로 거론되는 게 서울 청계천의 전태일, 평화시장 그리고 또 하나가 마산수출자유지역이에요. 마산수출자유지역은 한국 노동문제의 온상이었죠. 국회에서도 거론되고 〈창작과 비평〉, 〈신동아〉 이런 데서도 나오고 그랬어요. 공통된 비판이 외국 자본이 들어와서 한국 노동자들을 착취하고 뭐 이런 식인데 돌아보면 거기에도 진실은 있지만 공부를 더 했어야 했어요.

자유시장경제방식의 기술이전, 중화학공업까지 하면서 70년대에 남한이 북한보다 확실히 경제적으로 우위에 서버렸거든요. 또 하나는 중국이 대약진운동, 문화혁명에 완전히 실패하고 미국과의 데탕트를 통해서 개방개혁으로 나가버려요. 78년, 79년에요.

그때 이 사람들이 시장경제를 모르잖아요. 중국 공산당을 유지하면서, 자유민주주의는 안 하고 공산당 독재를 그대로 유지하면서 경제성장을 할 수 있는 비슷한 모델이 있을까 그걸 찾아본 게 싱가폴, 대만에 가오슝 자유무역지대, 그리고 한국의 마산수출자유지역, 박정희 개발독재 모델이었어요.

중국인들이 마산수출자유지역에 직접 온 적도 있었어요. 그런데 그걸 모르고 마산수출자유지역에 대해 일본 쪽발이 자본이 들어와 한국 노동자들을 착취한다면서 죽기 살기로 자본주의 체제 뒤집어야 한다, 노동해방 반제민족해방 하자면서 사회주의에 대해 환상을 가지고 NL이냐 PD냐, 북한식 모델이냐 소비에트식 모델이냐 격렬하게 논쟁하고 무책임하게 대중교육, 대중선동을 했으니... 제가 캄캄한 동굴에서 벗어난 것 같다는 게 그런 의미에요.

좌우를 균형 있게 볼 줄 아는 시각의 필요성

그렇다면 왜 이런 오류에 빠졌을까. 70년대를 제대로 보면 어떤 모습인가. 여전히 학계에서도 정리가 안 된 상태인데요.

문제는 지금의 집권세력인 70, 80년대 운동권 세대들, 그분들이 70년대를 잘못 보고 있다는 거예요. 우리 모두 박정희 체제의 70년대를 잘못 봤기 때문에 외환위기 이후에는 박정희 신드롬이 거세고, 박근혜 같은 사람이 다시 대통령이 될 수 있었던 거 아닌가요? 유신체제가 완전히 끝났다면 어떻게 박근혜 같은 사람이 대통령이 될 수가 있겠어요? 박정희 시대를 잘못 봤기 때문에 가능했던 일이죠. 저는 70년대 유신체제에 대해 과도한 공격을 하고, 다시 역공격이 나오면서 박근혜 같은 사람이 나오게 됐다고 보고 있어요.

박근혜도 박정희를 되살리는 식으로 해서 표를 얻고 대통령이 되기까지는 성공을 했는데, 시대와 세상이 달라진 걸 모르고 유신시대로 회귀하려는 양상을 보이니까 결국은 무너졌죠.

하지만 한 쪽이 무너지고 새로 권력을 쥔 사람들, 그 사람들 또한 7~80년대 운동권 사고방식을 그대로 가지고 있기에 문제가 되는 거예요. 전두환 시대에 가졌던 좌파 사고방식으로 한국을 보고 북한과 미국을 보고 세상을 보니 그 색안경 때문에 세상이 제대로 안보이죠. 자기들 자신까지도요.

이렇게 좌파 우파 모두 심각한 결함을 안고 있는데, 그걸 좀 균형 있게 세상을 있는 그대로 제대로 보고 있는 사람이 참 드물어요. 언론도 양쪽으로 다 나눠져 있고 학계도 두 갈래로 나눠져 있고요.

저는 이런 문제의식을 앞에서 얘기한대로 대학 3학년 때 탈냉전과 한국의 통일문제 논문을 쓰면서 이미 가지고 있었어요. 철학, 역사학, 경제학에서 말하는 좌파 우파의 주장으로는 안 된다, 그걸 뛰어넘어야 한다고 했었는데요. 그 문제의식을 뛰어넘어야 하는데 저만 하더라도 5.18을 겪으면서 그 충격을 못 이겨내고 20대에 좌파로 뛰어들었어요.

그래서 지나간 시간들이 굉장히 안타깝고 억울해요. 나 스스로 이미 학부시절에 좌파, 우파가 다 문제가 있다는 걸 이미 알고 있었는데 한동안 균형감각을 잃었으니까요.

세상이 어디로 가야 하느냐, 하는 건 어느 시대나 똑같이 주어진 고민이고 과제잖아요. 과거는 현재의 거울, 과거는 미래의 거울이라고 하죠.

그런데 그 과거는 어떻게 만들어지나요? 역사는 대체로 강자의 시각으로 쓰이잖아요. 또 약자는 약자대로 자기 역사를 쓰지만 그게 또 완전한 진실은 아니죠. 그걸 진실이라고 보는 건 착각이에요.

그럼 진실은 머냐, 그 진실을 제대로 보지 않으면 거기에는 거품이 끼게 되고 그 거품을 통해 세상을 들여다보면 문제가 생기는 거죠. 게다가 거품은 언제든 꺼질 수 있잖아요.

더 크게 보자면 인간의 역사가 모두 그렇지 않습니까. 프랑스혁명의 주체가 그 앞에 역사를 바라본 것, 거기에도 거품이 잔뜩 끼어 있었어요. 러시아 혁명의 레닌주의자들이 자신들 앞에 역사를 본 것 역시 거품이 엄청 많았죠.

코로나 사태 속에서 보면, 현재는 그야말로 근대 자본주의와 사회주의 이후에 서구철학과 사회사상에 기반 한 근대 사회 전체의 거품이 드러나는 그런 시대가 아닌가 합니다.

그 와중에 현 정부가 코로나 시대 대응을 잘 한다고 한쪽에서는 극찬을 하고 한쪽에서는 비난일색이죠. 실제 팩트가 있지만 균형 있게 봐주지 않죠. 한쪽은 잘하는 것만, 한쪽은 비난하기 급급한 싸움을 하고 소모적인 갈등만이 반복되고 있어요.

돌이켜보면 3.15세대는 너무 오른쪽으로 가 버렸고 5.18세대는 너무 왼쪽으로 가 버렸어요. 결국 부마항쟁 세대가 중심을 잡아야 하는 가장 적합한 위치에 있는 게 아닐까 그런 생각도 들어요.

22년 동안 매달린 부마민주항쟁에 대한 진상 알리기가 어느 정도 진척된 지금, 이제는 다시 20대 청년 대학생 시절로 돌아가서 그때의 자유로운 정신으로 고민을 이어가 보려고 합니다.

연극과 술로 도망쳤던 옛 시절, 이제는 잊고 싶어

이윤도

1953년생 이윤도. 위로 네 명의 형제를 잃은 부모가 태어난 지 3년이 지나서야 출생신고를 했다. 동기들과의 나이차이, 거기다 사수 끝에 들어간 대학에서 마음의 갈피를 잡지 못한 그에게 어느 날 연극이 찾아왔다.

기다렸다는 듯 연극에 '미친' 그는 10.18이 터지기 전날 밤, 경남대 도서관에서 애국가와 '사노라면'을 고래고래 부르며 유신헌법 선포일을 '기념'했다. 후배 시인 우무석은 자신의 시 〈전야〉에서 "연극쟁이 이윤도"를 "마산항쟁 전야를 일인극으로 보여준 사람"이라 칭했다.

그가 억눌러온 열정을 모두 연극에 쏟아 부은 덕에 경남대극예술연구회, 전통예술연구회, 간호전문대학 SN극회가 탄생할 수 있었고, 후배들은 경남 연극계를 이끄는 주요 인물로 성장했다. 하지만 정작 자신은 부산 사립고등학교의 선생님으로 32년을 재직하며 연극반을 지도하는 일에 만족했다.

〈고도를 기다리며〉를 보며 "아무리 노력해도, 무슨 짓을 하더라도 결국 쓸데없는 잡담만 하면서 시간을 보내는 게" 우리네 인생이라는 걸 깨달았다는 이윤도. 아무리 연극이 좋아도 인생만 못하다는 그는 이제 태풍에 넘어진 나무에도 눈물이 고인다.

출생 3년이 지나서야 출생신고를 하게 된 사연

제 나이 올해 예순여덟(68)이고 와이프는 올해 예순하나(61), 환갑이 지났어요. 주민등록상은 1956년 12월 25일생인데 태생은 53년생이에요. 본의 아니게 이렇게 된 건 부모님이 내 위에 형 세 명, 누나 하나를 잃어서였어요. 현재는 다섯 살 위의 누나 하나, 여동생 하나가 있어요. 삼남매예요.

아버지가 면사무소에서 근무했지만 출생신고를 늦게 하셨어요. 3년이나 지나서 출생신고를 하셨죠. 위로 네 명이나 죽었으니 저도 죽을 거라고 생각한 거예요.

부모님 마음이 얼마나 아팠겠어요. 위로 네 명이 다섯 살 전에 다 죽었으니까. 죽은 이유도 제각각이었어요. 홍역에 걸렸다든지, 경기를 일으켰다든지, 심지어 한의원에 다녀오는 길에 등에 업혀 있다가 죽은 경우도 있었데요. 자는 줄 알았는데 알고 보니까 죽어있었던 거죠. 엄마 마음이 말이 아니었을 거예요. 우리 엄마니까 참고 사셨겠죠.

거기다 아버지도 일찍 돌아가셨어요. 제 나이 여섯 살 때, 아버지는 서른아홉 살이었어요. 그때 엄마 나이가 서른여섯이었고요. 서른여섯부터 청상과부로 사신 거예요.

엄마는 함안 조씨 집안에서 온갖 귀여움을 다 받고 자란 외동딸이었어요. 어릴 적 할아버지들끼리 자식 혼사를 약속하는 바람에 신랑 얼굴도 모르고 함안 군북에서 학동마을까지 시집을 온 거였죠.

엄마 말로는 열일곱 나이에 '가마타고 기차타고 아이노리(택시) 타고' 깜깜한 밤에야 시가인 우리 집에 도착했데요. 엄마가 왔을 때 우리 집은 시증조부모님 내외, 시부모님내외, 시삼촌내외가 있었고 시동생만 해도 세 명이었다고 해요. 그 중 제일 어린 시동생이 다섯 살이었고요. 거기다 시누이, 사촌 시누이까지. 열두 명 대가족 시집살이가 어땠을지 요즘 같으면 상상이나 할 수 있겠어요?

설상가상 시집오자마자 할아버지가 돌아가시고 2년 뒤에는 또 증조할머니가, 3년 뒤에는 증조할아버지가 돌아가셔서 풍습에 따라 3년 상을 연달아 세 번, 총 9년 동안이나 치뤘어요. 그게 신혼이라니 기가 막히죠.

게다가 한국전쟁 후에는 집이 많이 어려워졌어요. 전쟁 통에 아버지 형제가 둘이나 돌아가시고요. 할머니는 화병으로 돌아가시고 아버지도 저 여섯 살 때 돌아가셨으니... 엄마는 고작 서른여섯 살에 열 번의 죽음을 봐야했어요. 열 번 중 네 번은 눈에 넣어도 안 아플 자식들이었고요.

아무리 팔자려니 해도 운명이 참 기구하지요. 클 때는 귀하게만 자랐는데 출가 후에 정말 말도 못하게 고생을 많이 하셨어요. 엄마는 갖은 고생 다 하시고 자식들 다 키워놓고 80에 돌아가셨어요.

아직도 뜨거운 음식은 먹지 못해

어렸을 때 저는 장난꾸러기였어요. 동네 개울가에서 아예 살았다고 할 정도로요. 엄마 바늘을 훔쳐서 낚시 고리로 만들어서 가지고 나갔죠. 지렁이 캐놓은 것 들고 밤에 동네 후배 데리고 피라미 잡으러 갔어요.

저는 크면서 엄마와 외가의 영향을 많이 받았어요. 엄마는 늘 저한테 "죽은 할머니가 너를 지켜줄 거다. 호랑이한테 물려가도 정신만 차리면 산다"고 했어요.

아버지에 대한 기억은 별로 없어요. 제 나이 여섯 살에 돌아가셨으니까요. 얼굴도 전혀 기억에 없어요. 딱 하나 돌아가신 날은 또렷이 기억이 나요. 음력 5월에 더운 날이었어요. 아버지가 지병이 있으시니 엄마가 뜨신 밥을 해서 주셨어요. 저는 지금도 뜨거운 걸 못 먹는 게요, 제가 뜨겁다고 하니까 찬물을 떠오신 거예요. 아버지가 찬물을 드시더니 물바가지를 던져 깨트리고는 들에 나가서 돌아가셨어요. 알고 보니 결핵이었어요. 우리 사랑방에 아버지 친구가 놀러와 계셨는데 그분이 결핵 환자였던 거예요. 세상일이 참 알 수가 없는 게 결핵을 옮긴 사람은 오래 살고, 친구에게서 결핵을 옮은 아버지는 서른아홉 살에 돌아가셨죠.

'공부 좀 했던' 어린 시절

우리 집은 큰집이었어요. 저는 전주 이씨고요. 20세손. 차종손이에요. 종부였던 아버지가 젊은 나이에 돌아가셨으니 농사 짓는 거나 재산관리에 한계가 있었겠죠.

그래도 제가 종손이잖아요. 엄마는 종손이니까 제가 공부를 어느 정도 해야 한다고 생각하셨어요. 글을 알아야 족보를 읽든 글을 쓰든 할 수 있을 거 아니예요. 그래서 시골에서 자랐지만 엄마가 일은 안 시키고 공부만 하라고 했어요.

저는 초등 4학년이 되어서야 제대로 된 공부를 했어요. 우스운 게 등본이 잘못 되어 있어서 입학이 안 되는 거예요. 동네 친구들은 다 입학해서 공부하는데 저는 나이가 너무 어리게 되어 있으니 입학이 안 됐죠. 그 바람에 2년이나 가짜 책 보따리를 들고 왕복이 십리 길을 따라 다녔어요. 학교 가서 놀고 친구들 수업하면 나 혼자 기다리고 있다가 또 수업 끝나면 놀고. 그걸 2년 동안이나 하고 3년째 입학을 하니까 "작년에 왔던 윤돌이가 입학을 하러 왔구나~" 선생님이 노래를 불렀어요.

공부는 어느 정도 했어요. 공부를 좀 했으니 그 시절에 마산동중도 갈 수 있었죠. 제가 마산동중에 합격하고 누나가 마산 한일합섬에 취직이 되서 둘이 마산에서 자취를 했어요. 엄마하고 여동생은 농사를 지어야 했으니까 촌에 남아있었죠. 저와 누나만 마산으로 온 거예요. 마산동중에 들어갈 때는 전교 16등 정도했어요. 촌놈이 공부 꽤나 한 셈이에요(웃음).

자취는 고등학교 1학년 때까지 했어요. 여동생이 중학교에 갈 나이, 그러니까 여동생이 초등 6학년 때 엄마가 시골 논을 팔고 마산으로 나왔어요. 동생은 졸업 한 달 남겨놓고 마산으로 왔는데, 도시 애들도 들어가기 어렵다는 마산여중에 들어갔어요.

고향을 떠날 거라고는 예상하지 못했지만 제가 마산동중에 합격하면서 가족 전체가 마산으로 온 셈이 됐어요. 아버지가 돌아가시면서 엄마는 오직 아들에게 모든 기대를 걸었을 거예요.

우리 세대는 공부하는 게 출세길이었어요. 안 그러면 몸 일을 해야 한다, 공장에 다닌다 그랬어요. 우리 집은 할아버지 양쪽 두 분이 선비셨고, 그래서 그 영향으로 중학교까지는 마쳤지만, 고등학교 갈 때는 갈등이 많았어요. 집안형편을 생각하면 상고에 가야 하는 게 맞았으니까요. 시골 형편에 대학 보내기는 힘들었을 테고요.

그래서 마산고, 마산상고, 부산상고 원서 3개를 두고 한 달 동안 고민했어요. 결국 부산상고로 가려고 했는데 자존심이 도저히 허락하지 않는 거예요. 또 삼촌이 부산상고를 나왔는데 조카는 꼭 대학을 가야한다고 말씀하시기에 원서 2개를 찢어버리고 마고로 갔어요.

공부는 제법 했지만 오로지 자취방에서 한 실력이죠. 누나가 한
일합섬에 3교대로 다닐 때라 제가 밥을 할 때도 있었고요. 시골에
서 머리에 뭔가 잔뜩 이고 오는 엄마를 반 친구들이 볼까봐 부끄러
워했던 철없던 시절이었어요.

친구들보다 3년 늦게 입학한 경남대

마고를 다닐 때 제2외국어가 불어였어요. 제2외국어를 할 때는
아침에 한 시간 일찍 수업하고 정상수업을 했어요. 그때 들었던 불
어가 너무 좋아서 불문학을 전공하려고 했는데 마음대로 되지 않
았어요.

삼수를 하고, 네 번째로 경남대를 제 발로 들어갔어요. 제 경우
에는 특대생으로 등록금이 면제라고 하더라고요. 원래는 73학번
이어야 하지만, 사수를 해서 76학번이 된 거죠. 친구들은 모두 군
에 가거나 4학년이 됐고요.

사수까지 하다 보니까 도중에 대학을 포기하려고도 했어요. 꼭
대학을 가야하는지 여러 번 생각해 보기도 했고요. 그때마다 누나
나 여동생이 절더러 대학을 꼭 가라고 했어요.

특히 동생 때문에라도 저는 대학에 가야 했어요. 제가 고3 때 여

동생이 마산여중 3학년이었는데요. 도시 애들도 마산여중을 못가는 형편이었는데 시험 쳐서 마산여중에 들어간 거예요. 공부를 곧잘 하던 동생이 제가 대학에 가야한다고 고등학교를 안 갔어요. 저 때문에 포기를 한 거죠.

여동생은 담임선생님이 추천해준 직장에 다니면서 통신고등학교 수업을 들었어요. 공부를 잘해서 2학년까지 줄곧 전교 1등을 했어요. 3년차 되는 해에 경남여상에 산업체특별학교가 생겼어요. 통신고등학교를 2학년까지 다녔는데도 교복이 입고 싶다면서 1학년으로 다시 들어가서 야간 고등학교를 다녔죠. 자유수출지역에 있는 회사에 다니면서요.

동생이 희생을 했는데 저는 자꾸 떨어지니까 동생 체면도 말이 아니었고 저도 미안한 마음이 컸어요. 그래도 독자라서 친구들은 군대에서 3년을 보내야하지만 저는 6개월 방위근무만 해도 됐으니까 내심 대학을 좀 늦게 가도 시간적으로는 괜찮다고 생각했어요.

연극, 친구들 덕분에 세상에 눈을 뜨다

그래도 친구들하고 너무 차이가 나게 대학에 들어갔더니 뭔가 적응이 안 되더라고요. 그러다 친구들이 마산학생연극회에 참여하는 모습을 봤어요. 방학 때 서울 친구들이 마산에 와서 연극을 하는데, 그 모습을 보고 제가 연극에 눈을 떴어요.

특히 저한테 영향을 많이 준 친구가 동아대극예술연구회 출신 신용수에요. 제가 경남대극예술연구회를 만들 수 있게 길을 터준 친구에요.

마고 동기들 중에 활발하게 활동하던 친구들이 많았어요. 박진해, 서익진, 김진식, 황성권, 주대환 등이 모두 제 동기들이에요. 서울에서 공부하던 친구들이 방학이면 마산에 와서 세상 돌아가는 얘기를 많이 해줬어요. 유신시대의 희생양이 된 친구들도 있었고요. 그 친구들로 인해서 저는 세상에 눈을 뜰 수 있었죠.

경남대극예술연구회를 만들 때 신용수가 적극 도움을 준 게, 당시 그 친구가 마산에서 군 근무 때문에 체류하고 있으면서예요. 신용수가 초대권을 줘서 본 연극이 계기가 되어서 극예술연구회를 만든다고 돌아다녔고, 동아대극예술연구회의 회칙도 보여줘서 참고할 수가 있었어요.

경남대극예술연구회를 만들게 된 계기는 마산학생연극회 활동과 관련이 있어요. 76년도 1학년 때 저는 마산학생연극회에 들어가서 연극 활동을 시작했고 77년도에 경남극예술연구회를 만들었거든요.

마산학생연극회는 75년도에 마산재경학우회에서 만든 연극단체에요. 친구들 중 하나가 마산학생연극회에 일찍부터 참여하고 있어서 대학 들어가기 전에 이미 알고 있었죠.

76년도에 들어가서 1년 정도 열심히 활동하다가 다음해 77년 2월에는 마산학생연극회에서 했던 〈보이체크〉 공연에 배우로 참여했어요. 친구 신용수가 연출했던 작품이에요.

창원예술극단 현태영 대표가 제 후배인데요. 저하고 같은 경영학과 후배인 현태영하고 둘이서 극회를 만들자고 했죠.

처음에는 어려움이 많았어요. 만들자고 사람 좀 모아놓으면 흩어지고 모아놓으면 흩어져서 이거 안 되겠다 생각했어요. 어느 날은 국문과, 영문과, 경영학과가 전부 같이 듣는 〈문학개론〉 시간에 들어가서 교수님께 부탁을 했어요. 극회 홍보를 좀 하겠다고요. 교수님께서 기회를 주셔서 앞에 나가서 얘기했죠. 극예술연구회를 하려고 한다, 많이 찾아와 달라, 이렇게요. 그 덕에 초반에는 꽤 찾아 오는데, 형체가 없는 조직이다 보니까 유지가 잘 되지는 않았어요.

1년여 준비 끝에 창립한 경남대극예술연구회

77년부터 본격적으로 극예술연구회 창립을 위한 활동들을 해나갔어요. 그때는 학도호국단 체제니까 지도교수를 내세우는 일도 필요해서 지도교수를 찾아야 했어요. 회칙도 만들어야 하니 동아대 극예술연구회 회칙을 가지고 와서 참고하고요.

그렇게 준비를 해서 77년 3월 15일에 연구, 실험, 창조라는 슬로건을 내걸고 경남대극예술연구회를 창립했어요.

이게 25주년 기념공연 팸플릿이에요. 여기 초대회장으로서 쓴 글이 실려 있어요. 경남대극예술연구회는 여전히 활동 중이에요. 1년에 한 번씩 공연 초대를 받으면 꼭 참석하고 있죠.

공연이력을 보면 4회 차까지 연출에 제 이름이 있어요. 4회까지는 회장을 하면서 연출을 다 했어요. 극예술연구회가 뿌리를 내려야 했으니까요. 4학년 1학기에 군에 가야 해서 후배를 데려다가 극예술연구회를 놓치면 안 된다고 단단히 일러두고 군에 갔어요.

후배한테 말은 그렇게 했는데 군에 가서도 극예술연구회에 들락날락했죠. 방위 근무를 경남대하고 가까운 마산통합병원에서 했거든요. 3회 차인 〈돼지꿈〉을 군에 근무하면서 연출했어요. 1, 2학년 마치고 휴학을 한 상태에서 6개월 근무하고 복학하기 전에 만든 작품이 〈유랑극단〉이었어요. 그렇게 1회부터 4회까지 공연을 제가 연출했죠.

극예술연구회에는 타지 애들이 많이 들어왔어요. 전국 팔도에서 온 애들이 골고루 참여했어요. 집에서 다니는 친구들 보다는 시간이 더 있잖아요. 하숙을 하고 남는 시간에 연극을 하러 왔어요. 모이면 3~40명이 될 정도로 많았어요.

연극할 때 애들한테 말했어요. 시간 뺏긴다 싶으면 가라고요. "그런데 지금 이 시간에 연극을 안 하면 뭐 할 거냐? 다방에서 희희덕거리고 놀고 있을 거 아니냐? 대신에 너희는 작품을 한다. 인생에 있어서 얼마나 좋은 경험이냐? 자부심을 가지고 해라"고 말했죠.

예술적인 차원에서 한 건 아니고, 일종의 문화 활동이었어요. 작품을 할 때는 보는 사람이 조금이라도 사회에 눈을 떴으면 하는 바람이 있었어요. 작품 선택에 있어서도 사랑 타령 대신 사회성이 있는 작품을 선택했고요. 연극 자체가 이미 사회성이 있잖아요.

연출할 때는 잔인하다고 할 정도로 엄하게 했어요. 작품에 미쳤다고 할까요. 그렇지만 연습할 때는 아주 살벌하게 하더라도, 무대를 벗어나서는 같이 술 마시고 얘기도 많이 했죠. 철저하게 분리했어요. 안 그러면 작품이 안 되잖아요. 작품을 할 때는 오로지 작품에 몰입해야지 개인을 내세우면 안 되니까요.

서사극에 대한 관심에서 시작한 연극

우리 때만해도 각 대학의 극예술연구회가 많이 의식화 되어 있어요. 대표적인 사람이 부산대 김해룡 씨 경우였어요. 〈페스트〉라는 작품을 했는데 현장에서 바로 잡혀갔어요. 학교도 잘리고, 한

때는 데모의 온상이라고 할 정도로 굉장히 의식화된 작품들이 많았죠.

그 시대 연극은 사회를 고발하고 현장성 있게 하다 보니까 영향력이 컸어요. 말과 몸을 모두 쓰면서 보여주는 행위는 굉장히 강렬하잖아요. 저도 거기에 매료된 것 같아요.

연극을 해야겠다고 뼈저리게 느낀 건 신용수가 준 초대권 한 장때문이었어요. 부산 남천 중앙교회에서 김해룡 씨가 연출하고 신용수가 출연한 〈코르자크와 그의 고아들〉, 다른 번역으로는 〈어느 폴란드 유태인 학살에 대한 회상〉이라는 작품이었어요. 일종의 서사극인데요. 독일의 2차 대전을 고발하는 내용이에요. 제가 그걸보고 '와! 연극이 이런 거구나' 충격을 받았어요. 너무나 매료 되서 두 번을 보러 갔어요.

지금도 서사극에 관심이 많아요. 서사극을 따라가다 보니까 마당극을 만났어요. 탈춤도 서사극이라고 볼 수 있죠. 오광대에 관심을 가지게 된 것도 그 때문이었어요.

경남대극예술연구회를 만들 때는 전국적으로 극예술연구회가 생겨나던 시기에요. 이후에 학과마다 연극과도 만들어지고 하면서 지금의 수준을 갖추게 됐죠. 이제는 뮤지컬이 인기를 더 많이 끄는 모양인데 사실 연극의 진짜 매력은 소극장에서 할 때 빛난다고 봐요.

대학시절 연극에 대한 추억은 많아요. 79년에는 후배들에게 모두 맡기고 연극에서 한발 물러선 상태였는데 공연 일주일 남겨놓고 연출이 졸업여행 간다고 연습을 펑크를 내서 배우들이 우리 집에 찾아온 에피소드도 있어요. 5회 차 공연이었던 〈만리장성〉 때였어요.

주로 연극을 한 곳은 완월동 강당이었어요. 그때는 학교 밖에 강당이 있었거든요. 지금은 강당을 학교 안에 지어 놓았어요. 성지여고, 마산여고 올라가는 길에 보면 완월동 강당이 나왔어요. 연습할 때는 아예 거기서 살았다고 해도 과언이 아니에요.

공연이 잡히면 학교에서 강당을 사용할 수 있게 해주는데, 겨우 공연 3일 전에 들어가라고 해요. 그럼 언제 공연을 맞춰요. 무대 세트, 조명, 동선 다 맞춰야 하는데요. 그러니 몰래 들어가서 밤샘 연습을 했죠. 학교에서는 당연히 밤샘 연습을 못하게 했어요. 불낸다고요.

그래도 연습은 해야 하잖아요. 후배가 강당에 몰래 들어가서 잠복하고 있다가 밤에 문을 열어주면 죄다 들어가서 밤샘 연습을 했어요. 들킬까봐 새벽에 몰래 몰래 빠져나왔어요. 관리과장이 근처에 살았는데, 들통이 나면 크게 혼이 났어요. 학생과도 불려가고요. 한 마디로 극예술연구회는 학교에서 '미운 오리 새끼'였죠.

그래도 배짱은 있었어요. 창단극인 〈코르자크와 그의 고아들〉

작품을 올리고서는 근신처분도 받았지만 굽히지 않았어요. "작품이 경향극이고 성인 흉내를 냈다", "스폰서를 받았다"는 등 꼬투리를 잡더라고요. 게시판에 근신처분을 내렸다는 공고문도 붙었어요. 저는 학생과장 교수한테 따졌죠.

전통예술연구회 창립에 앞장서다

제가 경남대극예술연구회를 만든다고 난리를 치는 중에 국어과에서 고성오광대 공연을 하더라고요. 관심이 있어서 보러 갔는데 국어과에서는 고성오광대 공연을 국어과 행사로만 국한시키려고 했어요.

그래서 제가 연출가한테 대학에 전통예술연구회가 없는 곳은 우리 대학밖에 없다, 경남대극예술연구회 회칙을 보여줄 테니까 참고해서 설립을 해보라고 계속 설득을 했어요. 그렇게 경남대극예술연구회하고 전통예술연구회가 같이 설립이 됐죠. 7~80년대에는 이전에 비해 연극에 대한 인식이 꽤 높아졌어요. 마산에서 연극붐을 일으킨 게 우리 세대였죠. 제 때에 경남대극예술연구회를 만들었고 간호전문대학 SN극회도 제가 창립을 도와줬어요. 하루는 간호전문대학 교무과장이 학교로 들어와 달라고 부탁해서 가봤더니, 나이팅게일 축제 때 할 연극 연출을 도와달라고 하는 거예요.

연출을 하면서 연극하는 친구들한테 너희도 SN극회를 만들라고
했어요. 그 덕에 SN극회가 만들어졌고 창립공연 연출을 제가 한
셈이 됐죠.

마산대학에도 극예술연구회가 생기고, 지금 문성대학으로 바뀐
창원여전에서도 극예술연구회가 생겼어요. 마산학생연극회, 경남
대극예술연구회 생기고 동시다발적으로 학교마다 연극단체가 만
들어 졌어요.

생애 첫 경찰서 출두를 하게 한 〈관객모독〉

창립공연인 〈코르자크와 그의 고아들〉 공연을 올리고 근신처분을
받았는데요. 연극 때문에 마산경찰서에 불려나간 일도 있었어요.

경남대극예술연구회가 어느 정도 자리를 잡은 후인, 79년에 제
가 마산학생연극회 회장을 맡게 됐어요. 회장직을 맡게 된 배경은
제가 군 근무할 때 이오네스크의 〈수업〉이라는 작품을 친구 김진
식이 올렸거든요. 78년 여름방학 때 희다방에서 〈수업〉 공연을 하
고 저만 빼고 다들 종파티 겸 야유회를 갔어요. 저는 다음날 출근
이라 못 갔죠.

그런데 회장이었던 김진식이 그날 야유회에서 차기 학생회장
으로 저를 뽑았다고 하는 거예요. 본인이 없었는데, 회장으로 뽑

은 거죠. 곧 복학을 하는 사람이라서 저를 뽑았다고 하더라고요. 제가 회장을 맡고나서 처음 한 게 아무래도 서울 친구들은 방학 때만 오고 하니까, 연습을 제대로 할 수 없다 싶어서 배우들을 죄다 마산에서 찾은 일이에요. 마산에 있는 각 대학들, 경남대, 마산대, 간호전문대, 창원여전 연극회 회장들을 다 불러 모아서 배우로 섭외했죠. 그렇게 만든 작품이 뭐냐, 페터 한트케의 〈관객모독〉이었어요.

작품을 정하고 연습을 하는데요. 마산학생연극회는 연합서클이라 연습장이 없으니까 주로 야외에서 연습했어요. 가포 바닷가 외진 곳에서 연습을 했어요. 공연을 앞두고 포스터를 만드는데, 제목 외에 뭘 보여줄까 하다가 〈관객모독〉 마지막에 '이 머저리같은 놈들...'하고 욕을 하는 대사가 있거든요. 그걸 타이핑해서 배경으로 깔았어요.

그런데 〈관객모독〉 포스터를 정보과에서 본 거예요. 깨알 같은 대사를 보니까 욕이 들어가 있거든요. 공연이 토요일인데, 그 주 월요일에 마산경찰서 정보과로 오라고 학교를 통해서 연락이 왔어요. 당시는 학도호국단 체제라서 학생들 대외활동이 허락되지 않았고 연합회도 당연히 하면 안 되는 일이었어요.

정보과로 갔더니 포스터에 빨간 줄을 죽죽 그어놓고 하필이면

이 작품이냐고 막 뭐라고 하더라고요. 공연을 하지 말라고 하는데, 저는 또 "안 됩니다. 공연 5일 남겨놓고 작품을 안 한다는 게 말이 됩니까" 반박했죠. 그렇게 실랑이를 하면서 정보과 형사들을 알게 됐어요. 그 일로 들락날락 하면서 설득하고 반박하다가 제가 모든 걸 책임지겠다고 하고 공연 허가를 받았어요.

경찰에서 걸고 넘어 지니까 저는 그렇다 치더라도 배우들 소속 학교에서 허락을 받아야 했어요. 골치 아픈 게 마산대학 학생과에서는 허락을 안 해주는 거예요. 문제 생기면 안 된다고요. 창원여전에 가서는 싹싹 빌었어요. 토요일에 막을 올려야 하는데 수요일까지 그렇게 공연 허락을 받으러 돌아다녔어요. 안 그러면 연습이 무산될 판이었으니까요.

경찰서에 잡혀갔다는 소문에 대박이 난 공연

공연은 해야 하니까 수, 목, 금 밤샘 연습을 해서 무대에 올렸어요. 옛날 마산시청(현 마산합포구청) 위에 적십자회관이 공연장이었어요.

웃긴 게 공연 직전에 검은 바탕에 흰 글씨로 '관객모독'이라고 쓴 현수막을 골목에 걸었거든요. 경찰서에서 그게 또 안 된다고 해요. 북한 애들이 많이 하는 거다, 선동적이라고 하면서요. 색까지

규제하니까 돌아버리겠더라고요. 결국 현수막 몇 개 만든 걸 못 걸어서 공연장에다가만 걸었죠.

한데 소문이 이윤도가 경찰서 불려간 게 아니고 잡혀갔다고 난 거예요. 도대체 어떤 작품이기에 잡혀가나 싶어서 관객이 미어터지게 많이 왔어요. 자연스럽게 홍보가 된 거죠.

〈관객모독〉을 한 날은 79년 10월 4일이는데요. YS가 신민당에서 제명된 날이었어요.

공연이 끝나고 최갑순이 꽃다발을 주면서 제 뺨을 때렸어요. 〈관객모독〉은 마지막 장면에서 관객을 모독하잖아요. 물을 뿌리고 소금 뿌리고 욕을 하고... 그런데도 왜 가만히 있느냐 하면서요. 그랬으니 나한테도 당해보라고 뺨을 때린 거죠(웃음).

최갑순은 공연이 너무 좋았다고 〈관객모독〉을 한 번 더 하자고 했지만 저는 여기저기 불려 다니고 신경 쓰느라 완전히 그로기 상태였어요.

배우들 하고도 철저하게 작품에 충실하자 해서, 마지막 공연 때는 아예 커튼콜 한 다음에 한 명씩 빠져나가라고 했어요. 택시비 주면서 택시타고 가배다방으로 가라고 했죠. 배우들이 관객보다 먼저 시내에 가 있었어요. 공연을 봤던 관객을 시내에서 마주치면 '어!'하고 놀랬어요. 그만큼 철저하게 관객을 모독하려고 했죠. 지금 생각해봐도 정말 〈관객모독〉에 미쳐 있을 때였어요.

최근에 기국서 씨가 연출한 〈관객모독〉을 보러 갔는데, 중극장에서 공연을 해서인지 예전 느낌이 나지는 않았어요. 역시 〈관객모독〉은 소극장에서 배우의 침이 튀고 해야 제 맛이에요.

쫓기는 신세가 되게 한 도서관에서의 취기어린 행동

〈관객모독〉이 공연될 당시에는 YS 제명사건이 있었고 또 진주 경상대는 종합대로 승격되고 우리 대학은 왜 승격이 안 됐는가 하면서 분위기가 싱숭생숭했어요.

저는 10월 17일 오전에 교련수업이 있었어요. 301호 강의실에서 예비군복을 입고 교련수업을 받으려고 기다리는데 최갑순하고 옥정애가 저를 찾아온 거예요. 놀래서 나갔죠. 둘이서 저한테 하는 말이 부산에서 16일에 터졌다는 거예요. 저희들은 22일에 하기로 해놓고 부산대가 먼저 터진 거죠. 그래서 교련수업은 후배한테 제 대타를 하라고 해놓고 나와서는 노인정(도서관 앞 큰 나무 한그루가 있는 공터)으로 같이 갔어요. 그런데 우리는 조직이 없다, 어떻게 하냐 결론 없이 헤어졌죠.

그러고 돌아섰는데 마산 정보과 편상철 형사가 저더러 저녁을 먹자고 해요. 마산경찰서 옆 국밥집으로 오라고 해서 도서관에 책을 펼쳐놓고는 국밥집으로 갔죠. 국밥에 술 한 잔 하면서 시국 얘기를 했어요. 경찰서도 비상이었거든요. 부산에서 터지고 하니까 정신이 없었겠죠.

그날은 또 우리 할아버지 제사였어요. 밥 먹고 다시 도서관으로 와서 공부를 하려는데 공부가 되겠어요? 웅성웅성 부산 얘기가 나오고 하니까 심란했어요. 취기도 있고 가만있을 수가 없어서 우리가 시험공부 할 때냐, 오늘이 무슨 날이냐 1972년 10월 17일 유신 선포일 아니냐, 부산에 무슨 일이 있었냐, 애국가, '사노라면' 노래도 부르고 그렇게 저 혼자 깽판을 쳤죠.

그때 그 안에 프락치가 있었나 봐요. 누가 저한테 피하라고 하더라고요. 이건 좀 심각하다, 집으로 들어가지 말고 피해라 그렇게요.

저는 일단 짐을 싸서 내려왔어요. 할아버지 제사인데도 집에는 못 들어가고 후배 하숙집으로 갔어요. 근데 그날 바로 형사가 집에 다녀갔더라고요. 그때부터 저는 쫓기는 신세였어요. 자수하기 전까지 거의 일주일 동안이요.

2013년에 후배 우무석이 부마민주항쟁기념사업회 회장할 때 불종거리에서 야외행사를 하는데, 절더러 빨리 오라고 해요. 버스를 타고 내려서 갔는데 식이 막 시작하는 찰나에요. 마침 우무석이 나에 대한 시를 낭송하는 거예요. 시 낭독을 듣고 나서 할 수 있나요. 올라가서 고개 숙여 인사했다는 거 아니에요. 그 당시 내 인생의 한 페이지를 시로 남겨줬어요.

전　야

우무석(시인)

선배 이윤도
학비 싸다는 국립대학교
네 번 떨어진 다음에야
장학금 받아보려고 경남대학 들어왔다
한창 좋은 청춘을 녹여
1977년 봄날
경대 극예술연구회 만들어 두목 노릇하느라
장학금도 녹여버렸다

공연 전날 밤에는
캄캄한 무대 위에 소주 댓병만 올려놓고
디오니소스 맞이하는 제사 지냈다
혼자서만 음복한 술에 잠겨서
'껍데기는 가라'

고래고래 외치다

납작하니 잠들었다

10.18 전날 밤에는

반술 되어 경남대학 도서관에 들어가

유신헌법선포일 기념한답시고

우렁우렁 '애국가'를 불렀다

음치였어도

'사노라면'은 덤으로 불러주었다

누구도 호응 않았지만

열뜬 목소리로

부산시위 소식 전했다

잠깐 동안

술렁거리는 마산항쟁 전야를

일인극으로 보여준 사람이 바로

연극쟁이 이윤도였다

2013년 10월 18일 오후 7시 30분 마산오동동불종문화거리에서
부마민주항쟁기념사업회 주최로 열린 <부마민주항쟁 34주년 기념식>의 여는 시

다음날 18일 아침에 하숙집에서 자고 일어났더니 같은 방 후배 하나는 벌써 진주에서 형님이 와서 데리고 갔더라고요. 데모에 휘말릴까 싶어서 데리고 간 거죠. 저는 예비군복이 너무 표시가 나니까, 후배 김경수한테 불씨극회에 가서 옷 하나 빌려 오라고 했어요.

옷을 갈아입고 김경수 하고 경남대 앞으로 갔어요. 경남대 앞에 가보니 학생들하고 경찰하고 대치 상황이더라고요. 그러다가 뭔가 확 불이 붙어서 학생들이 3.15탑으로 가서 다시 모이자고들 했어요.

저는 김경수 하고 택시를 타고 3.15탑 앞으로 갔죠. 경수는 자기 갈 길을 가고, 저는 택시에서 내려서 바로 신용수한테 전화했어요. 용수가 MBC기자로 있을 때였거든요. "용수야, 경남대 터졌다" 했더니 용수가 "그래?" 하면서 바로 온다고 하더라고요.

3.15탑 쪽을 보니까 전경들이 이미 에워싸고 있어요. 저는 신민당 당원인 오촌 당숙을 중국집에서 만나고, 나오는 길에 희다방 앞을 지났어요. 그 자리에서 친구 하나를 만났는데, 저한테 동생 과외자리를 소개시켜준 친구였어요. 창원 용지동에서 과외 했던 동생의 언니였죠. 그 친구가 자기 집으로 가자고 해요. 제가 과외를 하러 다니기도 했으니까 그 집 식구들도 저를 알고 있잖아요.

친구 말대로 용지동 친구 집에서 하룻밤 자고 친구가 주는 돈 7천원을 받아들고 나왔어요. 7천원이면 큰돈이었어요.

친구 집에서 나와서 집으로 바로 못가고 집 근처 다른 친구 집에 가 있었는데, 집에서 들어오지 말라고 했다는 거예요.

어떻게 할 지 고민하던 차에 용지동에 사는 그 친구가 회사차를 쓸 수 있도록 해주겠다고 하더라고요. 그 차를 타고 외갓집으로 가야겠다 생각했죠.

그래서 지금 NC구장이 있는 곳 근처에서 만나기로 했어요. 가봤더니 군인들이 쫙 깔려있었어요. 친구가 운전기사가 딸린 회사차를 보내준 이유는 일반버스를 타면 학생처럼 보이는 사람을 죄다 붙잡아서 검문했기 때문이었어요.

불안한 마음 끝에 택한 '자수'

친구 회사차를 얻어 타고 함안 군북에 있는 외갓집까지 갔어요. 외가에서 3~4일 정도 머물고 있는데 하루는 엄마가 절 찾아왔더라고요. 새벽에 탕탕탕 문 두드리는 소리가 나서 나가보니까 엄마가 택시를 대절해서 군북까지 타고 오신 거였어요. 그 자리에서 마당까지 들어온 택시를 타고 돌아 나왔어요. 나중에 들으니까 제가 가고 30분 뒤에 형사가 외갓집에 도착했다 하더라고요. 아무것도 모르는 여동생이 엄마가 외갓집에 갔다고 하니까 마산 형사들이 함안 군북지서에서 자고 새벽에 잡으러 온 거였죠.

동네 사람 중에 저를 봤다고 하는 사람도 있었데요. 재실에서 계속 있다가 지겨워서 외가로 내려와 있었는데 그걸 봤나 봐요.

아무튼 엄마가 절 데리러 와서 같이 택시를 타고 마산으로 돌아왔어요. 그때 마산 분위기가 삼엄하더라고요. 주변 얘기를 들어보니까 저한테 자수를 하라고들 해요. 전국에 수배령이 내렸다고요. "알겠다. 자수한다"고 했어요.

학생과에 알렸더니 아직도 생생히 기억나는 게 윤태림 총장이 타고 다니던 그라나다 차가 저희 집 앞으로 왔어요. 차에는 학생과 직원 한 명하고 형사가 타고 있었죠.

문제가 된 '노동자의 불꽃'

그 차를 타고 경찰서에 가니까 저를 본 편상철 형사가 그럴 수 있냐고 막 뭐라 하더라고요. 조용히 있으라고 저녁까지 사먹였는데 도서관에서 그 깽판을 쳤으니까. 저는 저대로 울분에 차서 그랬던 거고요.

저는 이미 〈관객모독〉으로 형사들에 대해 어느 정도 알고 있어서 내심 마음이 편했어요. 그래도 두 시간 단위로 뭘 했는지 쓰라고 해서 그걸 몇 번이나 반복해야 했죠.

그러다 밤 12시쯤에 대공과에서 유도심문을 하더라고요. 니 이

거 종철이한테 몇 부 받았냐, 고 다짜고짜 묻는 거예요. 저도 모르게 2부 받았다고 말이 나와 버렸어요. 그 문건이 뭐였냐면 '노동자의 불꽃'이라는 시였어요. 김종철이 등사해서 저한테 10부를 줬거든요. 2부 정도를 친구 두 명한테 줬는데, 2부를 받았다고 툭 튀어 나와 버렸죠.

제가 가니 유치장에 사람이 너무 많았어요. 편상철 형사가 유치장에 다 재울 수가 없다면서 저를 데리고 자기 집에 가서 재워줬어요. 인간적으로 절 좀 믿은 모양이었어요. 아침밥까지 먹여서 들여보냈으니까요. 그러고는 치안본부에서 나온 사람들이 또 두 시간 단위로 뭘 했는지 쓰라고 했어요.

누구를 어떻게 아느냐 물어보면 전 무조건 연극을 하다보니까 알게 된 거라고 대답했죠. 〈관객모독〉 때 이미 그런 얘기들을 많이 해놨기 때문에 어느 정도 신빙성 있는 말이었어요. 그런 점들이 작용해서 결국 훈방조치로 풀려났어요.

집에 와서 보니까 책꽂이에 〈노동자의 불꽃〉 원본이 꽂혀 있어서 깜짝 놀랐어요. 집현전에 〈노동자의 불꽃〉 원본이 있었는데, 그걸 제가 집에 가져온 모양이었어요. 혹시 몰라서 〈노동자의 불꽃〉 원본하고 집현전 관련 책자들을 싹 불태워 버렸어요. 나중에 수색하게 되면 문제가 커질 게 뻔했으니까요.

한숨 돌리고 3일 정도 지났을까. 평소에는 잘 켜지 않던 라디오를 나도 모르게 켰는데 박정희 유고방송이라는 거예요. 와! 살았구나, 하고 그제야 마음을 놓았어요.

그런데 10. 26이 있고 2~3일 뒤에 도 경찰서에서 나온 4명이 저를 또 찾아 왔어요. 이선관 시인을 어떻게 아느냐 묻더라고요. 나중에 들으니 그게 남민전 수사과정이에요. 연극을 하다 보니 이래저래 알게 됐다고 말했죠. 다짜고짜 지프차를 타고 같이 가자고 해요. 그리고는 다방으로 저를 데려가서는 이런저런 걸 물어보는 거예요. 라디오에서는 장송곡이 계속 나오지, 4대 1로 붙잡혀 있으려니 얼마나 불안해요. 그만 일어나보겠다고 하고 나와서는 편상철 형사한테 전화를 했어요. 왜 또 나를 걸고 넘어 지느냐고 따져 물었죠. 편상철 형사는 좀 봐달라고 하면서 멋쩍어 하더라고요.

그 일로 더 불려간 일은 없었지만 대학 수업이 귀에 안 들어왔어요. 곧 겨울방학이었고 잡혀간 친구들 생각도 나고요. 다행이 12월에는 정성기, 최갑순, 옥정애... 친구들이 나왔잖아요. 친구들이 밖으로 나오기 전까지는 마음이 좋지 않았어요. 혼자서 술 마시고 최백호의 '보고 싶은 얼굴'을 참 많이 불렀죠.

지금은 김재규가 박정희를 죽이지 않았더라면 어땠을까 한 번씩 생각도 해봐요.

고등학교 선생님으로의 진로 선택

경영학과에서 저는 석 달 만에 한 번쯤 나타나는 학생이었어요. 교수들한테 공연 초대권을 주면 출석점수 30점을 줬어요. 지금은 용납이 안 되죠. 그때는 미친놈이라고 하면서도 인정은 해줬어요.

학과장 했던 교수님은 삼촌하고 친구여서 저를 주시하고 있었는데요. 만날 때마다 "윤도군 공부하세요" 하셨어요. 전 "영어공부는 합니다" 대답했고요. 과외 아르바이트하면서 영어는 하고 있었거든요. 마여고 2학년 애들 다섯 명 모아놓고 방학 동안 성문종합영어 한 권 때준다고 과외를 해줬어요. 마산 우리 집에서 창원 용지동까지 31번 버스타고 가르치러 다녔죠. 그때부터도 애들 가르치는 일이 맞았나 봐요. 과외하려면 예습은 해야 하니까 영어 공부는 놓지 않았어요.

연극이든 알바든 미친 듯이 했어요. 인생에서 20대가 제일 감성이 풍부할 때인 것 같아요. 윤동주, 김소월, 백석... 전부 20대 감성이잖아요. 나이 먹으니까 식어버려요. 대극장에서 연극을 볼 때는 잠이 올 정도로. 한때는 많이 봤어요. 서울 엘칸토 극장도 가고 진주도 자주 갔어요. 진주는 지금 굉장히 연극이 활발하잖아요. 경남 연극계에 이름난 사람들 중에 극예술연구회 후배들이 많아요. 객석과무대 문종근 대표, 창원예술극단 현태영 대표, 거제도 극단 예도 최태황 대표...

전 졸업 전에 학교 선생님으로 진로를 정했어요. 경영학과를 나온 사람들은 금융계로 취직이 잘 되던 때인데, 저는 회사로 가기가 싫었거든요. 회사는 체질이 아니고 방송국 PD를 하고 싶었지만 언론사 통폐합이 되어서 시험조차 볼 수 없는 상황이었죠.

4학년 2학기 때 마산여상(현 무학여고)에서 교생실습을 했어요. 실습을 마치는 날에 5.18 광주항쟁이 터졌어요. 대학에서는 학생들한테 당분간 학교에 나오지 말라고 했어요. 저는 실습을 다 마쳐서 운 좋게 교육과정을 이수할 수 있었고요. 교생실습을 못했다면 교직이수가 되지 않아서 선생님이 못 됐을 지도 모르죠.

아직도 기억나는 게 학교 도서관에 토플책을 놔뒀었는데, 학교에 아예 들어가지 못해서 토플책을 다시 샀던 일이에요. 학교 도서관에 못 가니까 마산시립도서관에 도시락 싸들고 다니면서 공부했어요.

100일 넘게 학교에 못 가고 한 학기가 다 지난 후에 2학기가 되어서야 학교에 갔어요. 하루는 학과장이 저를 불러요. 시국이 이러니까 절더러 학교에 나오지 말고 진해상고로 가라는 거예요. 진해상고가 지금의 진해중앙고등학교예요. 그렇게 4학년 2학기, 한 학기 전체를 진해상고에서 때웠어요.

졸업을 앞두고는 진해상고 교장선생님이 저를 붙잡아요. 저더러 남아달라는 거였죠. 저는 애들 두들겨 맡는 소리 들리고 그런 게 딱 질색이라 뒤도 안 돌아보고 나와 버렸어요. 또 그때만해도 상고 선생님은 학교를 골라서 들어갈 수 있었거든요. 갈 수 있는 데가 진주 선명여상, 부산 동주여상, 동래여상... 여러 군데가 있었는데, 마산을 벗어날 겸 부산이 좋겠다 싶어서 부산 동래여상을 선택한 거예요. 부산 동래여상에서 32년 근무하고 2013년 2월 명예퇴직을 했어요. 제가 명퇴한 후에 동래여상이 인문계고등학교인 삼정고등학교로 바뀌었어요.

가장 먼저 연극반을 만들다

우습게도 마산과 연극을 벗어나려고 부산으로 왔는데, 학교에 오자마자 그 해에 학교 연극반을 만들었어요. 일 년에 한 번은 학예제를 하잖아요. 아이들하고 연극하는 재미가 있었어요. 연극반이 큰 활력소였죠. 안 그랬으면 사립학교 안에서 버티기 힘들었을 거예요.

거기다 전공인 경영학의 '경'자를 교생실습 끝나고 시립도서관에서 알았어요. 어딜 가나 전공과목 시험은 봐야하고, 영어보고 했거든요. 영어는 마고에서부터도 잘 배워 나와서 대학교 다니면서는 아르바이트로 과외를 할 정도였잖아요. 중학생들한테는 영어, 수학을 가르쳐주고 고등학생들한테는 핵심영어를 가르쳤어요. 마고에서는 영어가 필수였거든요. 성문종합영어로 공부했는데, 이걸 10번 봐야 마고맨이라 할 정도였어요. 책가방에 성문종합영어하고 수학정석 책이 없으면 마고맨이 아니었죠. 도시락 2개 싸들고 다니면서 죽기 살기로 공부했으니 어느 정도 실력은 남아 있었죠.

깨어있다고 느끼게 한 공간, 집현전

군 근무할 때 집현전이 태동했어요. 〈돼지꿈〉 연습할 때에요. 박진해가 찾아와서 집현전에 대해서 얘기했어요. 5월에 경남대 축제를 하는데, 6월에 집현전 첫 모임을 한 기억이 나요. 완월동 강당 바로 밑에 책방이 있었어요. 집현전에 들락거리면서 여러 사람을 만났죠. 집현전하면 떠오르는 인물은 김종철이에요. 김종철이 저와 같은 고향이에요. 같은 진북면이죠. 제 생각에 김종철이 제일 똑똑했어요. 의식이 완전 무장된 친구였어요. 칼이에요. 칼. 종철이 앞에서는 집현전에서 절대 시시덕거리고 놀면 안 됐어요. 김종철은 제일 아까운 친구에요. 부마항쟁으로 제일 고통 받은 사람이기도 하고요.

집현전에서도 연극 얘기를 했어요. 제가 연극에 관한 주제 발표도 하고요. 집현전이 옮긴 두 번째 장소는 하꼬방 같은 곳이었는데요. 시내 나갔다가 한 잔하고 올라가면 꼭 들르게 되어 있었어요.

집현전에 저도 책을 기증하고 제가 빌려서도 봤죠. 1년 정도밖에 안 되는 짧은 기간이었지만 많은 생각을 나눌 수 있는 의견 교환의 장이었다고 기억해요. 그런 게 의식화잖아요. 집현전은 의식화할 수 있는 공간이었죠.

의식화가 다른 게 아니라 의식이 깨어있다는 거예요. 사람이 깨어있어야지 어떻게 무의식으로 사나요?

전교조가 생기기 전에 학교마다 학원자율화 추진 바람이 일었어요. 제가 결재하러 들어갔더니 교장선생님이 저한테 묻더라고요. "이 선생은 의식화교육을 어떻게 생각해요?"라고요.

그때 교장선생님이 꽤 열린 분이셨어요. 유행하다시피 했던 열린교육에도 관심이 많으셨고, 집안 전체가 교육자 집안이셨어요.

그래서 제가 "교장선생님. 사람이 무의식에 살 수는 없잖아요" 하고 대답했어요. "정치인들은 의식화하면 무슨 죄를 지는 것처럼 얘기하는데, 사람 의식이 깨어 있어야지 무의식으로 잠자듯이 살 수 있나요?" 그랬더니, "이 선생 말이 맞네요" 하셨죠.

교육 얘기를 좀 하자면요, 자기 혼자 가르치고 선생 자기만 옳다고 하는 폐쇄적인 교육은 잘못된 거라고 봐요. 저는 애들한테 특별히 잘해준 적은 없지만 무시한 적도 없어요. 선생이 애들을 무시하면 자기 존재를 스스로 지우는 거잖아요.

일선에 가보면 애들하고 싸우는 선생들도 많아요. 애들을 개처럼 불러서 교무실로 따라오라고 하는 걸 전 해본 적 없어요. 교무실은 선생님들이 업무를 보는 곳인데, 왜 학생이 따라와야 해요. 제일 꼴 보기 싫은 타입이 애를 교무실에 불러서 이야기하는 선생이었어요. 정말 싫어했죠. 그건 옛날 선생님들 하던 걸 그대로 답습하는 거예요. 애들을 존중해줘야죠. 칭찬 교육이 얼마나 좋은 교육인가요.

학기 초에 반배정할 때 제 이름이 나오면 애들이 엄청 좋아했어요. 다른 선생님들이 어떻게 하기에 애들이 저러냐고 묻지만 저라고 별 게 있었겠어요? 애들 앞에서는 솔직하면 되거든요. 선생님이라고 다 아나요. 애들은 멀리서 보면 되요. 자꾸 다가가면 도망가요. 멀리 두고 꽃 보듯이 봐야죠. 그러면서 한두 마디씩 툭툭 던지면 애들이 놀래요. 어떻게 그렇게 잘 아냐고 하죠. 멀리서 본다고 모르는 게 아니거든요. 어떤 선생님은 애한테 매달리는데, 그러면 애도 피곤하고 선생도 피곤해요.

서로를 존중하는 교육이 되어야

집현전 하면서 제3세계 교육론을 다룬 책《페다고지》세미나도 하고 그랬어요. 책 한 권을 다 때고 아구찜집에 가서 술 먹은 일도 생생해요. 서울에서 온 애들하고《페다고지》몇 장은 누가하고 몇 장은 누가하고 그렇게 공부를 했죠.

지금까지는 충성만 요구하는 교육이었지만 이제는 존중하는 교육을 해야 해요. 서로가 서로를 존중해야죠.

되돌아보면 학교생활은 참 좋았어요. 퇴직하고는 선생님 소리를 안 들으려고 학생들이 있을 만한 곳을 피해 다녔어요. 학생들은 이미 잊었는데 옛날 얘기를 하니 다시 떠올리게 되네요.

아이들과의 생활은 좋았어요. 대신 사립학교 선생노릇은 힘들었죠. 아주 견디기 힘든 시기에는 병가도 냈어요. 2000년도였는데요. 사립학교에 근무하는 일에 한계를 느꼈어요. 학교에 병가 같은 게 어디 있나요. 그래도 2개월 내고 지리산 아는 절에 들어가 있었어요. 거기서 어느 정도 마음을 다스리고 내려왔어요.

그리고 2001년 겨울방학에 인도를 갔어요. 아는 스님 따라서요. 방학만 되면 교사들하고 인도로 가는 스님이 계셨거든요. 저는 와이프한테 내가 빚을 내서라도 가야한다 말하고 갔죠.

그 시기에 엄마한테 치매가 왔어요. 96년도 겨울에 많이 아프셨는데 그때 뇌손상이 왔는가 그렇게 꼿꼿하던 분이 우리 둘째를 못 알아보셨어요. 얼마나 예뻐하셨는지 굽은 허리에도 애를 업고 4~5층을 올라가셨던 분인데. 아프기 시작하고 4년 6개월을 앓다가 80 나이에 돌아가셨어요. 치매로 오늘 내일 하는데도 와이프가 갔다 오라고 하더라고요.

몸바이부터 시작해서 인도 땅 끝까지 20일 동안 20개 넘는 도시를 다녔어요. 올 때는 한국에 들어오기 싫더라니까요. 여행 가서 가장 많이 한 말이 '하우 머치'이고 가장 많이 들은 말이 '노 프라블럼'이었어요(웃음). 학교에 돌아와서도 분위기가 좋지는 않았죠. 재단이 바뀌고 상고에서 인문계고로 바꾸려던 시점이었어요. 일부러 퇴직할 생각을 하고 불교를 공부를 했어요.

와이프는 절더러 돈 안 되는 짓만 골라서 하고 자기 세계에 빠져 사는 사람이라고 해요. 나는 애들 있고 책 있으면 되지, 뭐가 더 필요하냐고 하죠.

쓸데없는 잡담만 하며 시간을 보내는 게 인생

대학시절 무던히도 올려보고 싶었던 공연이 〈고도를 기다리며〉였어요. 80년에 겨울에 후배 현태영이 연출을 맡았을 때 〈고도를 기다리며〉를 추천했는데, 결국 사르트르에 〈무덤 없는 주검〉으로 결정됐어요.

〈고도를 기다리며〉를 본 건 79년이었어요. 동아대 극예술연구회 출신인 부산 이선교 연출가가 79년 겨울에 신마산에 있는 마산극장에서 극단 창립공연으로 〈고도를 기다리며〉를 했어요. 혼자 보는데, 마지막 장면에서 인간 그 자체의 모습을 봤달까. 가슴이 뭉클했어요.

〈고도를 기다리며〉 마지막 부분에서 블라디미르, 에스트라공 두 주인공이 뭘 해도 아무 소용이 없다 그러니까 우리가 고도를 바람 맞히자, 더 기다리지 말자고 말하고는 가만히 있거든요. 쓸쓸하기도 하고 우습기도 한 그게 진짜 우리 인간의 본모습 같아서 혼자 기립박수를 쳤죠. 아무리 노력해도, 무슨 짓을 하더라도 죽어서 흙으로 썩어갈 때까지 쓸데없는 잡담만 하면서 시간을 보내는 게 꼭 우리네 인생 같더라고요.

아직도 어디서 〈고도를 기다리며〉를 한다고 하면 꼭 보러갑니다.

그래도 연극은 연극이지 연극 그 이상은 아니라고 생각해요. 팩트는 아니잖아요. 픽션이지. 어찌 보면 그렇기 때문에 또 매력이 있고요. 저는 20대에 하나의 탈출구로서 연극을 했기 때문에, 제 자신이 예술을 했다고는 생각하지 않아요.

요즘은 최인호 작가의 글들을 읽어요. 〈별들의 고향〉, 〈바보들의

행진〉을 쓴 이 최인호 작가가 말년에 불교 공부를 했는데, 그 깊이가 참 깊어요. 저는 원래 종교로 치자면 천주교도였어요. 79년도에 세례명을 받고 성당을 다녔어요. 지금 교황님 이름하고 똑같은 프란체스코. 마산에서 부산으로 오니까 이적 연락이 오는 거예요. 사직성당에서 연락이 왔는데 나갈까 말까 하다가 가지 않았어요.

불교는 나중에 접하게 됐어요. 퇴직하고 이런저런 일들을 많이 했어요. 타이어회사에서도 일해보고 조경기능사 자격증도 따보고요. 회사 경비로 1년 반 정도 일하기도 했어요. 그중에 불교문화해설사도 있었죠.

천국에 산다

우리 집은 천국이에요. 창문 너머로 보면 교회 십자가가 얼마나 많이 보이는데요. 작은 딸하고 인제대 운동장에 갔다가 걸어 올 때 보면 십자가가 10미터 간격으로 하나씩은 있는 것 같더라고요. 얼마나 많은지... 그래서 내가 천국에 산다고 해요(웃음).

나와 다른 종교라도 존중해야죠. 교회가 많은 이유도 알 것 같아요. 잘해주니까. 어르신들한테 참 잘해요. 간병도 교인들이 와서 해주는데 얼마나 좋은 일이에요. 이유가 있기 때문에 가는 거지.

이유 없이 가지는 않지요.

하지만 맹신론자가 되면 안 되요. 제가 늘 말하는 게 종교에 대해서는 이신론자가 되라고 해요. 이성을 갖고 믿는 자, 이신론자가 되어야지 맹신론자가 되면 마약보다 더 겁나는 거예요. 가족도 내팽개치잖아요.

제가 통도사 불교문화해설사를 했지만, 불교에 막 심취하지는 못했어요. 그래도 아침마다 만장대에 올라가요. 아니면 혜은사라고 위에 절이 하나 있어요. 거기 법당에 들어가서 절하고 탑돌이하고 돌아오는데, 아주 개운해요. 그냥 내 마음이 편하고 싶어서 하는 거예요. 마음 살리려고 하는 거죠. 마음살림.

살림을 살 때도 경제적, 육체적 살림만 할 게 아니라 마음살림을 잘해야 하는 거예요. 그래도 어려워요. 왜 승려들이 삼배를 받겠어요. 그 과정이 참 어려워요.

사람이 나무 같다면

걸으면 살고 누우면 죽는다. 보생와사. 요새는 매일 먼 길을 걸어요. 저는 주로 걷는 데가 따로 있어요. 우리 집 근처 시내천을 쭉 따라 내려가서 인제대 역에서 경전철을 타요. 그리고는 김해공항 입구에서 내려요. 거기가 덕두역이에요. 역에서 내리면 낙동강 둑이 나오는데 거기서부터 강서구청까지 걸어서 돌아와요. 그 길이 벚나무길인데 너무 좋아요. 아름드리 벚나무들이 도열해 있는 사이를 걸어가면 기분이 정말 좋죠.

이번 여름에 태풍이 얼마나 세게 왔는지 하루는 나가 보니까 아름드리나무 하나가 엎어져 있는 거예요. 눈물이 날 뻔했어요. 제가 나무를 좀 많이 좋아하거든요. 엄마, 아버지 산소 주변에 제가 심은 나무들 중에는 죽은 나무가 없어요. 나무는 정성으로 키우면 살아요. 원래 나무를 좋아했는데 조경공부를 하다보니까 나무가 제일 어렵다는 걸 알게 됐어요.

조경 수업을 들을 때 《나무철학》이라는 책을 쓴 강창구 교수의 강의도 들었어요. 사람이 나무 같다면 얼마나 좋을까 생각도 해봐요.

이제는 많은 시간이 지났으니까 잊고 싶어요. 10월이면 도지는 '10월병'도 없어졌으면 싶고요.

도시의 기억은 언제고 다시 되살아난다

김진식

고 이광두 회장이 양서협동조합을 처음 계획할 때 가장 먼저 찾은 사람이 후배 김진식이었다. 마산에 연극 붐을 일으킨 마산학생연극회도, 작은 자취방에 불과했지만 집현전의 후속편격인 '마파람'을 만든 것도 그를 주축으로 한 선후배, 동기들이었다.

서울대 문리대 연극반 출신에 술, 담배, 농을 좋아하는 그는 도합 36년을 몸담은 '강단'에 서게 된 이유를 자신의 "속물" 근성 때문이라고 말한다. 하지만 필시 농담일 터. 사실 그를 이끈 건 8할이 '사람'이 아니었을까.

꽤 여러 명의 마산고 동기들을 불문과 전공생으로 만든 불어선생 임봉길, 서울대 불문과 교수이자 4.19세대 문학평론가 김현, 경남대 교수로 왔던 황현산까지… 그의 곁에는 유독 '모방하고픈' 좋은 선생들이 있었다.

그런 김진식에게 르네 지라르의 이론은 자신의 삶과 인간을 이해하는 열쇠였다. 국내에서 르네 지라르 관련 번역서를 가장 많이 냈지만, 여전히 소개할 책이 많다는 그는 더 많은 이들이 르네 지라르의 이론으로 삶을 통찰할 수 있기를 기대한다.

퇴직 후에도 이어진 르네 지라르 강의

최근에는 화백이라고 하죠. 화백입니다. 화려한 백수. 친구들이 54년생이에요. 저도 54년생인데, 할아버지가 1년 늦게 호적에 올려주신 덕분에 55년생이 되어서 올해 퇴직을 하게 됐어요. 친구들은 이미 다 퇴직한 상태라 농담 삼아 신입회원 환영회 안 해주느냐고 하죠(웃음).

9월, 10월 두 달 동안 명예교수다 보니까 맡은 강의가 2개, 전공은 아니고 교양만 하고 있어요. 평소 강의했던 내용을 가지고 비대면 강의를 합니다. 원래는 월요일, 수요일 강의를 해야 하는데, 온라인상으로 만들어서 올리기만 되니까 요일 개념이 없어져요.

주말에 준비했다가 온라인 강의 올리고 나머지 시간에는 낚시를 좀 다니죠. 저는 운전을 할 줄 몰라서 와이프가 운전해주면 가서 하는 거예요. 울산이 좋은 게 영남알프스도 한 시간이면 가지만 바다도 30분만 가면 동해바다가 나오니까요. 정자든 양남이든 나가서 낚시를 하고 있습니다. 고기를 잡으러 가는 게 아니라 시간을 잡으러, 세월을 낚으러(웃음). 그렇게 시간을 보내고 있습니다.

저는 평생 운전을 안 했는데요. 제가 기계에 손을 대면 기계가 고장 나기 때문이에요. 집사람 말이 저는 '마이너스의 손'이랍니다. 함부로 손대면 문제가 생기니까 아예 안 만지죠.

컴퓨터를 필수적으로 써야하는 세상이라 쓰고 있기는 하지만, 늘 하던 정도로만 씁니다. 동영상 강의도 처음에 알려준 기술 딱 하나만 배워서 올리는 식으로 하고 있습니다. 새로 좋은 게 나왔다고는 하는데, 저는 처음에 나온 걸로만 이용해서 올려요. 영상을 직접 찍지 않고, 강의 PPT를 만들어 올리고 추가로 말만 녹음해서 올립니다. 그러면 영상이 만들어져요. 가끔 녹음할 때 중간에 전화가 와서 통화를 하잖아요. 그럼 전화소리도 녹음되어 있어서 다시 녹음하기도 해요. 전체 강의 시간이 2시간 남짓인데 녹음된 음성을 끊거나 붙이는 걸 못하니까.

과사무실 입구 게시판 붙은 포스터 〈욕망의 이해〉가 제 강의에요. 교육부에서 주관하는 온라인 강의인데요. 학교에 지원부서가 있습니다. K무크라는 이름으로 전국 대학 교수들이 온라인 강의를 올리는데, 제 강의도 포함되어 있어요. 포스터가 그 내용입니다.

강의가 나오게 된 계기가 있어요. K무크가 기획되면서 각 대학에서 강의를 올리게 됐는데요. 교수학습계발 보고시간에 그 내용을 논의하다가 우리 대학이 의대가 유명한 대학이라 암이나 간호 관련 주제들만 나왔어요. 그런 건 TV만 틀면 나오지 않느냐고 총장이 말하더라고요.

평소 제 지론도 지식이나 정보보다 지혜가 있어야 행복이 가까이 온다는 거예요. 암기해서 학력고사 1등이 되거나, A는 B다와 같이 무조건 외우는 암기식, 정보 주입식 교육 말고 대학이라면 대학답게 교양교육이 필요하다 싶어서 평소 제가 강의 하는 내용이 이런 거라고 말했더니 해보라고 하시더라고요. 그래서 K무크에 르네 지라르의 욕망에 대한 강의를 올리게 됐어요.

인간을 이해하는 핵심 '욕망'

한국에서 소개된 지라르 책은 제가 거의 다 번역했어요. 지라르의 핵심은 욕망이거든요. 지라르는 욕망은 내 것이 아니다, 욕망은 거짓이라고 하죠. 낭만적 거짓입니다. 소설 속 인물들은 난 저걸 원한다고 하는데 사실은 거짓이에요.

세르반테스의 〈돈키호테〉를 예로 들어 볼까요. 돈키호테가 살던 시절에는 최고로 치는 일이 멋진 방랑기사가 되는 거였어요. 프랑스 골 지방에는 아마디스라는 유명한 기사가 있었다고 합니다. 돈키호테가 산초에게 말해요. "산초야, 멋진 방랑기사가 되려면 골의 아마디스처럼 되어야 한다"고 말이에요. 모방이죠.

욕망이 원래부터 자기 것이라고 하는 건 환상이에요. 초등학교 아이가 서울대에 가고 싶다고 하는 건 거짓말입니다. 엄마나 사회의 욕망을 대신 말하는 거예요.

대강 이런 내용의 강의를 K무크에 개설했어요. 〈고전의 이해〉라는 강의 중에 〈현대의 고전〉이라고 해서 문과 하나, 이과 하나 각각 8주씩 나눠서 강의를 하는데요. 욕망에 대한 강의는 문과 강의로 올라갔어요.

K무크 강의는 교수가 직접 강의를 올리는 게 아니라, 학교 관계 부서 직원들이 와서 촬영해줘요. 분장도 하고 할 거 다 하죠. 2019년 여름 내내 찍었어요. 올해 1, 2번 찍고요. 원래는 K무크 우수 강의로 뽑혀서 8월에 시상식을 갖기로 했는데, 코로나 때문에 취소됐어요.

강의 내용처럼 우리가 힘든 건 모두 욕망 때문이에요. 엘리자베스 여왕은 목걸이가 500개가 넘는다는데 부러워하는 사람은 없죠. 사촌이 목걸이가 많으면 부럽죠. 배가 아픕니다.

그걸 제일 잘 알고 있던 사람이 셰익스피어에요. 셰익스피어의 초기 작품을 한 마디로 말하자면, 친구가 되는 조건과 적이 되는 조건은 다르지 않다는 거예요.

가만히 들여다보세요. 미국과 소련이 싸웠던 건 미국과 소련이 똑같았기 때문에요. 사람들이 전혀 모르는 사람과는 다툴 일이 없어요. 절대 안 다퉈요. 바로 옆에 있는 자기 짝이랑 싸우죠. 그걸 짝패라고 해요. 꼭 닮은 단짝이 싸워요. 제 강의의 핵심이 그거에요.

K무크는 전 세계 누구나 들어와서 들을 수 있어요. 강의를 올린 사람은 누가 들어와서 봤는지 알 수 있는데, 재미있는 게 국적도 보인다는 점이에요. 강의를 들은 사람들 국적을 보니까 프랑스, 미국, 중국 심지어 조선민주주의인민공화국도 있어요. 북한 수강자가 작년에는 2명이었는데 올해는 3명이 들어왔어요. 케냐도 있고요. 강의는 영어로도 볼 수 있고 마지막에는 프랑스어로도 간단하게 정리해줘서 세계 각국 사람들이 볼 수 있어요. 잘 만들어져 있죠.

제가 하고 있는 또 다른 강의 하나는 상상력에 관한 거예요. 상상력의 중요성은 어디에서나 강조하잖아요. 저도 그렇게 듣고 컸는데 상상력, 창조성을 키우는 방법을 학교에서는 가르쳐주지 않더라고요. 제가 대학원 가서 공부하고 지라르에 대해 공부하다보니까 상상력이 절대 멀리 떨어져 있는 게 아니다 싶어서 강의를 만들었어요. 〈상상력과 대안〉이라는 강의입니다. 지금은 이렇게 2개의 교양 강의를 하고 있어요.

가까이서 접한 민청학련 사건

저는 54년 갑오년 말띠에요. 마산 완월동에, 정확하게는 마산 신월동 산복도로 위에 달동네에서 나고 자랐어요. 가난했죠. 중학교

마치고 주변에도 알 만한 사람이 없다보니까 상대를 가려면 상고를 나와야 하는 줄 알았어요. 그래서 중학교 2~3학년 때 주산학원을 다닐 정도였어요. 상고를 가려고요. 그러니 얼마나 정보에 어두웠 겠어요.

아버지, 어머니 두 분 다 집안에서 맏이시고 저도 맏이이다 보니 까 알려주는 사람이 주변에 아무도 없었죠. 대학에 가본 사람도 없었고요. 형제도 위로는 없고 제 밑으로만 여동생, 남동생 둘이 있어요.

중학교에서 고등학교에 진학할 때 경기고등학교를 가고 싶었는 데 집안 형편이 안 됐어요. 누가 봐도 안 되는 일이었어요. 하숙을 해야 하고 집이 좀 살아야 가능했으니까요. 저희 집 형편에는 꿈도 못 꾸는 일이니까 어린 마음에 좀 우울했던 것 같아요.

가만히 있으면 마산고등학교를 갈 수밖에 없어서 마고를 갔죠. 마산중, 마산고로요. 대학은 한 해 재수를 했어요. 74학번으로 들어갔어요.

대학에 들어가서는 술 마시고 데모하고 놀고 한 번씩 마산에 와서도 술 마시고 놀고 그랬죠. 연극도 좀 했어요.

제가 2학년 때 연극반에 들어갔거든요. 75년에 관악으로 이사 와서 서울대 연극반을 들어갔어요. 그래도 제대로 해봤다고 하기에는 너무 제한사항이 많았어요. 유신시대였던 만큼 학생들 활동을 전부 제한했으니까요. 연습은 했지만 공연을 못 올린 적도 있었고 오적 사건... 이런 것 때문에 죽네 마네 하던 시절이었거든요.

유신은 72년 우리 고등학교 때 시작됐어요. 한국적 민주주의가 막 나올 때 친구들과 '이거 말이 되냐' 얘기하기도 했죠. 그걸로 고3 때 난리친 적도 있었어요.

74학번으로 학교에 들어가서 초반에 민청학련 사건이 터졌어요. 저희 강의실이 옛날 공릉동에 있었는데요. 거기 4층짜리 미대 건물이 있었어요. 미대는 1층만 쓰고 나머지 층에서는 교양과정 수업을 했습니다. 저도 그날 수업을 듣고 있었죠.

74년 4월 3일 민청학련 사건이 터졌어요. 제주 4.3을 기린다고 4월 3일로 날을 잡았을 거예요. 이철, 유인태, 김병곤, 나병식 이런 사람들이 다 와 있었어요.

연극반 생활과 어쩌다 맡게 된 서울대가톨릭회 회장직

저희 때는 입학식은 대학로에서 하고 공릉동 골짜기에서 3학기 동안 교양과정부 강의를 들어야 했어요. 그렇게 3학기를 혜화동에서 보내고 75년에는 관악에서 수업을 들어야 해서 이사를 갔어요. 1학년 마칠 때쯤 불문과를 선택했고 연극반은 관악으로 간 후에 들어갔죠.

연극을 하게 된 건 성당에서 본 연극이 좋아서였어요. 완월성당을 어렸을 때부터 다녔는데요. 어린 마음에 성탄절을 앞두고 하는 간단한 소극, 순환극이 아주 재미가 있었어요.

그리고 혜화동 대학 근처에 소극장이 많았는데, 운현궁 앞 골목 안에 실험극장이 하나 있었거든요. 〈에쿠우스〉 같은 문제작들을 많이 올렸어요. 남미작가가 쓴 〈아일랜드〉라는 유명한 작품도 했고요. 문리대 연극반 출신들이 많이 했는데요. 저도 자주 보러 가면서 관심이 커졌죠.

앞에도 얘기했지만 당시에 연극을 한다는 게 애매모호한 점이 많았어요. 우리끼리 한다고는 했지만 제대로, 공개적으로 하기가 어려웠으니까요. 연습만 하다가 공연은 못 올린 적도 많았는데, 그 중 하나가 이강백 씨의 〈파수꾼〉이라는 작품이었어요. 늑대와 소년이 나오고, 그 내용이 북에서 사람이 내려오는 걸 의미한다고 봤죠. 어쩌다 모여서 한 게 체육대회 정도였어요.

다른 대외활동은 서울대가톨릭회 회장 일이었어요. 친한 친구가 저더러 회장을 맡으라고 하기에 맡게 됐어요. 문리대가 있는 혜화동 로타리 쪽에 동성고등학교가 있고, 거기 혜화동성당이 있어요. 혜화동 성당에 주교장이 계셨는데, 그때는 김수환 주교장이 계실 때 였어요. 거기서 서울시내 대학생가톨릭회 체육대회를 하기도 했어요.

방학 때 마산에 와서 만난 친구들이 자기들도 연극을 한다기에 "어, 그래? 그럼 같이 해보자." 그렇게 시작한 게 마산학생연극회입니다. 마산학생연극회에 하효선도 들어오고, 이윤도도 들어오고 그랬죠. 몇 년 동안 여름방학, 겨울방학 때마다 모여서 연습하고 작품 올리고 그랬어요. 마산학생연극회가 처음 만들어졌을 때 제가 회장을 했죠.

그런 와중에 부산양서협동조합이 있다는 걸 이광두 형이 얘기해 줘서 알았어요. 이광두 형과는 완월성당에 다니면서 친해졌어요. 마산고등학교 한 해 선배이기도 하고 둘 다 고등학교 때 완월성당 학생회에서 살다시피 했으니까요.

불문학을 전공하게 된 까닭

고등학교를 70년 3월에 입학했어요. 마산고등학교는 불어하고 교련이 시범학교였어요. 두 과목 다 마산에서는 마고가 제일 처음 시작했죠. 교련은 전국적으로 시행되기 전에 시도마다 한 군데씩 학교에서 시범적으로 한 거였고, 불어는 프랑스하고의 관계에서 외교적으로 필요한 일이어서였겠죠. 시도마다 학교를 뽑아서 시범적으로 했어요.

학교는 큰일 났죠. 불어 선생은 없고 불어 공부는 시켜야하고. 그래서 동원된 사람이 독어 선생이었어요. 우리 학교에 사범대 나온 독어 선생님이 계셨거든요. 그 분 하는 말이 "나는 독어를 하는데 불어도 좀 하거든"하면서 자기를 '독불장군'이라고 불러달라고 했어요. 그래서 초반에는 엉터리 발음으로 불어수업을 받았어요.

그렇게 1~2주 있다가 제대로 불어를 하는 선생님이 왔어요. 사범대 불어과를 나온 분이셨는데 인사부터 시작해서 딱딱 정해진 포맷대로 수업을 하는 분이었죠. 원래 대부분 선생님들이 포맷대로 가르쳐주기는 하죠.

그리고 몇 달 후에 문리대 불어과를 나온 선생님이 오셨어요. 앞에 선생님은 군대도 안 다녀오고 갓 졸업해서 온 분이었는데, 이 분은 군대도 갔다 오고 나이가 좀 더 있으셨어요. 말씨도 이북말 비슷한 서울말을 쓰셨어요. 청바지 입고.

그 선생님한테 우리가 뿅 갔죠. 임봉길 선생님이라고, 우리는 선생님을 '형'이라고 불렀어요. 나중에 문화인류학 교수님으로 가셨다가 마지막에는 강원대학교에서 퇴직하셨어요.

임봉길 선생님한테 서울에서 데모한 얘기, 연애한 얘기를 들으면서 마산 촌놈들이 '저런 게 대학이구나' 했어요. 선생님 덕분에 대학생활의 로망이랄까, 그런 게 생긴 셈이에요.

그때 같이 수업 들었던 친구들 중에 불문과에 간 친구들이 많았어요. 나하고 또 한 친구, 외대 불문과로 간 친구도 있고... 욕망은 어디에서 나온다고요? 모방이죠. 이렇게 결국은 주변 사람을 보면 자신의 욕망을 알 수 있어요.

욕망은 욕구와는 달라요. 욕구는 목마르면 물을 마시고 싶다는 거예요. 욕구는 욕구를 느낄 수 있는 대상물이 있기 전에 존재하죠. 욕망은 아니에요. 대상이 있어야만 갖고 싶다는 욕망이 생겨요. 정확히 말하면 우리는 뭘 원하는지 모르는 동물이에요.

생각해 보세요. 불과 1년 전만해도 지금과는 다른 욕망을 가지고 있을 거예요. 그 사이에 뭐가 달라졌을까요? 외부의 변화에요. 외부는 결국 다른 사람이에요. 다른 사람 때문에 변하는 거예요. 모방이에요. 저와 제 친구들이 불문과를 선택한 것도 그 이유죠.

하여튼 선생님 영향이 컸어요. 우리 동기들 중에서는 사시를 공부한 친구가 한 놈도 없어요. 마고에는 서울대반이 있어서 문과반, 이과반 한 반씩 만들어졌는데 그중에 아무도 사시를 한 사람이 없어요. 그게 뭘까. 한 번은 상갓집에 갔다가 친구들하고 그 얘기가 나왔어요. "정말 그렇네"하고 다들 맞장구를 쳤죠. 왜 그럴까 저 혼자 곰곰이 따져보니까 '임봉길이 때문이다. 아니 임봉길이 덕분이다' 했어요.

부산양서협동조합을 방문하게 되기까지

광두 형하고는 고등학교 때부터 많이 친했어요. 마산에 가면 우리 집에서 먹고 자고 집에서 같이 살 듯이 지낼 정도였어요. 76년인가, 77년인가 광두형이 서울대 관악에 있는 하숙집에 왔어요. 서울대 그 자리가 옛날 골프장이 있던 자리거든요. 관악 캠퍼스가요.

그 땅이 옛날에는 아마 삼성 소유였을 거예요. 근처에 삼성주택단지가 있거든요. 지금의 타워팰리스처럼 잘 사는 집들이었죠.

캠퍼스 안에 앨리베이터가 있었고, 올라가면 잔디가 쫙 깔려 있어서 한 눈에 봐도 골프장 했던 곳으로 보였어요. 그 안에 수영장도 있었고요. 거기를 광두 형이랑 같이 가서 수영도 하고 했어요.

하루는 78년 여름인가 그랬어요. "진식아, 양서협동조합이라고 들어봤나?" 하더라고요. "못 들어 봤는데요" 그랬더니 "부산에 양서협동조합이라는 데가 있다. 참 좋은 일을 많이 하더라. 한번 가보자" 해서 부산 보수동 골목까지 같이 갔었어요.

책방 골목에 가서 관련 사람들 만나서 이런저런 얘기를 하고. 그다음에 마산 우리 집에 와서 하룻밤 같이 잤어요.

경남양서협동조합을 만들자고 하고는 저는 저대로 친구들이 다 있으니까 연락하면 되겠다 생각했죠. 주로 실무를 볼 팀이 완월성당 친구들이었어요. 발족식을 완월성당 앞에 있는 보육원강당에서 했어요.

집현전 위치는 완월성당에서 성지여고 방향으로 내려오다 보면 경남대학 강당이 있었어요. 그 골목이 요즘 말로 핫플레이스라고 할까요? 완월동 강당에서 음악회도 많이 하고 젊은 학생들도 많이 지나다니고 중고생도 많이 지나다녔어요. 그 밑에 조그만 가게를 하나 얻어서 책방을 만들었죠. 성당 친구들이 목수가 되어서 서가를 짜고 회원들 책을 기증받기도 하고 사기도 하면서요. 뒷방도 있었는데, 뒷방에 모여서는 세상 욕도 좀 하고요.

청춘들의 사랑방이 되어준 집현전

가게니까 월세가 있잖아요. 광두 형은 막막한 시절이었어요. 재주는 많지만 먹고살기 위해서 한국중공업에 다니기도 하고 했는데, 그만두고 나서 경제적으로 도움을 받을 수 있는 데가 없었어요. 더 이상 부담되니까 본인도 힘들었고 월세를 못 내니까 쫓겨날 판이니 그만하자 한 거죠. 그래서 이사를 한 곳이 옛날 철도가 있던 자리였어요. 철거되고 빈 공터에 그야말로 한 두 평짜리 하꼬방 같은 데로 옮겼죠. 중앙극장, 시민극장 가까이 있었어요. 창동이 바로 위여서 시내 가운데였어요.

집현전은 늘 바글바글했어요. 사랑방이었죠. 저희끼리 색인도 만들고 장부도 만들고 작당 내지는 잡담하고. 거쳐 간 놈들만 수두록 빽빽하죠. 젊은 친구들의 문화사랑방, 아지트였어요.

마산은 부산양서협동조합하고는 좀 달랐어요. 제가 본 부산양서협동조합은 보수동 헌책골목 안에 있었는데, 헌책들이 많고 위에 다락방 같은 데서 여러 개 팀들이 세미나 하는 걸 봤죠. 그 여담으로 2000년대 들어서 연락이 한 번 왔었어요. 양서협동조합에 대해 정리를 해보겠다고 하더라고요. 영화 〈변호인〉에 나오는 부림사건이 바로 부산양서협동조합 관련 사건이거든요. 부산 민주공원인가에서 한다고 해서 저도 갔었어요.

78년인가, 기억을 잘 못하겠습니다만. 78년 겨울에 광두 형한테 연락이 왔어요. 서울에서 양서협동조합이 생긴다고요. 서울은 발기인대회를 종로 2가 YMCA 회관에서 했는데요. 그래도 우리가 먼저 생긴 '형'이니까 축하를 해줘야 하지 않겠나 해서 벽시계 하나를 샀어요. 당시 몇 천 원짜리 시계였는데, 거기에 '축 서울양서협동조합 발족' 이렇게 써서 들고 갔던 기억이 나요.

창동으로 옮긴 집현전에서도 행사는 많이 했어요. 3.15의거 기념행사를 해보자고 해서 3.15 관계자, 주역들인 이선관 시인 연배들 모시고 좁은 하꼬방에 촛불 켜놓고 열댓 명 정도 모여서 얘기를 나눴어요. 모임이 끝나고 막걸리도 마시러 갔죠.

집현전 내부는 무척 좁았어요. 사무를 보는 책상이 있고 그 맞은

편에 삥 돌아서 서가가 있고요. 앞에 널빤지로 만든 벤치가 있었어
요. 가운데 재떨이를 놔뒀고요. 몇몇은 벤치에 앉고 나머지는 바
닥에 앉아서 얘기를 들었어요. 이선관 시인이 창신고를 나왔던 모
양이에요. 그때 주역이었던 친구를 같이 데려오셨죠.

집현전을 거쳐 간 사람들

집현전에서 만난 사람들 중 김종철 씨는 고려대 출신에 아주 레
디컬한 친구였어요. 지금으로 치면 NL이랄까. '집현전'이라는 명
칭에 대해서도 비판을 했어요. 집현전을 만든 세종대왕에 대해서
도 민중의 박해자일 뿐이라고 했으니까요. 70년대에는 그런 논리
가 통하던 시절이기도 했고요.

우리는 "양서판매이용협동조합은 이름이 길고 하니까 부르기 쉽
게 집현전으로 하자. 현명한 사람들이 모여서 훈민정음을 만든 곳
이 집현전이니까" 그렇게 제안을 하고 "집현전 그래 괜찮다" 이렇
게 단순하게 결정을 한 것일 뿐이었죠. 아무튼 그런 일도 있었어요.

무수히 많은 사람들이 왔었어요. 마산 그 인근지역을 망라해서
다 모였어요. 사랑방 같은 공간이 있음으로 해서 그걸 핑계로 모였
던 거죠. 알게 모르게 희다방에서 연극도 하고 고려다방에서 시화
전도 많이 하고, 독창회도 하고... 그 친구들이 결국은 다 아는 친

구들이었어요. 모두 집현전 회원은 아니라고 하더라도요. 결국은 한 다리 건너면 다 알고... 창동 근처에서 뭔가 하면 다들 가보는 분위기의 한 가운데 있었던 게 집현전이었죠.

요즘 말로 하면 일종의 '플랫폼'이랄까요. 우리말로 하자면 백구 마당이죠. 옛날 동네에 가면 공회당 앞에 넓은 마당이 있잖아요. 거기서 타작을 하기도 하고 동네잔치를 한다면 거기서 돼지도 잡고, 애들이 자치기도 하는 곳이 플랫폼이죠. 용도가 하나로 있는 게 아니라 이것저것 다양하게 활용되는 곳이었어요.

집현전 해체할 때는 기억이 잘 나지 않아요. 저는 78년에 학교를 졸업하고 79년 1월부터는 군대 훈련을 받은 다음에, 마산 산호동에 있는 동사무소에서 근무를 하고 있었어요.

집현전은 뒤로 가면서 제대로 관리가 안 됐어요. 당번을 정해놓고 가 있기도 하고 청소도 돌아가며 했는데 시간이 지나면서 유야무야됐어요.

특히 부마항쟁이 터지면서는 더더욱 집현전이라는 이름 자체를 언급하지 않았어요. 또 집현전에 자주 왔었던 주대환, 황성권... 이 친구들이 전부 다 엮여서 잡혀갔으니까. 더 말할 수가 없었죠.

집현전이 완월동에 있을 때는 공무원 하는 분들, 예전에 학교에서 공부 좀 했다하는 영재들, 그런 친구들도 회원으로 많이 들어왔어요.

집현전에 기증했던 책이 몇 권 우리 집에 있었는데, 책 뒤에 대출일자가 적혀있어요. 집현전의 마지막은 기억이 잘 나지 않아요.

우연찮게 선택한 작품 〈봇물은 터졌어라우〉

방위로 근무할 때는 출퇴근을 했어요. 마산에서 친구들 만나서 술 마시고. 한 번은 어디서 연락이 왔어요. 창원여자전문대학, 지금은 문성대학으로 바뀌었는데요. 그 학교에서 연극회를 만들고 싶다고 연락이 온 가예요.

마산학생연극회를 만들고 나니까 경남대극예술연구회가 생기고 옛날 도립병원 안에 있는 마산간호전문대학도 연극회가 만들어지다 보니까 창원여자전문대학에도 연극회를 만들고 싶어 했어요. 초연을 해야 하는데 연출을 할 사람이 없다고 창원여자전문대학 교수가 저한테 직접 찾아와서 부탁을 했어요. 제가 "그럼 해봅시다. 잘 하지는 못해도 잘 못하지도 않겠습니다"고 하고서는 참여를 했죠.

천승세라는 소설가의 작품을 하기로 했어요. 제목이 〈봇물은 터졌어라우〉 였는데요. 동생이 천승걸이라고 서울대 영문과 교수를 했어요. 전라도 어느 농촌 사람들의 이야기를 담은 작품이었죠.

몇 달 정도 연습을 해야 하는데 학교에서 만날 할 수만은 없었어요. 마침 경남대 앞에 경남데파트라고 아파트 하나가 비어 있었어요. 누가 알았는지 주인한테 잠시 빌렸어요. 창고 비슷한 빈 방에서 모여서 연습을 한 달, 두 달 정도 했어요. 포스터까지 나왔으니까요.

근데 공연일이 10월 18일 이후였어요. 공연일 전이었으니까 10월 18일 후에도 포스터는 계속 붙어 있잖아요. 마산에서 난리가 나고 후에 도요. 그 포스터를 보고 경찰서에서 신고가 들어왔다고 연락을 받기도 했어요.

결국 공연은 하지 못했죠. 그런 일은 워낙 비일비재했으니 억울할 것도 없었어요. 모든 게 올스톱되는 거요. 뭔가 터졌다고 하면 모든 게 무화되는 시점이었으니까요. 뭔 일이 나면 연락처부터 싹 다 없애는 게 그때는 당연한 일이었으니까요.

부마항쟁이 터지고 나서 보니까 주대환, 황성권이 부산에서 잡혀서 합수부인가, 방첩대에 들어가 있다는 얘기를 들었어요. 황성권 하고 사귀던 여대생이 갔다가 고생하고 정혜란 씨도 고생하고... 10.26 이후에 풀려나고 나서는 상세히 알게 됐지만, 당시에는 잡혀갔다는 소식만 들었습니다.

마음이 불편했지만 어떻게 할 수 없는 상황이잖아요. 하루하루 지내다가 그날도 우리 집에 모여서 밤새 술 먹고 쓸데없는 얘기하다가 잠이 들었는데, 다음날 아침에 뉴스가 뭐 어떻고 말이 많은 거예요. 그게 10.26이었어요. 박정희가 죽었다는 뉴스가 나오고 있었던 거죠.

그리고 얼마 지나니까 주대환도 나오고 친구들이 다 나와서 다시 모임을 가졌습니다. 하여튼 긴박했던 시절이었어요.

부마항쟁이 지나고 80년대 들어서 정성기하고 같이 나온 친구들... 그 친구들하고 계속해서 팀을 짜보자 해서 모임을 만들었어요. 자취방을 구해서 최갑순, 옥정애 이런 친구들하고 공부모임을 계속 가졌죠.

황현산 선생님과의 마지막 기억

78년 겨울에 4학년 마지막 학기에는 선생님 집에 자주 놀러갔어요. 불문과에 김현 선생님이시라고 반포에 계셨는데 집보다는 집 앞에 '반포치킨'이라는 유명한 맥줏집에서 자주 만났어요. 술 사주시면 얻어먹고 문학이 어떻고 하는 되는 말 안 되는 말 해가며 얘기를 많이 했죠. 작가들도 많이 오고 했으니까요.

하루는 선생님이 절 더러 "진식이, 너는 졸업하고 뭐하냐?"고 물으시길래 마산으로 가서 방위로 입대한다고 말씀을 드렸어요. 그랬더니 얼마 전에 마산 경남대학에 불문과 교수로 간 친구가 하나 있다고 찾아가 보라고 하시는 거예요. 술 사달라고 하라고요. 이름이 황현산이라고 하시면서요.

알고 보니 황현산 선생님이 김현 선생님 목포 후배셨어요. 문태고등학교라고, 김지하 씨도 같은 학교를 나왔어요.

방위하면서 황현산 선생님한테 연락을 하니까, "아, 그래요?" 하셨어요. 그 후에 만나서 '홍콩빠', 마산에 예전 바닷가 횟집을 홍콩빠라고 하잖아요. 홍콩빠에서 한 잔씩 하고 심심하다싶으면 제가 집으로 자주 놀러갔어요. 사모님이랑 셋이서 술도 한 잔씩 하고요. 신혼 때셨는데, 나중에 마산에서 아이도 낳으셨어요.

79년을 그렇게 보내고 80년 어느 날엔가 황현산 선생님한테서 전화가 왔어요.

"진식이, 뭐하노?", "그냥 집에 있습니다", "니 우리 과에 조교 한 번 안 해볼래?" 그러시는 거예요. 과가 완성이 되어서 조교 T.O.가 났다는 거죠. 그래서 "그래요. 그러지요. 뭐" 하고 81년에 경남대 조교로 들어갔어요.

황현산 선생님은 《밤이 선생이다》라는 산문집으로 많이 알려진 분이시죠. 얼마 전 작고하셨는데 돌아가시기 직전에 보내주신 마지막 문자가 남아있어요. 제 책이 나와서 문자를 드렸거든요. 햄

드폰에 문자가 아직 남아있을 거예요... 2018년 3월 3일 토요일이네요.

"선생님 김진식입니다. 최근에 책이 나와 선생님께 보여드리고 싶습니다. 주소 좀 보내주세요." 선생님은 "퇴원일이 애매합니다" 하시면서 주소를 보내주셨어요. 그때가 병원에 계실 때였어요. 그리고 좀 있다가 돌아가셨어요.

돌아가시기 전에 통화는 한 번 했어요. 2017년 말에 한국문화예술위원회 위원장을 맡으셨는데, 한국문화예술위원회가 대학로 아르코에 다 있는 게 아니고 본원이 나주시로 옮겼데요. 언제는 나주에 가 있고 언제는 서울에 있다. 서울에 있을 때 한 번 보자, 하다가 재발이 되서 돌아가셨으니까요. 재발이 된 후에 위원장 자리는 사표를 내고 치료를 하러 가셨어요.

〈난다〉 출판사 대표 김민정 시인이 자주 가셨던 모양이에요. 그분 통해서 소식은 잘 듣고 있다고 하셨죠.

경남대에서는 1년 정도 조교생활을 했어요. 1년 정도 나가면서 보니까, 그때는 신용카드가 없던 시절이었는데요. 월급이 나오면 봉투에 넣어서 나왔어요. 급할 때는 조교가 가서 타오기도 하고요. 한번은 제가 교수월급을 대신 타서 전해주게 됐는데, 교수월급이 70몇 만원인거예요. 와, 크잖아요. 당시 70몇 만원이 얼마나 큰돈이에요.

그래서 어떻게 하면 교수가 될 수 있냐 물으니까, 일단 석사는 해야 한데요. 그래서 그 다음해 82년도에 대학원에 갔잖아요. 그러니까 저는 속물인 셈이죠. 학문에 뜻이 있어서 간 게 아니었으니까요(웃음). 그렇게 대학원에서 5년 석사, 박사 공부를 했습니다.

석박사를 마치고 울산대에 온 건 87년이에요. 올해 퇴직까지 34년을 있었습니다. 옛날에 경남대에서 조교 1년, 방송통신대학에서 한 조교 1년까지 모두 합하면 교육경력이 도합 36년이네요.

해결의 실마리가 되어준 지라르의 이론

황현산 선생님께 연락을 드린 게 2018년에 《르네 지라르》 책이 나왔을 때였어요. 그 뒤에 나온 책이 《모방이론으로 본 시장경제》고요. '세상에 욕을 제대로 한번 해보자' 이런 생각으로 낸 책이에요. 그 외 묵혀둔 원고들도 꽤 있어요. 혼자 공부한다고 번역해 놓았지만 책으로 낼 수 있을지는 알 수 없는 일이죠.

르네 지라르를 본격적으로 파고든 건 안식년인 95년도쯤 프랑스 그르노블 대학에 방문해서부터였어요. 그전부터 학풍이 유명했던 그르노블 대학에 관심이 많았어요. 상상연구소라고 바슐라르의 제자들도 많고 뒤랑 선생이 그쪽에 계셔서 그르노블 대학에 갔죠. 프랑스에 머무는 1년 동안 상상연구소에 연구원으로 등록하고 대학도서관에서 책도 보고 했어요.

지라르를 처음 접한 건 박사과정 때였고요. 김현 선생님이 비평 강의를 하셨는데, 지라르 책을 쭉 펼쳐놓고 이번 학기에 이 책을 같이 읽자 해서 시작하게 됐죠.

아무튼 지라르의 욕망을 공부하면서 든 생각이 참 내용이 깊다는 거예요. 르네 지라르가 하는 말들이 결코 허황된 이야기는 아니거든요. 책에서만 할 수 있는 얘기라거나 탁상공론이 아니라 실제 현실과도 잘 맞아 떨어져요. 지라르를 공부하면서 그땐 왜 그랬을까 했던 풀리지 않던 많은 숙제들이 해결됐죠.

예전에 〈100분토론〉을 보면, 'A는 B다'라는 명제를 누군가 말했을 때, '맞다'라고 하는 사람이 있잖아요. 한데 시간과 장소를 달리해서 다른 사람이 'A는 B다'라고 얘기했을 때는 같은 사람인데도 '틀리다'라고 하는 모습을 볼 때가 있어요. 저는 그때마다 의문이었어요. 뭐가 그 사람을 그렇게 만들까. 바로 모방 때문이었어요.

'맞다 틀리다'는 원래 그 사람이 내게 말한 내용에서 비롯된 게 아니라, 저 사람과 나와의 관계에 따라 결정되는 거예요.

지라르의 모방이론을 여러 영역에서 깊이 파고 원용하는 사람들이 많은데, 그 중 한 사람이 파리 의과대 교수인 우구를리앙이라는 사람이에요. 그 양반 말에 의하면 정신과 의사로서 환자를 치료할 때마다 프로이트, 아들러, 융의 이론만으로는 안 된다고 느꼈데요.

그리고 박사학위 논문을 쓰던 차에 지라르의 〈폭력과 성스러움〉이라는 책을 읽으니까 눈이 번쩍 뜨이더라는 거죠. 그래서 그 책을 6~7번 읽고 지라르를 만나려고 미국까지 비행기를 타고 날아갔답니다. 우구를리앙의 말에 따르면, 우리의 정신구조가 모방, 관계가 바탕이 되기 때문에 정신과 이론만으로는 신경증과 정신병을 완전히 설명할 수 없다는 거예요.

이 분이 박사논문을 정리해서 낸 책의 제목이 〈제3의 뇌〉이고, 저는 번역을 해두었지만 출간하지는 못했어요. 저와 계약하려고 했던 출판사가 알아본 바에 따르면 다른 출판사에서 판권을 사고서도 책을 내지 않고 있다고 해요. 그래서 아직 국내에 출간되지는 않았어요.

아무튼 책에서 말하는 제1의 뇌는 대뇌피질, 이성의 뇌이고, 제2의 뇌는 감성, 감정의 뇌입니다. 제3의 뇌가 '관계의 뇌'라고 해요.

사례를 들어볼까요. 학년이 올라가서 새로운 선생님으로 바뀌면 선생님을 처음 봤을 때 학생들이 선생님에 대해 파악하는 시간이 얼마나 될까요? 하루, 한 시간? 아니에요. 4초, 5초면 끝이 난데요.

한 번 쓱 보는 것만으로 상대를 파악한다는 거죠. 그 다음부터는 첫인상을 합리화하는 과정입니다. 냄새, 인상 같은 걸로 저 사람이 나한테 좋은 사람이라고 파악되면 그 사람이 무슨 말을 하든 '그러니까 저 말이 맞지' 이렇게 판단을 한다는 거죠. 우리가 확증 편향이라고 부르는 것과 유사해요.

기존 정신과 책에 나오는 '병인학'을 보면 빈 데가 있다고 하는데요. 표마다 들어가야 하는 것들이 있는데, 지라르 이론에 비추어 보면 빈 곳이 없어진다고 합니다. 그 빈 곳을 채운 게 제3의 뇌인 셈이죠.

맨 처음에 관계의 뇌가 작동을 해요. '뭔가 좋은 냄새가 나네' 하면서요. 그 짧은 시간 동안 기존에 만났던 좋았던 사람과 일치하는 경험을 끄집어내서 판단하는 거죠. 형상, 모양, 음성으로요. 퍼뜩 2~3초면 느낌이 온데요.

관계의 뇌인 제3의 뇌가 맨 처음 작동하고 나면, 그 다음에는 제 2의 뇌인 감성의 뇌가 작동하고 마지막으로 제1의 뇌가 작동해서 이성적으로 맞다고 판단하는 거죠.

그래서 중간에 있는 제1의 뇌와 제2의 뇌는 탈의실이라고도 합니다. 오늘은 무슨 옷을 입을까. 웃음의 옷을 입을까, 분노의 옷을 입을까 결정한 다음, 제1의 뇌는 그에 맞는 논리를 만들어내는 거예요.

인간의 본능인 모방

지라르는 처음에 이걸 '가설'이라고 불렀어요.

하지만 지라르의 가설이 1997년에 과학적으로 입증이 됐어요. 슬픈 영화 보면서 울죠? 축구 한일전을 보면서는 같이 일어나서 뛰고요. 체육시간에 한 친구가 축구를 하고 들어왔는데 그 친구가 자신의 신발에 코를 대면 멀리서 그 모습을 보는 사람도 역겹잖아요.

그 이유가 97년에 과학적으로 밝혀졌어요. 이탈리아 파르마 대학 연구진이 원숭이에게 전극을 꽂아서 관찰을 했는데요. 원숭이는 가만히 있었지만 물건을 잡을 때처럼 뇌에 반응이 나왔어요. 이상한 거예요. 확인해보니까 원숭이가 자기 앞에 있던 연구원이 뭔가를 집는 걸 바라봤던 거죠. 원숭이가 물건을 집는 걸 보기만 했는데도, 실제 집을 때의 뇌와 같은 반응을 보인 거예요. 원숭이는 인간하고 99.9%가 비슷한 영장물이잖아요.

미국 캘리포니아 대학 멜조프 박사가 한 실험도 유명합니다. 연구에 따르면 생후 34분된 아기에게 혀를 쏙 내밀면 그걸 본 아기도 같이 혀를 내밀어요. 배운 게 아니고 본능인 거죠. 거울처럼 똑같이 한다고 해서 '거울뉴런'이라고 이름 붙였어요.

우리는 누군가 맛있게 먹는 걸 보면 '먹고 싶다'는 생각을 합니다. 그게 욕망이에요. 무언가를 보고 아는 거죠. 처음부터 저게 맛

있다는 건 몰라요. 절대로요. TV나 주변 사람을 보고 아는 것일 뿐입니다.

인간이 모방의 동물이라는 걸 과학적으로도 확인했지만, 그럼에도 불구하고 인간은 '모방'을 계속 거부해 왔어요.

"이건 모방이 아니다", "모방은 나쁜 것이다", "모방하지 말고 창조적인 인간이 되어야 한다"고 말하죠. 부화뇌동하면 나쁘고 어쩌고 저쩌고 말합니다. 물론 어느 정도 수긍할 수 있지만 모방이 다 나쁘다고 할 수는 없어요.

하지만 현대사회에서 모방이라는 말은 사라졌어요. 대신 나온 말이 '벤치마킹'이에요. 아니면 '롤모델'이라고도 하고요. 우리 사회는 모방이라는 표현 자체를 인정하지 않으려하고 부인하려고 해왔어요.

왜 그랬을까 들여다보니까 인간은 모방 하는 건 나쁘고 자율적으로 판단하는 건 좋다는 분위기 혹은 사조를 형성해 왔던 거예요. 그 핵심이 '낭만주의'고요.

한데 지라르에 의하면 그건 거짓이에요. 그에 비해 소설에서는 인물들이 전부 다 남보고 따라한다는 걸 말해주고 있어요. 그게 《낭만적 거짓과 소설적 진실》이라는 문학평론책의 내용입니다.

지라르가 욕망과 모방에 대해 좀 더 깊이 있게 연구해 쓴 책이 《폭력과 성스러움》이고요. 말하자면 좋은 것, 나쁜 것이 정해져 있다, 처음부터 변하지 않는다는 게 '낭만적 거짓'이라는 겁니다.

사회를 유지하는 원리 '희생양 메커니즘'

제가 마지막으로 도착했다고 할 만 한 건 《폭력과 성스러움》에도 언급돼 있고 우리말로 미처 다 번역이 되지 않은 책들에서도 나와 있는데요. '성스러움은 폭력이다'라는 거예요. 요약하면 '희생양 매커니즘'입니다. 여기서는 희생양이 중요한 테마예요. 희생양이 없으면 세상이 돌아가지 않죠.

반찬으로 뭘 먹었나요? 김치, 갈치... 를 먹었다 치죠. 김치는 식물, 갈치는 동물이죠? 다 생명체였잖아요. 죽인 거예요. 그런데 못 느끼죠. 인지불능이라고도 하는데요.

지라르 말에 따르면 우리는 살아가면서 자연스럽게 폭력을 행사할 수밖에 없어요. 희생양이 나올 수밖에 없죠. 희생양이 나오게 된 건 대를 위해 소를 희생한 거잖아요. 우리 삶이 전부 다 그런 식이라는 거죠.

한 생명체가 생명을 유지한다는 건, 신진대사를 하고 있다는 거예요. 신진대사라는 건 한 유기체 안에 다른 유기체가 들어와서 그 안에 있는 성분, 양분을 섭취하고 나머지는 배출하는 과정이에요. 식사나 심지어 호흡도 마찬가지죠. 살아있다는 증거잖아요.

결국은 다른 유기체를 먹고 소화하죠. 한 생명체가 존재하기 위해서는 다른 생명체를 죽여야 해요. 폭력을 행사해야 해요. 그런데 그걸 인지하면 살지 못해요. 인지불능이죠.

모방을 해도 모방인줄 모르듯이 희생양을 만들면서도 우리는 그걸 인지하지 못하는 것일 뿐이에요. 이것이 바로 '희생양 메커니즘'입니다.

극단적인 경우의 예가 재판 제도에요. 자연발생단계에서 보면 A가 B를 죽였다고 할 때 B의 형제나 부락, 후손들이 A에게 복수를 합니다. A의 후손은 다시 B에게 복수를 해요. 복수의 연속이 되겠죠.

이걸 누군가 끊어줘야 하잖아요. 그래서 만들어낸 대책이 희생양 메커니즘이에요. 판사는 다르다, 특별하다는 거고, 재판으로 야기되는 폭력은 자연발생적으로 발생하는 폭력이 아니라 성스러운 폭력이라는 거예요.

재판에서 사형을 언도한다고 해도 아무도 판사에게 달려들지는 않잖아요. 복수한다고 생각하지 않죠. 사회를 지켜내기 위한 장치로서 행사하는 폭력인데, 폭력이 아닌 것처럼 만드는 게 성스러움이에요.

겨울밤에 친구들하고 얘기하다가 배가 고파요, 라면을 끓여 먹으려고 하니까 라면도 없어요. 마트까지 걸어가야 하는데 누가 가나요? 가위바위보나 제비뽑기를 해서 걸리는 사람이 가죠. 걸리면 그냥 가지만, 만약에 "니가 가"라고 해서 한 사람을 지목해서 가게 하면 지목당한 사람은 가면서 욕을 할 거 아니에요. 가위바위보나 제비뽑기로 걸리면 당연하다고 생각하고 욕을 하지 않죠. 가위바위보나 제비뽑기는 우연이에요. 우연 역시 성스러운 거죠.

인간의 능력으로 마음대로 조정할 수 없는 영역이 우연이잖아요. 가위바위보, 제비뽑기는 무죄죠. 마찬가지로 그 자리에 판사가 있는 꼴이에요. 우리 사회는 폭력을 폭력이 아닌 것처럼 넘어가야 정상적으로 작동되죠.

고기는 먹어도 되는데 개고기는 안 된다. 식물은 먹어도 되는데 동물은 안 된다. 지라르는 아니라고 말해요. 저도 아니라고 생각해요. 결국은 모두 같은 생명이에요. 그렇다고 폭력이 나쁘지 않은 거냐? 모방이 좋은 거냐? 아니에요. 우리의 원리를 알자는 거예요.

좋은 것 안에 나쁜 것이 있다

제논, 탈레스... 등이 나오는 자연주의 철학, 물리나 화학이 따로 되어있지 않았던 시대의 고대 자연주의 철학의 헤라클레이토스는 모든 만물이 상관의 연속이라고 했어요. 이 사람이 '단장'이라는 말로 정리하는데. 지라르가 그 말을 좋아해요. 핵심은 '좋은 것 안에 나쁜 것이 있다'에요.

더 뒤로 오면 14~15세기에 조르다노 부르노라는 사람이 있어요. 로마의 종교재판에서 화형당한 사람이죠. 이 사람이 '지구가 돈다'는 말을 처음 한 성직자에요. 이 사람은 성직자이면서 동시에 학자였어요. 학자로서 연구를 계속 하면서 진실을 알게 된 거죠. 여기저기 돌아다니다가 결국 로마에서 화형을 당합니다.

이 사람이 쓴 글의 제목이 '승리에 도취된 짐승추방'이에요. 만물의 영장이라고 떠드는 인간이 얼마나 야만적이고 비합리적인지를 제목에서 드러내죠.

시골 사는 사람들은 도회지에 가는 걸 좋아하고 도회지에 사는 사람들은 시골로 가는 걸 즐거워합니다. 어디에 있느냐에 따라 다른 거죠. 걸어 다니는 사람은 앉거나 누워있는 사람을 부러워해요. 누워있거나 앉은 사람은 걸어 다니는 사람을 부러워하고요.

건강을 좋은 것으로 만들어주는 건 병이죠. 포만감이 좋은 건 배고픔 때문입니다. 저는 강의할 때 학생들에게 물어봅니다. "산에 갈 때 오르막길이 힘들어요, 내리막길이 힘들어요?" 학생들은 "오르막길이 힘들죠" 합니다.

"그럼 세상의 모든 오르막길을 없앱시다. 그럼 내리막길 밖에 안

남죠"라고 물으면 한 명이 "네!" 하고 대답합니다. 하지만 오르막 길과 내리막길은 따로 있는 길이 아니죠. 하나의 길인데 내 방향, 시선, 시각, 태도 때문에 힘든 길과 편한 길이 정해진 거지, 길 때 문이 아니잖아요.

원은 앞뒤가 없죠. 가장 먼 곳이 이마 중앙에서 뒤통수 중앙이에 요. 지구를 한 바퀴 돌아야 하니까요. 가깝다고 하지만 가장 먼 데 잖아요. 일원론이에요. 모니즘이죠. 좋은 것 나쁜 것은 따로 있는 게 아니에요. 저는 강의 때마다 마지막에는 꼭 이 일원론에 대해 이야기해줘요.

백년, 천년을 내다보는 넓은 시야가 필요해

제가 입버릇처럼 하는 말은 "좋아도 짜다라 좋은 건 없다" 입니 다. 구태여 이거 아니면 안 된다 꼭 그런 건 없어요. 이것도 좋다 하는 건 있지만 '이것만이' 좋다고 하는 건 듣지 말라고 해요.

"이건 좋고, 저건 나쁘다." 동의할 수 있어요. 인간은 원래 이원 론에 딱 맞아요. 낮과 밤, 높고 낮고, 밝고 어둡고, 오른손 왼손, 상 하, 고저... 눈에 보이는 게 딱 두 개씩이잖아요.

맛있는 게 있고 맛없는 게 있다. 떫었던 감이 어느 순간 맛있거 든요. 여기에 착안하는 사람은 시간의 경과와 흐름을 포함해서 생각할 수 있는 사람이고, 원래부터 단감, 원래부터 떫은 감이라 생각하는 사람은 이원론적인 사고를 가진 사람이죠.

조로아스터교와 같은 종교는 극단적인 이원론이에요. 신이 있으면 좋은 신, 나쁜 신이 있고 천사도 좋은 천사, 나쁜 천사가 있다고 하죠. 전부 청군, 백군으로 나눠서 설명을 합니다. 이원론의 극단이죠.

일찍이 우리 동양에서는 노장에서부터 일원론을 지향하고 있죠. "도라고 하면 도가 아니다"라는 게 도덕경의 시작이잖아요. 도공이 열심히 빚었던 질그릇의 핵심은 가운데가 텅 빈 것이다. 그게 원래의 용도다. 그릇은 '빈 것'을 싸는 용도에 불과하다. 음양이 있지만, 음이 양으로 되고 양이 음으로 되는 건 일원론이라고 볼 수 있죠.

저는 매순간 시간을 짧게 잡고 핀셋으로 집어내듯이 잡는 건 이원론이라고 해요. 시공간을 확대해서 백년, 천년을 보면 이 일 때문에 망하고, 또 망한 덕분에 좋아지고... 끊임없는 반복이라는 걸 알게 됩니다. 그러니 좁은 시각에서 좋고 나쁘다를 판단할 수는 없는 거죠.

불가역적, 만고불변의 진리란 없다

그래서 저는 시간에 따라 변할 수 있는 가능성은 항상 열어 놓아야 한다고 생각해요.

일본에서 소위 나왔던 '불가역적'이라는 말, 조약을 맺었으면 되돌릴 수 없다는 그 말은 맞지 않잖아요.

큰 시간 속에서 보자면 정지해 있는 물건도 상반된 힘이 균형을 이룬 상태이지, 움직이지 않는 게 아니에요. 이런 식으로 볼 때에야 현상을 제대로 볼 수 있는 거죠.

학생들에게 "나는 좋은 사람이다" 생각하는 사람 손 들라고 하면 손을 많이 듭니다. "진짜 마음 속 깊이 아는 나는 나쁜 사람이다"라고 생각하는 사람 손 들라고 하면 같은 사람이 손을 들어요. 인간은 좋은 사람이자 나쁜 사람이라는 걸 인지하고 있어요.

그런데 우리가 다른 사람을 평가할 때는 좋은 사람과 나쁜 사람을 구분하는 태도를 버리지 않잖아요. 얼마나 무모한가, 혹은 지나친 모험이 아닌가 생각합니다.

아인슈타인도, 가스통 바슐라르도 지금 통용되는 학문이론이 언젠가는 부정당하기 위해서 존재한다고 말했잖아요. 불가역적이라는 건 없어요. 만고불변의 진리는 없습니다. 있다면 거짓말이죠.

질문하라 연결하라 변신하라

끊임없이 도달하지 못하는 곳에 가려고 하는 카프카의 〈성〉처럼 열리지도 않는 성에 들어가려고 서성이는... 그게 인생 같아요. 다 고만고만하고... 테스형도 잘 모른다고 했잖아요.

중요한 건 자기가 느끼고 자기가 깨달아서 변하는 것이죠. 깨닫기 위해서는 의문이 있어야 해요. 질문이 있어야 해요. 질문을 위한 시간들은 힘들지 않아요. 자기 안에 있는 질문 때문에 파고 들다가 한창 빠져서 지내는 게 진짜 공부죠. 그러다 보면 어느 정도 해소가 되잖아요.

그것에 머물지 않고 비슷한 문제, 다른 질문에 연결해 봐야 해요. 연결까지는 지식이나 정보 단계에서 가능하지만 최종적으로는 변해야 하죠. '질문하라, 연결하라, 변신하라.' 그게 핵심입니다.

하지만 최근 사람들의 문제는 질문이 없다는 거예요. 사람들이 아주 즉발적인 질문 외에는 할 줄 모릅니다. 《부자 아빠 가난한 아빠》 식으로 세상을 보죠. 물론 돈이 필요하지만 인간이 살아가는 데 돈만으로는 살 수 없다고 하잖아요. 돈은 아주 기본적인 것이죠. 돈 플러스 건강, 돈 플러스 사랑, 돈 플러스 우정...

볼테르의 단편 〈캉디드〉에서 스승이 자기만의 정원을, 우리말로 텃밭을 가꾸라고 해요. 남과 비교하기보다 자기 내면의 텃밭을 가꾸는 사람은 자기 안에서 생명이 싹트고 자라난다고 합니다. 궁극적으로는 자기 텃밭을 가꾸는 일, 그게 좋은 의미에서 잘 사는 게 아닐까요.

또 잘 살기 위해서는 멀리서 떨어져 봐야 해요. 후회한다는 말도 줌아웃해서 보기 때문에 하는 말이에요. 매순간은 잘 산다, 나름대로는 잘한다고 해왔잖아요. 쭉 멀리 떨어져 보니까 후회라는 걸 하는 거예요.

지금 이 순간 말고 10년 뒤에 지금을 보면 어떻게 볼 수 있을지를 봐야하죠. 가까운 곳은 멀리서 망원경으로 보고 먼 곳은 현미경을 들고 가까이 가서 보는 게 지혜가 필요합니다.

긴 역사 속에서 반복된 도시의 기억

3.15나 10.18도 마찬가지가 아닐까요. 3.15의거 당시 전 아주 어릴 때였지만, 몇몇 장면을 기억하고 있어요. 제 기억에는 김주열의 시체가 떠올라서 도립병원에 있다는 말을 들었어요. 어머니가 저를 데리고 거리로 나가셨던 것 같고요. 학생들이 도열해서 열 지어 가는데, 저는 수수깡을 들고 따라갔어요.

경찰이 나타났을 때 어른들이 쫓기는 학생들을 숨겨주고 물도 줬어요. 그분들에게 상당히 조마조마한 일이었을 거예요. 그런데 한참 뒤에 보니 잘 한 일이었어요.

부마항쟁이 있던 날 제가 연극 연습 장소에 갔다가 소요가 일어난 걸 보려고 북마산파출소로 갔었어요. 그 자리에 있는 사람들 표정을 보니까 처음 본 게 아니더라고요. 추체험이랄까 이미 경험했던 일이었어요. 3.15의거의 상황이 10.18에서도 반복됐던 거예요. 이게 도시의 기억, 도시의 전통이 된 거죠. 광주 학생운동이 있었기 때문에 오늘날의 광주가 있는 것처럼요.

김재규나 박정희도 그걸 알고 있었어요. 반정부세력이 퍼질 것 같다는 생각이 있었을 거예요.

10월 18일 상황을 보면서 20년 전의 일이 어제 일처럼 생각났어요. 인간의 시간이 물리적인 시간만 있는 게 아니잖아요. 촌에서 온 할머니도 시위대에게 "맞아 맞아"하면서 밥 주고 하는 게 그냥 나오는 게 아니듯이요.

전통이라는 건 시공간을 뛰어넘는 '맛'과 같아요. 맛은 절대로 잊을 수가 없어요. 그건 눈물이 흐를 정도의 뚜렷하고 감각적인 기억이에요.

3.15와 10.18의 기억이 한 도시에, 마산이라는 도시에 면면히 흐르고 있어요. 저는 이 기억이야말로 지금은 사라지고 없는 것처럼 보이지만, 비슷한 상황이 왔을 때 어제 일처럼 바로 연결이 될 거라고 믿습니다.

변하지 않는 삶의 가치를 이어가기 위해

하효선

하효선에게 아버지는 누구보다 특별한 존재였다. 8남 1녀 중 여덟 번째 아들이었던 아버지는 할머니를 모시며 집안의 대소사를 모두 감당했고, 오랫동안 상인회장을 하며 탁월한 리더십을 보여줬다. "선이가 하는 일"이라면 뭐든 믿어주셨던 아버지는 아이 둘을 데리고 떠나는 프랑스유학길에 가장 전폭적인 지지를 보내준 분이기도 했다.

불행했던 출판사 시절을 뒤로하고 89년 4인 가족이 함께 떠난 프랑스에서 하효선은 비로소 온전히 자신과 그들 가족만의 삶을 마주할 수 있었다.

그리고 21년. 프랑스에서 공부한 박사과정만 5개. 학제를 넘나들며 파리와 그르노블을 오갔던 그는 당대 유럽의 지성들과 어깨를 나란히 하며 공부했고, 그 결과를 '자기승화'라는 용어와 '다축이론'에 담아냈다.

그의 이론은 프랑스 사회학자 알렝 투렌에게 큰 영감을 주었지만, 그 자신은 이론보다 실천으로 이를 증명해냈다.

귀국 후 그는 국제 레지던스 프로그램으로 고향 마산의 문화적 토양을 가꾸고 경남 유일의 예술영화관을 개관하는 등 그가 할 수 있는 일을 찾아 꾸준히 하고 있다.

누가 뭐라 해도 제 갈 길 간다는 하효선. 부녀의 삶이 데칼코마니처럼 닮았다.

귀에 못이 박히게 들었던 백촌 선생 이야기

저는 전형적인 가부장제의 가치를 가진 부모님 슬하에서 자랐지만 시대의 변화에 따라 유연하게 입지가 형성된 경우라고 생각해요. 저의 아버지는 8남 1녀 중 여덟 번째셨어요. 할아버지는 아버지가 4살 때 돌아가셨고, 아들을 한 명씩 장가보내고 맨 마지막까지 같이 산 아버지가 할머니를 모시게 되면서 저희는 할머니와 쭉 함께 살았어요.

아버지가 나고 자란 곳은 지리산 아래 덕산이에요. 덕산이 유명한 남명학파의 본거지거든요. 한 번은 한밤중에 EBS를 켰는데 저희가 어렸을 때 자주 가서 놀던 서원이 나오는 거예요. 거기가 대각서원인데 우리나라에 마지막 남아 있었던 공식적인 서원이었다고 해요.

후에 덕산에서 진주 수곡으로 이사를 가셨는데, 그곳에 백촌 선생이 계셨데요. 본인의 직계는 아니더라도 오촌 아재뻘인 백촌 선생이 마을의 큰 어른이자 명망 있는 유학자로 인정받고 계셨으니 그 분과 친척지간이라는 사실만으로도 자부심을 느낄만한 일이었던 것 같아요.

자라면서 귀에 못이 박히도록 자주 들은 얘기가 백촌 선생에 대한 것이었어요. 어릴 때는 백촌 선생을 아버지의 큰아버지뻘 되는 분 정도로만 알고 있었는데요. 나중에 알고 보니 남명 조식 선생

계열의 마지막 제자라고 알려진 유명한 유학자셨더라고요.

아버지는 늘 백촌 아재는 군수가 오면 항상 제일 먼저 인사를 드리러 온 분이라는 말을 하셨어요. 말년에 자신의 삶이 좀 더 여유가 있었더라면 백촌 선생 문집을 한글본으로 만들어 후대가 이을 수 있도록 해드렸어야 했다고 후회를 많이 하셨죠.

1926년생인 아버지는 일제 강점기와 6.25를 겪으셨고, 아마 그렇게 어려운 시절을 겪지 않았다면 어떻게든 공부를 하셨을 분이에요. 그런 아버지가 너무 열망하고 자랑스러워하는 분, 닮고 싶으셨던 분이 바로 백촌 선생이셨던 거예요.

그 때문에 저희는 어렸을 때부터 아버지한테서 양반이라는 소리를 무지하게 많이 듣고 자랐어요. 아마 아버지의 자존감이 거기에 걸려 있다고 여기셨기 때문이었겠죠. 왜냐, 아버지는 무학자셨거든요. 학교를 다닌 적이 없어요. 서당도 돈이 좀 있어야 다니는데, 4살 때 할아버지가 돌아가신 후에 남의 집 머슴살이를 해야 할 정도로 굉장히 어렵게 사셨데요.

그럼에도 양반이라는 자존감이 있으셨던 아버지는 저희한테 양반이 해야 할 행동, 하지 말아야 할 행동들을 계속 말씀하셨는데, 엄마도 마찬가지셨어요. 양반집에서 귀하게 컸던 엄마는 저희한테 품행을 단정히 하라고 자주 말씀하셨죠. 이런 가정 내 교육이 나중에 제가 인류학에서 연구하던 '품성'에 대해 그리고 그것의 형성에 대한 연구에도 영향을 끼쳤다고 생각해요.

아버지의 숨겨진 과거

아버지가 하신 말씀 중에 기억나는 이야기는 지리산에 나무를 하러 갔다가 인민군에 붙잡혀서 그 자리에서 끌려가셨다는 일화에요. 죽을 건지, 의용군이 될 건지 물어봐서 어쩔 수 없이 의용군이 됐는데, 며칠인가 몇 달인가를 끌려 다니다가 포로로 붙잡히셨다는 거예요. 그렇게 들어간 곳이 거제포로수용소였다고 하고요.

인민군으로 잡혀가시기는 했지만, 본인이 원해서 했던 일은 아니었어요. 사회주의 이념에 대해서도 전혀 모르고 계셨으니까요. 사실 아버지는 거제포로수용소와 관련된 이야기는 처음부터 끝까지 말씀하시기 싫어하셨어요. 숨기고 싶으셨겠죠. 그 시대에 인민군 이력이 문제가 될 수도 있었을 테니까요.

전쟁이 끝나고 풀려나와서 마산에 정착한 후에는 막노동을 하셨어요. 얼음 장사를 하셨는데, 아버지가 힘이 되게 좋으셨거든요. 얼음 장사는 아무리 이익이 많이 남더라도 힘이 좀 세야 하고 부지런해야 할 수 있는 사업이라서, 아무나 할 수는 없는 일이었어요.

전 아버지가 항상 새벽 4시에 나가시는 걸 보고 컸어요. 시간이

나면 얼음배달용 자전거에 우리 서넛을 태우고 다니기도 좋아하셨어요. 한 번씩 노래자랑이나 장기자랑을 시키기도 하고 자식 하나는 발등에 올리고 둘은 양팔에 끼고 또 하나는 목마를 태우고 춤추는 것도 좋아하셨어요.

아버지가 마산에 정착하신 후에 시골에서 친척들이 한 집, 두 집 우리 집 근처로 이사를 왔어요. 아버지는 형들을 무척 공경하던 분이어서 시골에서 오는 친척들을 다 돌봐주셨죠. 그러다보니 사촌치고 우리 집을 거쳐 가지 않은 사람이 없을 정도였어요.

우리 집은 매일 사람들로 득실득실했고 그 중심에는 할머니가 계셨어요. 아버지는 자그마치 일곱 번째 아들인데도 할머니를 모시고 계셨기 때문에 할아버지 제사, 할머니가 지내셨던 그 윗대 분들의 제사, 친척들 길흉사 또 설, 추석 명절까지 모두 다 우리 집에서 지냈어요.

진짜 열 명 이하로 밥을 먹어본 적이 없을 정도였어요. 명절이나 제사가 아니어도 늘 사촌언니나 오빠가 와 있고, 또 제사를 앞둔 친척이 있으면 우리 집에서 제수 준비하면서 하루 이틀 묵고 갔으니까요. 그러니 우리 엄마 고생이 말도 못했겠죠.

할머니, 아버지의 신임을 받으며 자란 어린 시절

아버지가 장사를 하셔서 엄마가 도와주느라 나가시면, 할머니가 우리를 돌봐주셨어요. 우리가 위에 딸이 넷, 다섯째가 아들이고 그 밑에 또 딸이거든요. 5녀 1남이에요. 그중 저는 둘째고 아들이 다섯째니까 거의 막내에 가깝죠.

언니는 집안일을 많이 했는데 저는 신기할 정도로 집안일을 해본 적이 없어요. 태어나면서부터 선머슴 같은 제가 아들 역할을 했고, 그런 저한테 아버지가 좀 의지를 하셨던 것 같아요. 막상 아들은 한참 밑에 있으니까요. 아버지 위에 남자형제들은 사촌 오빠들이 쭉 있는데, 아버지 나이에는 내 나이쯤 되는 아들이 있어야 구색이 맞는 거예요. 제가 옳은 말도 좀 하고 머슴애 같으니까 자연스럽게 저한테 아들의 역할을 맡겼던 것 같아요.

그런데다 할머니가 굉장히 발이 넓으셔서 여기저기를 많이 다니셨는데 제가 좀 영특했던 모양이에요. 한 번 길을 가르쳐주면 안 잊어버리고 잘 찾았데요. 아버지는 할머니가 혼자 다니시는 걸 많이 걱정하셨는데 제가 같이 가면 안심이 됐다고 해요. 그래서 항상 할머니가 어디를 가신다고 하면 저를 꼭 딸려 보내는 거예요.

저는 할머니와 항상 다니면서 할머니가 받는 대접을 같이 받았어요. 집에서도 제사를 지내고 나서 음복하는 상을 차리면 상이 세

개가 차려지는데 저는 아버지하고 큰아버지, 할머니하고 한 상을 받았어요. 할머니는 아버지가 안 계실 때 의논할 일이 생기면 저하고 하셨고요.

어릴 때부터 딸아이인데도 불구하고 할머니가 워낙 챙기는 손녀니까 아무리 큰 아버지라고 해도 저한테 막 뭐라고 할 수가 없었어요. 아버지로서는 할머니 옆에 저를 둬서 안심이 되고 할머니로서는 제가 어딜 가든 지팡이가 되고, 입이 되어주는 사람이니까 두 사람한테 제가 제일 유용한 아이였던 거예요. 일곱 여덟 살 때부터 그랬죠.

또 기억나는 건 제가 국민학교에 다닐 때 정부에서 신정을 쉬고 구정을 못 쉬게 한 일이에요. 구정 때 학교를 안 가면 결석이고 신정 때 쉬어야 했어요.

구정 때 쉬지를 못하게 하니까 제사를 지내야 하는데, 애들이 학교에 가야 하는 거예요. 그럼 부모 입장에서 고민이 될 법도 하잖아요. 하지만 아버지는 한 치의 고민도 없었어요. "아니, 조상한테 제사 지내는 설을 못 쉬게 하는 게 국가가?" 하시면서 자식들 학교를 안 보내셨어요.

한데 시골에 가서 보면 정부가 시키는 일이니까 다들 종손도 학교 가서 제사에 못 오고 다들 못 오는 거예요. 우리는 학교에 안 가고 서너 명, 그것도 여자애들이 아버지를 따라 산소에 가서 제사를 지냈죠. 아버지한테는 유학이라는 전통이 종교나 다름없었어요. 아버지 관점에서는 아무리 국가라도 옳지 않은 일을 하면 따르지 않는 건 당연한 일이었을 거고요.

물론 평소에는 학교를 빠진다는 게 상상도 할 수 없고 아주 난리가 날 일이거든요. 아버지한테 자식을 학교에 보내는 건 너무너무 중요한 일이었으니까요. 그래도 구정 때만큼은 우리를 학교에 안 보내셨죠.

3.15의거 현장의 중심에 있었던 아버지

아버지는 불종거리 상인회장을 오랫동안 하셨어요. 학교를 다니지 못하셨으니, 행정처리가 어려우셨을텐데도요. 왜 그럴까 유심히 봤더니 아버지는 사람들 앞에서 설득력 있게, 이런 경우에는 이렇게 해야 한다 저렇게 해야 한다 지침을 주거나 해서는 안 되는 일을 지적하는 걸 아주 잘 하시더라고요. 그런 게 반영이 되서 회장직을 오래 하시지 않았나 생각해요. 뭔가를 조직하는 능력이 아주 뛰어나셨고 즉석에서 노래도 잘하시고 리더십이 많은 분이셨어요.

그러니 눈앞에서 3.15 부정선거가 터졌을 때 용납이 안 되셨겠죠.

사실 아버지가 직접적으로 3.15 당시 이야기를 하신 적은 한 번도 없었어요. 저희는 아버지가 보수적인 정치 성향을 가진 분이셨기 때문에 3.15의거와 관련이 있다고는 전혀 생각하지 못했어요.

그러다 2010년도 즈음에 아버지가 사고를 당하셔서 삼성병원에 입원하신 일이 있었어요. 거동이 불편한 상태여서 바깥에는 못 나가고 옥상에 한 번씩 올라가서 바람을 쐬어드렸는데요.

병원 옥상에 올라갔을 때 그때 막 조성된 3.15 국립묘지가 보였어요. 아버지가 그걸 보시더니 억울하셨던 모양이에요.

본인은 당연히 할 일을 했다고 생각하고 넘겼는데, 50년 정도 지나니까 많은 사람들이 3.15 때의 이야기를 공개적으로 하기 시작했잖아요. 거기다 유공자는 국립묘지까지 만들어서 대우를 해주는데, 시위의 중심에서 큰 역할을 했던 아버지 입장에서는 당연히 억울하셨겠죠.

실제로 김경술 수사과장이 3.15 당시를 증언한 내용을 보더라도 충격이 일어난 무학초등학교 앞이 가장 중요한 장소였어요. 거기가 바로 아버지가 바리게이트를 쳤다고 하신 장소거든요. 나중에 확인하니 아버지가 말씀하신 대로 쓰러진 전봇대로 바리게이트를 치고, 총기와 관련된 일이 있었다고 해요.

3.15의거 당시의 사건들을 보면 다른 장소에서는 방화를 했다든

지 하는 소요가 있었지만, 시민의 단결된 조직력을 보여주지는 못했어요. 그런데 유독 아버지가 계셨다는 그 장소에서만은 시민들이 조직적으로 행동했고, 그 모든 중심에 아버지가 계셨다고 하는거예요.

처음 얘기를 듣고는 별 일 아니었을 거라고 반응했더니 화를 내시기도 했어요. "내가 얼마나 힘이 좋았는데, 내 아니었으면 아름드리 전봇대를 아무도 못 옮깃다" 하고요.

가만히 들어보니까 시위 중에 바리게이트를 쳤다는 건 좀 남다르다 싶었어요. 또 그 상황을 아주 구체적으로 기억하고 계셨고요.

돌아가시기 전까지 매달린 유공자 인정

아버지가 퇴원하신 후에 아버지, 어머니를 차에 태워 모시고 가다가 3.15아트센터를 지나가는데요. 제가 지나가는 말로 3.15아트센터 안에 3.15의거기념사업회가 있다고 들어가 보실 건지 여쭤봤더니, 아버지가 흔쾌히 가보자고 하시더라고요.

마침 기념사업회장을 만나서 사무실로 들어가서 얘기를 하는데, 저조차도 생전 처음 듣는 얘기를 하시는 거예요. 3.15 국립묘지가 생기고 기념사업회가 만들어졌다는 소식 외에는 전혀 모르시는 분이 바리게이트를 어떻게 치게 됐는지, 총기를 어떻게 돌려

주게 됐는지에 대해서 상세하게 말씀하시는 거예요. 제일 중요한 건 뭐냐 하면 마산에서 총기가 발견이 됐는데 그게 어떤 연유로 발견이 된 건지 이전까지는 아무도 몰랐어요. 총기가 왜 발견이 됐는지 아무도 증언하는 사람이 없었는데 아버지가 증언하면서 그 배경을 모두 알게 된 거예요. 빠져 있던 퍼즐 몇 개가 아버지의 증언으로 딱딱 맞아떨어지게 된 거죠. 기념사업회장이 그 자리에서 깜짝 놀라면서 아버지를 아주 극진히 대접해 주셨어요. 아버지는 기분이 좋을 거잖아요. 뭔가 공식적으로 인정을 받을 수 있다는 희망도 생기셨을 거고요.

그 후로 아버지는 돌아가실 때까지 유공자 인정에 목을 매셨어요. 보훈청에서 4.19 유공자를 받을 때 3.15 유공자를 같이 신청받았는데요. 50년 동안 묵혀왔던 이야기여서 증거가 별로 남아 있지 않았던 탓인지 인정이 안 되더라고요. 아버지 입장에서는 화가 나셨겠죠. 본인이 한 일인데 하지 않았다고 하는 것이나 다름없으니까요. 보훈청에 서류를 냈다가 거절당하면 다시 항의편지를 쓰고 또 서류를 내고 거절당하면 다시 항의편지를 쓰고 이걸 반복하시다가 끝내는 인정받지 못하고 돌아가셨어요. 돌아가시기 전의 일은 안타깝지만, 누구도 선뜻 나서기 어려운 상황에서 조직력을 발휘한다는 건 우리 시민사회에서 굉장히 중요한 일이잖아요. 아버지라는 사람의 일생을 통해서 깨닫게 되는 건, 아버지와 같은 사람이 더 많이 길러져야 한다는 거예요. 한 번도 근대식 교육을 받지 않았지만 옳고 그름을 구분할 줄 알도록 가르친 옛날 우리 사상이 결코 쓸 데 없거나 퇴행적인 건 아니라는 거죠.

유공자 인정 방식이 변화되기를 바라며

또 하나는 보훈청에서 유공자를 선정할 때는 사건 현장에 있었던 정황을 알 수 있는 사진이 찍혔거나 기록이 남아있는 지 여부 등 1차원적인 부분만을 많이 주목하는데요. 아버지와 같은 경우도 충분히 많이 있을 수 있다는 점에서, 여러 사람들을 만나보고 그 정황을 파악하는 일이 중요하다고 생각해요.

유공자를 인정하는 방식이 고쳐져야 한다는 생각에서 서 선생(남편 서익진, 현 경남대 경제금융학과 교수)이 그 주제로 논문을 쓰기도 했어요. 유공자를 배상하는 방법이나 역사의 진실을 제대로 이해하기 위해서는 단편적인 사실들을 넘어 심도 있는 분석이 선행되어야 한다는 내용이었죠. 아버지는 돌아가셨지만 여전히 공로자를 선정하는 방식이 너무 제한되어 있기 때문에 쓰게 된 논문이었어요.

아버지의 3.15는 저로서는 참 가슴 아픈 일이에요. 만약 거제포로수용소에 갇혔던 이력이 없었더라면 뭔가 다른 행동을 하셨을 지도 모르고, 좀 더 일찍 공개적으로 말씀하셨더라면 그렇게 소원 하셨던 유공자 인정을 받으셨을 지도 모르니까요.

유명했던 중·고등학교, 그리고 대학시절

저는 선머슴처럼 큰 데다 워낙 입바른 소리를 잘 하고 다녀서 중·고등학교 때 친구들이 잘 따랐어요. 제가 성지여중, 성지여고 를 나왔는데, 중·고등학교에서 반장 선거를 하면 거의 몰표에 가 깝게 받아서 당선이 됐어요. 성격이 활달한 데다 어려운 일이 있으 면 자처해서 하니까 친구들이 절 밀어준 거죠. 중학교 때부터 고등 학교 3학년 때까지 성지여중, 성지여고 학생들이라고 하면 저를 거의 다 알았어요. 서 선생은 절 보고 신기하다고 했어요. 길 가다 가 만나서 인사하는 사람들이 너무 많았으니까요.

대학 때는 또 연극을 하면서 사람들이 많이 알아봐줬어요. 어쩌다 조연을 맡아도 엄청 각인이 됐나 봐요. 연극이 끝나도 기억에 남는 건 저 뿐이라고 하더라고요. 제 얼굴을 아는 사람들이 많았으니까 시내를 지나가면 인사하느라 몇 시간씩 걸리고는 했어요.

이렇게 항상 주목을 받으니까 저 역시 사회적인 문제라든지 꼭 필요한 일을 해야 한다든지 하는 일은 당연히 제 역할이라고 생각하고 행동하는 것에 대해서는 크게 고민하지 않았어요.

저뿐만 아니라 저희 형제들은 아버지의 영향 때문인지 모두 성격이 강해요. 큰아버지는 저희를 볼 때 한 번씩 "저 놈의 가시나들을 저렇게 키워가지고..." 하는 소리를 하셨는데요. 막상 아버지는 '가시나가', '여자가' 이런 말은 한 번도 입에 안 담으셨어요.

심지어 대학시절에는 술 먹고 돈 없을 때 맡기라고 아버지가 차고 다니시던 일본 '라도' 손목시계를 저한테 채워주기도 하셨어요. 전날 밤 술집에서 술 먹고 분명히 시계를 맡겼는데, 아침에 눈을 뜨면 시계가 저한테 와 있었어요. 아버지가 맡기면 찾아와서 주고, 맡기면 또 찾아주고 한 거예요.

아버지는 제가 연극을 한다 하면 연극을 해서 좋고 과대표를 한다 하면 딸이 똑똑해서 좋고 어디 봉사활동에 간다 하면 봉사활동 해서 좋고. 딸이 하는 모든 일을 다 좋게 생각하셨어요. 저도 덩달아 뭔 일이 생기면 아버지한테 제일 먼저 자랑하고 또 아버지한테 자랑할 만한 일을 하려고 했고요. 아버지는 "(효)선이가 하는 일이다"라는 표현을 자주 하셨는데요. 이해되지 않는 일이라고 해도 제가 하는 일이니까 믿으라는 뜻이 담겨있었죠.

10.18 이후 부산으로 도망가다

10.18이 터졌을 때 저는 4학년이었어요. 집현전에 제일 자주 들락거린 사람이 저하고 김종철 씨였어요. 김종철 씨는 고려대 출신에 영어 잘하고 학습도 잘 하는 선배였어요. 항상 안티적인 느낌이 있었고 반항아적 기질이 많았어요. 다정한 선배가 아니고 톡 쏘는 선배랄까.

아무튼 시위가 난 후에 집현전과 관련된 사람들이 계속 잡혀가서 한옥진 씨하고 정혜란 씨 집에 찾아갔어요.

테이블토크 때 알게 된 건 정혜란 씨 집으로 전화가 왔다는 사실이었고, 제가 기억하는 건 저희가 간지 얼마 되지 않아서 경찰이 왔던 일이었어요. 정혜란 씨 어머니가 숨으라고 해서 숨었다가 나오니까 정혜란 씨는 잡혀가고 없었어요.

정혜란 씨 집하고 저희 집하고는 육호광장을 두고 걸어서 가는 거리에 있었거든요. 집으로 걸어 돌아오는 길에 무장한 군인들이 쭉 서있어서 잔뜩 긴장이 됐죠. 저는 혹시 모른다는 생각에 그날 밤 집현전에 가서 문제가 될 만한 책들을 집으로 옮겨놓고 곧장 부산으로 튀었어요. 도서대출명부는 저도 모르는 곳에 숨겨달라고 엄마한테 부탁해 놓고요. 나중에 들으니 제가 없는 사이에 경찰이 네 번이나 찾아왔었다고 하더라고요.

부산 친구는 과 동기였는데 자기 방이 따로 있어서 그 방에서 같이 먹고 자고 했어요. 친구한테는 특별한 얘기를 안 하고 그냥 놀러온 것처럼 행동하면서 일주일 정도 있었고요.

며칠 있으니까 박정희가 죽었다는 말이 들리더라고요. 시내로 나가봤더니 음악다방이고 뭐고 전부 레퀴엠 아니면 슬픈 음악을 트는 거예요. 그래서 마산으로 바로 넘어왔죠. 돌아올 때는 겁이 안 났어요. 박정희가 죽었으니까 모든 게 끝났다고 해결됐다고 생각했어요.

결혼 후 차린 청운출판사

졸업하고는 대학원에 진학했어요. 대학원 논문을 쓰던 시기에 친한 선배 언니가 7급 별정직 공무원 자리를 넘겨주고 가서 마산지방사무소 노동청 근로상담원으로 일하다가 서 선생하고 결혼을 했어요.

결혼 전에 서 선생은 김종철 씨하고 동업으로 책방을 하고 있었어요. 두 사람이 책방을 할 때 서 선생이 저와 교제 중이었고, 나중에 결혼하면서 서점을 접고 우리는 출판사를 차리게 됐어요. 그 출판사가 청운출판사예요.

저는 출판사를 하면서부터 삶이 완전히 꼬이기 시작했어요. 이름은 출판사인데 인쇄기도 없이 청타 몇 개 딱딱 하는 걸로 작업해서 옆에 있는 인쇄소에 갖다 주고, 인쇄본이 나오면 일일이 수작업을 해서 책을 만들었어요. 돈 주고 제본하면 되는데 돈이 없어서 손으로 한 장씩 한 장씩 일일이 나누고 붙이면서 일을 한 거예요. 여간한 막노동이 아니에요. 당시 인쇄업계 종사자가 거의 국졸이었을 정도로 열악한 노동 세계였어요.

대학원을 졸업한 딸과 마산고 수석 졸업에 서울대를 졸업한 사위 둘이서 밑바닥 막노동을 하고 있으니 그 모습을 본 저희 아버지 속이 어떠셨겠어요? 게다가 아버지 눈에는 대단한 딸이었던 제가 결혼하고 그렇게 살고 있으니 기가 차셨겠죠.

전국 최초 지역 무크지 〈마산문화〉 발간

1980년대 초중반 출판사는 운동하는 사람들의 거점이었어요. 온갖 사람들이 왔다갔다 하고 뭔 일만 났다하면 경찰이 제일 먼저 우리 출판사부터 찾아왔어요. 출판사 위치도 신마산역 맞은 편이어서 오가다 자주들 왔어요.

저는 집에서도 설거지 한 번 안 하고 살다가 후배들이 줄줄이 오면 계속 밥을 해주고는 했어요. 우리끼리만 있으면 자장면 한 두 그릇 시켜먹고 마는데, 후배들이 있으니까 네 그릇 다섯 그릇 시켜야 하고 그럼 또 돈이 들잖아요. 그래서 매번 밥을 해서 나눠 먹었죠.

그렇게 5~6년을 살았어요. 저는 그때 너무너무 힘들었어요. 왜 그랬을까 생각해봐도 어쩔 수 없었어요. 서 선생은 취직을 할 수 없었고, 취직을 한다고 해도 자기하고 맞는 일을 찾을 수가 없었거든요. 70년대 운동은 우리한테는 끝나지 않은 일이었던 거예요. 10.26이 있었다 해도 전두환 정권이 하에서 우리는 똑같이 서슬 퍼런 독재시대를 살고 있었어요. 정확히 86년까지 그랬죠.

우리뿐만 아니라 운동을 했던 사람들은 80년대에도 여전히 처참하게 살았어요. 그런 와중에도 할 일은 해야 하니까 박진해, 박영주 씨 등 몇몇 사람들이 모여서 〈마산문화〉라는 무크지를 만들었어요. 총 4호가 나왔는데 두 번인가를 청운출판사 이름으로 출판했어요.

〈마산문화〉는 '우리가 대항하는 중앙집권적 독재정권을 무력화시킬 수 있는 건 지방자치다', '지방이 자존감을 회복하고 정체성을 세우기 위해서 지역의 인물, 사건을 조명해야 한다'는 취지에서 전국에서 처음 만들어진 지역 무크지였어요. 몇몇이서 필요하다 싶어 만든 잡지였는데, 이전에는 아무도 하지 않은 시도였던 거죠. 생각이 있다거나 돈이 있다고 막상 할 수 있는 일은 아니니까요.

우리는 각자 역할을 담당하고 해서 잡지를 만들었는데, 만들고 보니까 '이런 게 참 중요하구나'라는 공감대가 생겨났죠. 잡지 하나 정도는 만들 수 있는 인원, 편집할 수 있는 인원, 출판할 수 있는 돈 정도는 모일 수 있었고 그렇게 해서 만든 지역 무크지였어요.

처참했던 출판사 생활

80년대가 되어서도 저희처럼 운동에 가담했던 사람들은 특별히 자기가 다른 길을 가거나 발을 빼지 않으면 위장취업하던 사람은 계속 위장취업을 했고, 노동조합을 만드는 사람은 계속 노동운동을 했고 학생들은 계속 데모를 했어요. 그래서 누군가 비빌 언덕이 되어줘야 하는데, 우리가 그걸 했어요. 같이 일하고 후배들 밥 먹이고 다른 데서는 출판이 안 되는 노동지를 찍고 〈마산문화〉를 내놓고...

하지만 개인적으로 출판사 일은 너무 불행하고 처참한 생활의 연속이었어요. 결혼하고 아이도 낳았지만 현실적인 기반은 너무 너무 열악했거든요. 출판사를 할 때 밤을 밥 먹듯이 샜어요. 다음 날까지 책을 갖다 줘야 하니까 밤새도록 한 장 한 장씩 맞춰서 스테이플러를 찍어야 하는 거예요. 그럼 애는 누가 보겠어요. 시어머니가 보고 친정엄마가 보는 거죠. 그렇다고 수익이 생기나. 남는 돈도 없었어요.

80년에서 87년 사이는 79년에 10.26이 일어났지만 다시 전두환이 집권했기 때문에 어지간한 사건이 일어나서 국면전환이 되더라도, 또 언제 번복이 될지 몰라서 늘 불안했어요. 사회가 바뀌었다는 걸 조금 확신할 수 있었던 건 6월 항쟁 후 대통령 직선제로 노태우를 뽑은 후부터였어요. 군인 출신이지만 노태우는 유신독재 후 처음으로 보통선거를 통해 뽑은 대통령이었잖아요. 또 88년 올림픽을 치루면서 사람들이 자존감을 회복했고 사회 전반적인 분위기가 확 달라졌어요. 정말로 그때는 역사의 한 페이지가 넘어 간 거였죠.

새로운 삶을 살기로 결심하다

세상이 바뀌니까 여태까지 가만히 있던 서 선생 친구들, 선후배들이 신문사나 잡지사를 만들자고 했어요. 한겨레가 나온 것보다 앞선 시기였어요.

저는 "다른 사람들이 십시일반해서 주는 돈을 생활의 근거로 삼을 수 없다"고 제안에 반대했어요. 세상이 바뀌니까 우리더러 그동안 고생했다고 구제해주겠다는 명분이지만, 우리 삶을 더욱 더 구덩이 속으로 빠트릴 수 있겠다는 생각이 들었거든요. 그래서 저는 딱 잘라서 "나는 됐다. 우리가 남들이 말하는 소위 지식인층이라서 뭔가 사회적 역할을 해야 한다고 봤을 때 난 할 만큼 했다. 출판사 5년 했고, 어린 애들 데리고 어렵게 살았고 이제는 우리가 하려고 했던 일들을 해야 할 시점이다"고 말했어요.

그게 유학이었죠. 서 선생은 공부를 잘 한데다 대학시절에는 대학원 진학을 꿈꾸었었고 저는 일찌감치 외국으로 유학을 가려고 했었으니까요. 그때가 1988년이었고 애들이 5살, 한 살 반이었을 때예요.

하지만 서 선생은 꼼짝도 안했어요. 아버지의 기대를 한 몸에 받다가 자기가 감방에 들어가는 바람에 아버지가 쓰러지셨고 그 길로 중풍에 걸려 돌아가셨는데요. 아마 그 이유로 스스로를 학대했던 모양이에요. 저는 그게 자기 삶을 방치하는 것으로밖에는 보이지 않았어요.

국회의원 출마를 둘러싼 논쟁

저는 동생이 프랑스에 유학 가 있어서 대충 4인 가족 생활비가 얼마 드는지 알 수 있었어요. 우리가 출판사를 할 때 출판사가 있는 건물에서 재임대로 월세가 조금 나오고 있었는데, 만약 나 대신 누군가가 그 월세를 받아서 프랑스로 보내준다면 우리가 프랑스에서 사는 게 아주 불가능하지는 않겠더라고요.

또 그때는 진짜로 제가 판단을 해야 하는 상황이었어요. 1987년도에 민중의당이 창당됐는데 서 선생이 민중의당 국회의원 후보가 되었어요. TV에도 나오고 집안에서도 다 알게 됐어요. 당시에는 긴급조치로 잡혀갔던 사람들이 정계에 입문하는 시기여서 떠밀려 나간 셈이죠.

그런데 선거운동 시작도 하기 전에 문제가 생겼어요. 정치자금은 비밀리에 유지가 되어야 하잖아요. 돈을 준 사람도 받은 사람도 모를 정도로 해야 하는데 선거운동을 하는 사람들 사이에서 서 선생이 정치자금을 받았을 거라는 소문이 돌았어요. 받지도 않은 돈을 받았다고 의심하는 걸 보고 정치판이란 게 우리가 생각하지 못하는 여러 가지 문제가 생기겠구나 싶었죠. 그래서 저는 서 선생한테 "이건 아니다. 뭔가 시작하기도 전에 돈에 관련된 문제로 불신이 생긴다면 절대 해서는 안 된다"고 했어요.

또 "내가 볼 때는 당신이 정치하고는 맞지 않는 것 같다. 민중의 당은 노동자 농민을 근간으로 하는데 내가 볼 때 당신은 지식인이다. 나는 이제 지식인이 노동자와 농민을 대변할 수 있는 위치에 있지 않다고 생각한다. 농민의 문제는 농민이 푸는 게 맞고 노동자의 문제는 노동자가 풀 수 있는데, 당신이 이 문제를 어떻게 해결할 것인지 모르겠다"고 했죠.

실제로 그 전에는 대학생들이 위장취업해서 같이 노동운동을 했지만 87년도쯤부터는 노동자들 스스로 노조를 만들기 시작했고 농민들도 직접 농민운동을 하고 있었어요.

그래서 전 "경력을 보고 당신을 상징적으로 국회에 출마시키려고 하지만 시작도 하기 전에 우리한테 돈 문제를 가지고 이런 얘기가 나오는 건 앞으로 더 감당할 수 없는 일들이 많을 거라는 예고

나 다름없다"고 강하게 말을 했죠. 그렇게 해서 결국 사퇴를 결정하게 됐어요.

4인 가족의 첫 여행, 16박 17일의 전국일주

사퇴를 하고는 곧바로 애들을 데리고 차 한 대로 전국여행을 떠났어요. 차 한 대로 부산에서 시작해서 동해, 설악산, 수원... 을 쭈욱 돌았어요. 16박 17일을요.

출판사 할 때는 한 시간도 여유가 없었는데 4인 가족이 난생 처음으로 따로 나와서 지내본 거예요. 4인 가족의 삶을 그때 처음 경험해본 거죠.

16박 17일 동안 둘이서 계속 얘기를 했어요. 그래도 서 선생은 언론사를 맡아달라고 한 제안에 여전히 관심이 있더라고요. 워낙 글쓰는 걸 좋아하니까요. 저는 외부 지원에 기대 사는 걸 자기 인생에 허용하면 안 되는 거라고 말렸어요.

거기다 서 선생은 경제적인 사정 때문에 유학 자체를 상상조차 못하는 거예요. 아예 불가능하다 이렇게 생각했죠.

저는 "가능하다. 동생도 가 있고. 아버지가 좀 도와주고 하면 공부가 끝날 거고 가서 도서관 이용하면 되고 잘 하면 주거비 지원도 받을 수 있고... 어렵더라도 어떻게든 살 수 있다"고 말했죠.

집으로 돌아오는 밤에 결국 제가 "나는 갈 거니까 따라올 거면 따라와라. 아니면 나는 이혼할 거다. 애들은 내가 데리고 간다" 이렇게 최후통보를 하니까 서 선생이 어쩔 수 없이 생각을 바꿨어요. 그때는 아주 심각했어요.

전 제 삶을 또 다시 놓지는 않겠다는 마음이 확실했기 때문에 더 미룰 수가 없었어요. 그렇게 1989년 2월에 전 가족이 함께 프랑스로 갔어요. 프랑스로 떠나기 전 같이 민중의당 하던 선배 임수태 씨가 와서 절 보고는 처음으로 밝은 얼굴을 봤다고 했죠.

유학을 결정하고 아버지한테 허락을 받아야 하는데, 서 선생도 그렇고 모든 사람들이 다 시집간 딸이 유학 가는 걸 반대할 거라고 생각했어요. 그래도 저는 아버지한테 허락을 구하거나 물어보지 않고 곧장 "제가 유학을 가야겠습니다" 통보를 했어요. 내심 약간 걱정을 했는데, 아버지 대답이 걸작이었어요. 애 둘 딸린 애엄마가 유학을 간다는데 아버지가 한 말이 "진작 그라지!" 였거든요.

저희가 프랑스에 가려면 청주에 있는 언니가 이사를 오고 시어머니가 시동생 집으로 이사를 가고, 아버지가 다시 이사를 오고... 그렇게 여섯 집이 이사를 오고 가고 해야 하는 데도 그걸 아버지가 다 받아주셨어요. 아버지한테는 딸이 유학 가는 게 제일 좋았던 거예요. 출판사라고 차려 놓기만 했지 사람에 치이고 가난에 허덕

이며 사는 딸이 스스로 삶을 바꾼다고 하니 쌍수를 들고 환영하신 거죠.

유학을 통보한 후 6개월 동안 난리를 치면서 상황을 정리했고, 우리가 떠난 후에는 친정식구가 우리 집에 이사 와서 몇 년 동안 대신 받은 임대료를 프랑스로 보내줬어요. 그게 끊어지고 나서는 그만큼의 돈을 아버지가 주차장을 운영하면서 유학비로 대주셨고요. 그리고 서 선생이 한국에 정착한 후에는 10년을 기러기 아빠로 살면서 생활비를 댔어요.

공부에 흠뻑 빠져 살았던 프랑스에서의 삶

이전에 힘들었던 모든 게 프랑스에서는 상당히 큰 무기가 됐어요. 전혀 무서울 게 없었죠. 프랑스에서 뭐 외국인 취급을 받고 한다 하더라도 일단 생활 자체가 달라졌으니까요. 적은 돈이라도 다달이 일정한 돈을 받으면서 생활한 게 그때가 처음이었거든요.

출판사 할 때는 돈이 워낙 없었어요. 시어머니한테 돈 없다는 말도 못 했어요. 서 선생이 가장이었으니까요. 바로 밑에 있는 시동생만 결혼을 했지 막내삼촌은 우리가 공부 뒷바라지를 해야 하는 입장이었고 결혼 안한 막내 시누이, 저희 애 둘... 식구가 많아서 저희 먹고 사는 것만도 너무너무 힘들었죠. 그런 점에서 다른 사람들은 유학 와서 뭐 어떨지 모르지만 우리는 생활환경 자체가 너무 좋아진 상황이었어요.

대학에 들어가서는 정말 미친 듯이 공부했어요. 서 선생은 10년 동안 강도 높게 공부시키기로 유명한 드 베르니스라는 교수 밑에서 공부하느라고 정말 피골이 상접하고, 저는 저대로 애들 챙기면서도 사이사이 제 공부하러 가느라 정신이 없었어요. 저는 2000년부터 에스(EHESS)라는 파리 고등사회과학대학원에 적을 두고 박사논문을 쓰고 있었기 때문에 그르노블과 파리를 왔다 갔다 하면서 하고 싶은 공부를 정말 실컷 했어요. 제 마음에 드는 선생을 찾아가며 공부했는데 파리 고등사회과학대학원에서는 세계체제론을 연구하는 문화사회인류학자 조나단 프리드만을 지도교수로 삼고, 사회학자 피에르 부르디외와 알렝 투렌, 철학자 쟈끄 데리다 수업을 들었어요.

그리고 파리 3대학에서는 자크 오몽하고 영화학을 공부했죠. 아카데미 프랑세즈에서 강의도 듣고요. 그야말로 미친 듯이 왔다 갔다 하면서 공부한 시절이었어요.

5개 전공을 두루 섭렵하게 한 박사과정 공부

프랑스에서는 가장 먼저 국제정치를 하다가 역사학에서 미술사, 인류학과에서 세계체제론까지 모두 각각 박사과정을 공부했어요. 이것만해도 3개인데 막상 논문을 쓰려고 하니까 또 영화학을 공부해야 해서 영화학 박사과정 하나를 더 했고요. 그 후에는 알렝 투렌과 함께 몇 년에 걸쳐서 사회학을 공부했으니 박사과정 동안 전공 5개를 훑고 다닌 셈이 됐어요.

왜 그랬냐 하면 제가 정치학을 하지만 논문을 쓰면 국제정치학이 되잖아요. 그런데 국제정치학은 국제연합, 국제연맹 등과 안보와 국방 등에 대한 연구에 집중되어 있어서 제가 공부하고 싶은 국제관계사를 공부하려면 미술사를 전공으로 해야 했어요. 미술사 안에 국제관계사가 있었거든요.

미술사를 하면서도 저는 정치학으로 무장을 한 사람이니까 '국가'에 대해 고민할 수밖에 없었는데요. 프랑스의 국민국가를 만든 게 프랑스혁명이고, 왈러스타인(세계체제론을 주창한 미국의 사회학자)도 말했지만 한 나라가 점차적으로 민주화를 이룬 과정을 보다 보면 가장 중요하게 생각한 게 '국가'예요. 국가가 권력체로 시민과 괴리되느냐, 붙어 있느냐 이 문제거든요.

그런 개념이 우리한테는 너무나 당연하게 들어와 있는데, 유럽에서는 두 가지를 분리해서 바라봐요. 저는 한국 정치사상사를 계속 공부했고 한국사회에서 성장했기 때문에, 국가와 국민을 절대로 따로 떨어뜨려서 생각할 수가 없었어요. 옛날에는 왕이 백성의 마음을 읽어야 한다고 했잖아요. 백성의 마음을 읽은 왕은 선정을 했고, 백성의 마음을 읽지 못하고 괴리됐던 왕은 망하거나 악덕한 왕으로 평가받았고요.

그러니 국가와 개인을 따로 떨어트려서 존재한다는 논리 자체가 납득하기 어려웠죠. 또 마르크스주의가 무너지고 나서 수많은 사회과학 이론들이 나오는데 그 중에 국가의 문제를 개인과 엮어서 말할 수 있는 총체적인 시각을 가진 사람은 별로 없었어요. 아주 중요하다고 평가받는 학자들 중에서도요.

다축이론에 관심을 보인 대학자 알렝 투렌

하지만 저는 늘 '국가라는 게 A라는 요건, B라는 요건, C라는 요건들 속에서 성립이 되어 있는데, 이걸 어떻게 떼어내서 생각하는 거지'라는 의문을 가지고 있었어요.

테제, 안티테제, 센테제(정-반-합)라는 말을 하잖아요. 테제를 국가라고 놓고 안티테제를 시민으로 놓고, 센테제는 국가 더하기 개인으로 할 것인지, 애초부터 개인이나 국가가 합쳐져 있기 때문에 국가라고 이야기하지, 어떻게 이걸 떼서 볼 수 있냐고 계속 싸웠어요.

처음에는 아시아 여자가 말도 잘 못하면서 고집을 피운다고 보

다가, 나중에는 알렝 투렌이라는 사회학자가 절 더러 제가 평소에 하는 얘기를 글로 써서 줬으면 좋겠다고 하더라고요. 알렝 투렌은 프랑스에서 피에르 부르디외하고 쌍벽을 이루는 사회학자에요.

그래서 제가 요약을 해서 '다축이론의 구축에 대해서'라는 글을 써서 줬어요. 우리가 멀티컬처리즘 얘기를 많이 하는데요. 저는 '멀티'라고 하면 안 된다, 이건 숫자 놀음이다. 왜냐면 모자이크처럼, 한 나라에 각각 다른 색깔을 띠면서 사는 사람들이 많이 있다고 해도, 멀리서 떨어져 보면 주류의 색깔이 보이기 마련이다. 그래서 저는 플뤼히컬처리즘(pluri-culturalisme)이라는 말을 사용해야 한다고 제안했어요.

알렝 투렌이 제 글을 보고는 뭔가 탁 치는 게 있었나 봐요. 제가 제 이론을 설명하면서 동원한 단어들이 있잖아요. 알렝 투렌이 딱 보더니 중요하다 싶은 게 있었던지, 제가 사용한 몇 가지 용어를 그대로 쓰는 거예요.

프랑스에는 수업을 어떻게 하냐면, 강의실에 학생이 4~50명 있어요. 제가 다닌 고등사회과학대학원은 아날학파의 본산지예요. 수업할 때 보면 전 세계에서 온 교수와 학생이 반, 프랑스 국내 교수와 학생이 반이예요. 그러니 얼마나 토론이 치열하게 벌어졌겠어요?

그런 수업에서 알렝 투렌 교수가 제 용어를 사용할 때면 항상 수업을 시작하면서 '한국에서 온 하효선'을 먼저 찾아요. 그리고 "마담하가 저기 앉아 있다" 라고 하면서 이야기를 시작했어요.

국가와 개인의 관계를 이해하는 실마리, 자기승화

알렝 투렌이 인용한 용어들 중 하나가 제 이론의 핵심인 '자기승화'인데요. 불어로는 '에스떼티자시옹 드 스와(Esthétisation de soi)' 라고 해요. 미셸 푸코는 〈존재의 미학〉에서 '자신에 대한 걱정'이라고 표현했어요. 미셸 푸코에 의하면 로마 시대의 개인 간 사적 관계에서 가족, 이웃을 포함한 개인 이상의 사회를 지칭하는 국가를 위한 행위까지 포함한 개인의 실천이라고 이해할 수 있어요.

사실 자기승화라고 하면 굉장히 내면적인 용어라고만 생각하는데, 제가 말하는 자기승화는 개인적인 영역에서 한 개인이 자신이 보다 아름답다고 생각하는 방식으로 하는 행동일반이라고 이해하면 쉬워요. 이건 결국 현대 인문학 고민의 중심에 있는 '미학적' 문제에 도달하는 질문이기도 한 거죠.

예를 들면 요새 인터넷, 유튜브 같은 걸 보면 해외에서 한국 사람을 어떻게 보는 지가 많이 나오잖아요. 며칠 전에 보니까 포항에서 맥주 트럭이 넘어졌는데 다른 나라 같으면 막 가져가느라 난리였을 텐데, 한국 사람들은 아무 얘기 없이 주변에서 와서 같이 다

치우더라는 거예요. 소방차가 왔을 때는 이미 다 청소가 되어 있었데요. 이걸 보고 세계가 놀랐다고 하거든요.

같은 사건이 다른 나라에서 벌어졌을 때 각 그 나라 사람들은 다르게 행동할 수 있잖아요. 이걸 어떻게 설명할거냐는 거죠.

어쨌건 저는 프랑스에서 생활하고 또 공부하면서 인류학적인 측면에서 제 고유의 정신체계랄까 철학이나 상식 또는 기본적인 인식구조랄까 그런 것들이 프랑스 사람들과 많이 다르다는 걸 느꼈고 그걸 전달하는 일이 참 어렵다고 생각했어요. 논리 이전에 우리가 가진 고유한 인간성, 교육 이전에 이미 습득되고 이해된 것들에 대해 프랑스 주류사회로부터 받은 혼란으로 고민하던 시기가 있었던 것 같아요.

나중에는 혼란을 겪어야 하는 사람이 제가 아니라 그들일 수 있다는 생각이 들었어요. 왜냐하면 나는 단지 내가 사는 공간을 잠시 옮겨왔을 뿐이고 옮겨진 것은 공간과 내 몸이지 나 자신의 자아는 아니었거든요.

어쩌면 내가 살고 있는 그 곳의 다양성이 부족한 건 아닐까 생각했고, 만약 그렇다면 다양성을 담아낼 그릇이 필요하고 이를 학문에서는 '방법론'이라는 말로 표현하는데요. 그 다양성을 담을 그릇으로 10년 전 제가 제안한 방법론이 바로 '다축이론'이었어요.

다축이론에서 가장 중요한 용어가 앞에서 말한 '자기승화'예요. 국가와 개인이 있을 때, 국가가 제대로 지탱되려면 국가가 생성하는 윤리나 도덕이 설득력이 있어야 하고 공감대를 얻어야 하는데요. 개개인의 내면에서 이루어지는 바로 그 공감대가 자기승화라는 거죠. 다축이론에서 쓰인 또 하나의 중요한 용어가 콘센서스, '공감'이고요.

개인의 행동은 국가가 시켜서 하는 수동적인 게 아니라 주체적인 행동이고, 여기서의 주체성은 서구에서 말하는 내가 주체이기 때문에 뭘 한다가 아니라 나를 완성시키거나 나를 통과하는 사회적이고 미학적인 것들이 구축된다는 의미의 자기승화라는 용어로 제가 계속 말해왔던 내용이에요.

알렝 투렌은 이런 제 이론을 받아들여서 바로 연구팀하고 학습팀을 만들었어요. 그리고 절 연구팀에 넣었죠. 저희 연구팀 연구원들은 알렝 투렌과 직접 맞대응하면서 이론을 공부했고요.

언젠가 알렝 투렌이 은퇴를 할 때였어요. 은퇴를 하더라도 명예교수로 학교에 남기는 하지만 워낙 유명한 학자여서 은퇴기념식 행사가 주목을 받았어요.

알렝 투렌은 하버마스하고 레몽 아롱의 딸인 도미니크 슈나페르와 함께 유럽에서 인정하는 3대 거장 중 한 사람이었거든요.

은퇴식에서 영상도 상영하고 알렝 투렌이 직접 강연도 했는데요. 알렝 투렌은 원래 라틴아메리카에 완전히 빠져 있던 사람이었어요. 라틴아메리카의 사회운동에 대해서 오랫동안 연구를 했었고요. 그날 알렝 투렌이 하는 말이 자기가 몇 십 년 동안 라틴아메리카를 연구해 왔는데, 라틴아메리카에는 희망이 없고 어느 시점부터 아시아를 들여다보게 됐다고 해요. 이런 사람들은 또 굉장히 직설적이거든요. 그러고는 아시아는 뭐 가능성이 무궁무진하고 어쩌고저쩌고 하면서 극찬을 하는 거예요. 사람들이 아시아라고만 하면 중국이나 일본을 먼저 생각하잖아요. 한데, 알렝 투렌은 중요한 말을 할 때마다 저를 쳐다보면서 말을 하는 거예요. 사람들은 알렝 투렌이 나를 볼 때마다 또 저를 쳐다보고요. 그러면서 맨 마지막에 한국이 가진 힘은 가늠할 수 없다, 이렇게 공식적으로 말을 끝내니까 사람들이 그제야 '아, 그 나라가 한국이구나' 하고 알게 된 거예요.

알렝 투렌 교수만큼은 제 방법론을 완전히 이해해줬고, 알렝 투렌의 이론에도 제 이론이 투영된 것 같아서 참 기분이 좋았어요. 할머니나 아버지만큼은 아닐지라도 저를 상당히 신임했다는 것 또한 사실이고요.

박사학위 보다 중요한 문화정책연수 참가의 의미

그런데 제가 논문을 마감하는 시기에 좀 아팠어요. 회복 후에 다시 논문을 쓰려면 2년을 꼬박 불어로 매달려서 써야 하는데, 그걸 해야 하나 싶은 생각이 들더라고요. 결국 한국으로 돌아가야겠다는 생각도 들었고 한국에 와서도 대학교수가 될 생각이 없었던 저는 이 정도 공부했으면 됐다 싶어서 논문 쓰는 일을 멈추고 제 이론을 시험해 볼 수 있는 페스티벌에 집중했어요.

그 중에는 유럽에서 통용되는 방법론에 대한 회의감도 있었어요. 방법론은 사람의 생각을 만드는 틀이잖아요. 이론을 설명할 수 있는 기저가 되죠. 저는 유럽의 방법론이 틀린 건 아니지만 누구에게나 다 보편적으로 맞을 수는 없다고 생각했고, 그것보다는 나를 포함한 좀 더 보편적인 무언가를 만들고 싶었어요. 프랑스 대학에서 정리한 방법론만으로는 부족했어요. 또 논문은 마무리하지 못했지만, 제 나름대로 국가와 개인에 대한 문제를 해결하는 방법론을 만드는 일에 조금은 역할을 했다고 생각했어요. 적어도 알렝 투렌에게 학문적 영감을 준 건 자타가 공인하는 일이죠.

그래서 논문보다 더 중요하게 생각한 게 페스티벌 조직이었어요. 박사과정 5개를 하면서 이론적으로 어느 정도 자신이 있었을 때 페스티벌을 조직했었거든요. 우선 협회를 창설하고 프랑스 친구들의 도움을 받아 꽤 규모 있게 치러냈어요.

이 페스티벌을 조직한 경력으로 프랑스 문화정책연수에 참가할 수 있었는데요. 이 연수에는 프랑스 전국에 있는 관장들, 문화예술국장, 과장들만 참가할 수 있었어요. 문화예술 파트에서 디렉터들만 모아서 하는 연수예요. 거기 참석한 아시아인은 저 밖에 없었어요.

저한테는 그 연수 1년이 박사학위보다 훨씬 중요한 이력이에요. 프랑스와 유럽의 문화예술관련 기관과 행정기구의 최고책임자들이 받는 연수였으니 당연하죠. 그때 저랑 같이 연수를 받은 사람들이 바스티유 오페라단 행정책임자, 리용국립발레단 행정책임자, 갈로타 무용단 행정책임자, 시립 도립 도서관장, 시·도 문화행정 책임자, 문화예술담당 부시장 등이었어요. 제 경우에는 프랑스에서 페스티벌 다섯 번 한 걸로 방법론, 콘텐츠를 모두 인정받아서 그 사람들하고 같이 연수를 받게 된 거였어요.

페스티벌이 겉으로 보기에는 별거 아니다 생각할 수 있지만 전문가들은 알아볼 만큼 내실이 있었어요. 그걸 인정받아서 최고위 문화정책 담당자들을 대상으로 한 문화정책연수에 참가할 수 있었으니 저로서는 자랑스럽죠.

또 같이 연수를 받은 사람들은 '레조'라는 네트워킹을 가졌는데요. 제가 마산에 있으면서 가장 아쉬운 건 프랑스에서 귀국해서 그 네트워킹을 바로 활용할 수 없었던 점이에요. 만약 곧바로 활용할 수 있었다면 10년 동안 조금은 달라지지 않았을까 하는 생각을 하기도 해요. 개인적으로는 그게 너무 안타깝죠.

아무튼 저는 다른 사람들의 이해를 받지는 못해도 제가 하고 있는 일이 정확히 어떤 일인지는 알고 있어요. 이것도 일종의 자기 승화적인 행위인거죠. 프랑스에서도 많은 분들이 페스티벌을 벌이고 있을 때 제가 하는 일에 대해 '엄두도 안 나고 이해도 안 된다'는 말을 많이 했는데요. 결국 제가 맞았잖아요. 벌써 20년 전인데 그때 이미 한류를 만들어 냈으니까요.

그래서 지금도 저는 제 자신에게 충실한 것이 가장 중요하다고 생각해요. 누군가 제가 하는 일을 이해하거나 말거나 하는 일은 중요치 않아요.

그르노블 시가 직접 보낸 초대장만 6천장

제가 기획한 그르노블 설 페스티벌은 2002년부터 2006년까지 다섯 번을 했어요. 그중 2006년 행사는 한불수교 120주년 기념해라 행사가 크게 준비되었어요. 행사 응원 차 대사가 그르노블에 직접 왔어요. 보통 큰 행사가 아니면 대사가 직접 지역으로 오는 일은 없는데, 재일동포재단에서 우리한테 대사관 이름으로 지원을 한 게 있었어요. 우리 돈으로 한 3천만 원쯤 됐는데, 프랑스에서는 지원 금액치고 꽤 큰 금액이거든요.

그래서 제가 그르노블 시에 가서 "대사관에서 우리한테 3만 유로를 지원했다, 대사가 오면 그에 맞게 제대로 외교절차를 다 밟아서 진행해 주기 바란다. 이번 주 프랑스 한국대사의 그르노블 방문에 관련된 진행사항은 내가 감수했으면 좋겠다"고 얘기했어요. 그르노블 시에서는 웬 외국인이 와서 뭐라고 하는데 황당했겠죠.

그래도 저는 우리가 우리 돈 주고 프랑스인들을 위한 행사를 다 해주는데, 자기들도 어느 정도는 보조해줘야 한다, 그리고 우리가 언제 이렇게 말해보겠냐 싶어서 당당하게 요구를 한 거예요. 뭐 그동안 이래저래 쌓인 것도 있었고요.

아무튼 그렇게 해서 그르노블 시가 공식적으로 초대장 6천부를 전 프랑스와 유럽으로 보냈어요. 저는 한국, 프랑스, 독일, 스위스, 일본까지 아는 분들의 주소를 적어 그르노블 시 담당자에게 모두 알려줬고요. 그 당시 프랑스에 있던 대부분의 한국 분들이 초청장을 받았을 거예요. 32페이지짜리 행사 브로슈어도 함께요. 담당자 말로는 그르노블 역사상 초대장 우편발부가 3천장을 넘어본 적이 없다는데, 한국 설 페스티벌 초대장은 6천부나 발송을 했어요. 우편료를 1부당 2.5유로 정도 한다고 치면 우편요금만 한국 돈으로 2천만 정도 들인 거예요. 그르노블 시가 보낸 초대장 덕분에 한국을 톡톡히 알릴 수 있었죠.

제가 설 페스티벌을 하면서 대사를 부르기 전까지 그르노블 시에 한 번도 공식적으로 대사가 온 적이 없었대요. 대사가 온다고 했더니 그르노블 시에서는 자체 팀을 꾸려서 대사 환영식을 준비했어요. 시청 안에 리셉션 공간, 파티 공간이 있는데 그걸 다 이용해서 도지사, 부지사... 지역 내 유명 인사들을 죄다 불러온 거예요. 지역 유지들이 다 모인 아주 중요한 행사였어요.

시에서는 참석한 사람들을 모아놓고 줄을 세우더라고요. 도지사, 부지사부터 해서 쭉 일종의 서열순이었던 것 같아요. 우리는 우리대로 줄을 섰는데요. 그르노블 유지들은 대사를 만난다고 줄을 쫙 늘어섰는데, 한국 줄이 너무 짧은 거예요. 그르노블에 사는 한국인만 100명이 넘는데, 줄 선 사람은 대사관 인원 서너 명 포함해서 12명 정도? 나머지가 우리 식구고. 우리 애들, 프랑스인 친구들이었어요.

보통 제가 페스티벌을 열면 프랑스 친구들한테 전화가 막 오고 축하한다고 하고 난리가 나거든요. 그런데 페스티벌을 할 때 저를 가장 불편하게 했던 사람이 다름 아닌 한국 사람들이었어요. 그르노블 시 영접행사에 한국 사람들이 오지 않은 이유는 단순해요. 페스티벌을 한국 유학생인 제가 치르는 걸 못마땅해 하는 사람들이 있었거든요. 그 사람들이 그르노블 한국인들을 페스티벌을 못 가게 하려고 한인회 모임을 같은 날 다른 곳에서 잡았어요.

제가 말하기도 전에 도와준다고 제안을 해줬고 같이 일정조절까지 해놓고는 당일 날은 싹 빠져버렸더라고요. 의도적이었어요. 완전 드라마처럼요. 그 일을 주도한 사람 대부분이 국제결혼한 사람들과 한인교회 교인들이었어요. 나중에 안 사실이지만 국제결혼한 사람들 입장에서는 자신들은 결혼해서 프랑스 국적을 가진 사람들인데 외국인인 한국인이 프랑스에서 설친다고 그랬다고 하고 한인교회 교인들은 교회 밖에서 일어나는 모든 일에 가치를 부여하지 않으려 해서 그랬대요. 결국 피해는 고스란이 대사가 입게 됐죠.

대통령급 영접에 놀란 주불 한국대사

아무튼 저는 대사한테 외교의식을 한다고 전했지만, 대사는 연설문도 준비하지 않았을 정도로 큰 기대를 하지 않으셨더라고요. 하지만 순서대로 연회장에 들어가니까 영화에서 보는 것처럼 유니폼을 입은 서빙보이들이 서 있고 기다란 탁자 위에 완전히 세팅이 딱 되어 있는 거예요.

대사가 하는 말이 자기가 대사가 되고 나서 이런 영접을 받아본

게 처음이었는데요. 대통령을 불러도 되겠더라는 거죠. 대사의 눈으로 볼 때는 처음 그르노블 시청에 딱 도착하니까 일단 프랑스 국기, 태극기가 게양이 되어 있고 안내에 따라 들어갔더니 도지사들부터 시작해서 지역 유지들이 좌악 줄을 서 있고요. 연회장도 싹 세팅이 다 되어 있으니까 완전 놀랜 거예요.

그 후에는 그르노블에서 한국에 대한 위상도 올라갔고 인식도 좋아졌어요. 또 대학도시 그르노블이 지향하는 문화적 다양성을 나타내는 데도 크게 기여하였다고 평가 받았죠.

일례로 그르노블 시에는 160여 개의 외국인협회가 활동하고 있었는데요. 그르노블 시가 가끔 회의를 개최해요. 하루는 제가 다른 일로 참석하지 못했는데 참석했던 사람들이 전하는 말이 부시장이 저를 계속 찾더래요. 그리고 연설을 하면서도 "그르노블에서 가장 중요한 사람 중 하나인 하효선"이라고 하면서 한국문화에 대해 언급하더라는 거예요. 그렇게 각인이 되어 있었으니까 그르노블 시에서는 한국이나 한국인에 대한 인식이 좋았어요. 그르노블 페스티벌이 한류의 시작이라고 할 정도로요.

뒤돌아본 21년의 프랑스 생활

프랑스에서 생활은 참 재미있었어요. 하고 싶은 일들을 마음껏

했어요. 굉장히 자유롭잖아요. 걸리적거리는 것도 없었고 마음먹은 대로 했어요. 대신 계획을 철저히 해서 실행할 방법을 찾고, 너무 어려우면 찾아가서 도움 요청하고요.

프랑스에서는 대체적으로 지원할 때 프로젝트를 중심으로 봐요. 이 사업이 도시와 도시민의 삶에 도움이 되는지, 창의적인 사업인지, 어떤 효과가 있는지 또는 사업 자체의 가치나 개인에게 어느 정도 기회부여를 하는지 등이 중심이죠. 그러니 외국인인 제가 제안한 사업들도 추진될 기회를 얻을 수 있었던 거예요.

이런 방식으로 시민들이 자기 생각을 실현시키고 또 실현시킬 방법을 배워가는 것 같아요. 그 점에 있어서는 한국이 많이 아쉽죠. 이건 저 뿐만 아니라 문화예술분야 종사자들이 일관되게 지적하는 문제이고, 경남 특히 창원 지역이 심각하기도 하고요.

어쨌든 프랑스에 있었던 21년 동안 정말 단 하루도 허투루 쓴 적은 없었던 것 같아요. 미친 듯이 공부했고 시간만 나면 아이들을 태우고 차로 갈 수 있는 어디든 여행을 다녔고요. 또 서 선생이 국제경제를 제가 국제정치를 공부할 때는 거의 매주 토요일마다 친구들을 초대해서 한국음식을 나눠 먹으며 토론을 했어요.

러시아, 우크라이나, 알제리, 튀니지, 페루, 칠레, 카메룬, 중앙아프리카공화국, 중국, 일본… 셀 수 없이 다양한 국적의 친구들을 초대해 이야기를 나눴고, 그 친구들과 이웃이 보여준 한국에 대한 궁금증을 대대적으로 풀어줘야겠다고 생각하고 만든 게 페스티벌이었던 거예요.

게다가 페스티벌에 적용된 이론이 제가 주장한 다축이론이었고요. 다축이론의 핵심은 모든 문화는 하나의 축으로 기능하고 그 각각의 문화에는 역사, 사회정치학, 문화 나아가 철학과 종교까지도 축약되어 나타나는데 이를 인류가 함께 공유해야 한다는 것이거든요.

인지와 품성에 영향을 끼치는 문화예술의 중요성

귀국 후 한 일도 이런 연구와 실험의 연장선상에 있는 것 같아요. 21년을 떠나 있었던 고향에 다시 돌아왔고 제가 생각하기에 고향 마산은 한국 현대사에서 가지는 위상이 아주 특별한 곳이거든요. 3.15와 10.18의 도시 마산은 시민들의 성격이나 소통방식, 정의감... 오지랖일까 시민들의 참여정신이 다른 도시와는 다르니까요.

어쨌든 이런 도시에 넘치는 게 있다면 또 모자라는 것도 있을 거잖아요. 저는 오랫동안 고향을 떠나서 지내다 돌아와서인지 우리 도시가 가지지 못한 부분, 조금은 모자란 부분이 자꾸 눈에 들어오더라고요.

특히 제가 문화예술 전공자이고 인간의 인지와 품성에 대한 연구를 해온 터라 시민들의 인지와 품성에 많은 영향을 끼치는 부분들이 채워져야 한 도시가 제대로 된 면모를 갖출 수 있다고 생각하는데요. 그러기 위해서는 사람들이 어떤 정보와 경험 그리고 일종의 훈련처럼 거쳐 갈 수 있는 사회문화적인 요소들이 많이 필요하겠죠. 한 사람의 민주 시민으로 성장하기 위해 1차적으로 교육이 중요하다고 보듯이 인성과 품성의 배양에는 그 사회가 가진 문화적 토양이 가장 중요하니까요.

하지만 제가 돌아와서 본 마산에는 시민들이 기본적인 문화적 소양을 기를 수 있는 공간이 많이 부족했어요. 특히 예술영화상영관이 없다는 게 치명적이었어요. 현대 사회에서 시대정신을 읽고 많은 정보를 담는 장르가 영화이고, 그중 예술영화는 세계 여러 담론을 생산하고 있다고 해도 과언이 아닌데 일반 상업영화관에서는 좀처럼 보기 힘들잖아요. 거기다 100만이 넘는 창원이라는 도시에 예술영화상영관이 없어서 서울이나 대구, 부산을 가야 한다는 사실을 납득하기 어려웠죠.

그래서 레지던스 하던 공간을 개조해 영화관과 갤러리 등을 만들었어요. 어디서 지원을 받거나 돈이 많아서 한 일은 아니었어요. 집을 담보로 잡히고 때마침 서 선생이 긴급조치 9호로 1년 반

동안 복역한 감옥 생활에 무죄가 선고되면서 그에 대한 형사보상금이 나온 걸 모두 털어 넣어 만든 공간이었죠. 예술영화상영관이 워낙 수익성이 없다보니까 많은 분들이 씨네아트 리좀은 창동예술촌 활성화를 위해 지원받아 만들어진 시설이라고 오해하고 계시지만요.

그나마 창원시에서 보조해 주던 DLP 장비 임대료도 올해 9월부터는 딱 끊어져 버려서 여러 모로 힘든 상황이에요. 제 상식으로는 시민이 함께 누리는 문화예술 공간을 사비를 쏟아 부어 이 정도 일 궈놓았으면 지자체가 함께 도와서 책임을 나눠야 한다고 생각하는데, 여전히 나 몰라라 하는 걸 보면 실망스럽기도 하고 제가 이 일을 왜 하고 있는지 회의감도 밀려와요.

지금은 서 선생이 문화예술기반 도시재생을 완성해야 한다면서 적자를 메워주고는 있지만 언제까지 버틸 수 있을지 고민도 되고요.

그나마 "옛날에 출판사하면서 워낙 어렵게 살아봤으니까 우린 검소하게 살 수 있다. 대신 필요한 일은 하면서 살자"고 격려해주는 서 선생이 있어서 힘을 내고 있지요.

국내외적으로 인정받은 국제 레지던스 프로그램

에스빠스 리좀이 운영하는 예술영화관이나 갤러리 운영도 중요하지만 저희가 가장 중요하게 생각하는 건 아무래도 국제교류 사업이에요. 리좀 국제 레지던스 사업은 한국문화예술위원회 국제교류 사업으로 선정될 정도로 높은 수준을 인정받고 있어요. 저희처럼 국제 레지던스를 운영하는 곳은 국립현대미술관 창동스튜디오하고 공공기관 몇 군데고요. 나머지 민간에서 운영하는 국제교류 프로그램은 리좀 말고는 손에 꼽히는 정도예요.

국제교류 프로그램을 진행하기 위해서는 지원금 외 작가 아뜰리에 대관 등 필요한 제반사항이 많잖아요. 그래서 저희 나름대로는 프로그램이 어느 정도 위상을 갖췄으니까 자자체에 도움을 요청하려고 담당자를 찾아갔어요.

한데, 이것도 전혀 얘기가 통하지 않더라고요. 통상 국가에서 인정해준 사업의 경우 어느 정도 공신력을 갖추었다고 판단하고 함께 프로그램의 수준을 끌어올려주려고 해야 하지 않나요? 여러 가지로 아이디어를 내보려고 하고 있지만 아뜰리에 공간을 별도로 내어 줄 수 없는 에스빠스 리좀의 현재 조건만으로는 국제적인 작가들을 유치하기 어려울 수밖에 없어서 많이 안타까워요.

또 다른 시도, 프랑스문화원

한국에 프랑스문화원이 일곱 개가 있어요. 그중 서울과 부산의 엥스티튜 프랑세라고 하는 프랑스 문화원과 알리앙스 프랑세즈라고 하는 어학기관의 디렉터는 프랑스에서 직접 파견하는 걸로 알고 있어요. 나머지 다섯 곳은 민간이 자체 운영을 하는 곳들인데, 대구는 대학에 소속되어 있고 대전, 전주, 광주, 인천은 순수 민간 운영이에요.

리좀은 창원에 이런 민간 프랑스문화원을 설립할 준비를 하고 있어요. 서울 프랑스문화원과는 이미 창원 문화원 운영에 대한 이야기를 마쳤고요. 2020년에는 코로나 때문에 개관을 하지 못했지만 2021년에는 오픈을 하려고 준비하고 있는 상황입니다.

프랑스문화원을 만드는 목적은 우리 지역의 국제 교류 프로그램을 더 풍성하고 원활하게 만들기 위해서예요. 예를 들면 프랑스 쪽에서 중요한 사람들이 오잖아요. 전시, 공연, 문학, 영화... 이런쪽 사람들이 프랑스문화원이나 대사관을 통해 오면 보통 서울에서 행사를 마치고 가버리는 경우가 많아요. 그런데 만약 지역에 문화원이 있으면 이 예술인들을 좀 더 쉽게 지역민과 만나게 할 수 있어요. 이 분들을 따로 초빙하려면 경비가 많이 들지만 프랑스문화원과 연계하면 더 쉽게 유치할 수 있을 테니까요.

프랑스문화원은 말 그대로 프랑스 문화를 보급하는 곳이잖아요. 그러니까 프랑스에서 오는 중요한 사람들을 지방으로 연결시켜서 무언가 만들 수 있는 곳은 창원 프랑스문화원이 될 거라고 자신해요. 공연장도 있고 영화관도 있고 전시장도 있으니까요. 저는 예술영화상영관, 국제교류 프로그램, 프랑스문화원 설립과 같은 시도들이 우리 지역의 척박한 문화적 토양을 개선하는 일에 분명 도움이 될 거라 생각해요.

앞으로도 저는 지역에서 더 많은 창작물들이 나올 수 있도록 그 바탕을 만들고, 기회가 되는 모든 일을 시도해 보려고 해요. 그래야 뭐든 바뀔 수 있지 않을까요? 그러다보면 에스빠스 리좀이 지금 이 시대에 걸 맞는 또 다른 집현전이 될 거라 믿어요.

여섯 번의 '인생수업' 그리고...

책을 꼼꼼히 읽어본 독자라면, 2019년 11월 17일 〈집현전 그때 그 사람들〉 테이블토크에서 제가 "말씀하신 부분들을 글이나 공연으로 풀 수 있을지 고민을 안고 돌아가겠다"고 한 말을 기억하실지도 모르겠습니다.

방청객으로서 테이블토크의 내용을 많은 사람들과 공유할 수 있게 되기를 바라고 또 그 역할을 해보고자 노력하겠다고 했던 말이 이렇게 일찍 현실이 될지는 저 자신도 알지 못했습니다. 더구나 나만 알고 있기에 아까운 이야기, 우리 지역의 소중한 역사를 남겨놓고자 시작한 이 출판프로젝트에서 가장 큰 도움을 받은 건 저 자신이었습니다. 제게는 부모님뻘인 부마세대와의 인터뷰는 값으로 따질 수 없는 '인생수업'이나 마찬가지였으니까요.

서문에서도 밝혔지만 1978년에서 1980년 사이 마산을 포함한 전국 7대 도시에서 일어난 양서협동조합 운동은 1970년대부터

1980년 그리고 현재에 이르는 민주화운동을 이해하는 또 하나의 흐름입니다.

현재 양서협동조합과 관련된 도서는 2011년 민주주의사회연구소에서 펴낸 〈양서협동조합운동〉이 유일하나, 이마저도 절판되어 시중에서 찾아볼 수 없습니다. 따라서 이 책은 한동안 양서협동조합에 관한 유일무이한 책이 될 것입니다.

책의 서문에서 밝힌 양서협동조합 운동에 대한 내용은 모두 2009년 부마민주항쟁 30주년 기념 학술심포지움 발표 자료집 〈한국의 민주화운동과 양서협동조합〉에 실린 원고를 참조한 것으로, 일부 학술논문에서도 양서협동조합에 대한 내용을 확인할 수 있습니다.

이 책은 양서협동조합 운동의 하나였던 경남양서협동조합의 설립 및 운영 과정을 통해 1970년대 마산과 그 시절 청춘을 보낸 부마세대들의 인생을 돌아보기 위해 기획되었습니다. 동일한 역사적 경험을 했지만, 각기 다른 삶으로 나아간 이들의 이야기를 들으며 우리가 품고 가야할 진정한 가치에 대해 생각해 볼 수 있는 시간이 되었기를 바랍니다.

책의 기획에 큰 도움을 주신 하효선 대표님과 출간 결정 후 가장 먼저 격려해주시고 〈집현전 그때 그 사람들〉 테이블토크 녹취록과 사진사용을 허락해주신 부마민주항쟁기념사업회 설진환 회장님, 우무석 이사님께 지면을 빌어 감사인사를 전합니다.

인터뷰에 응해주신 박진해, 정혜란, 정성기, 이윤도, 김진식, 하효선 선생님께도 다시 한 번 감사드립니다.

기다려준 가족들 고맙습니다.

집현전 그때 그 사람들

초판 1쇄 펴낸날 2020년 12월 31일

엮은이	손상민
기 획	나무와바다
펴낸이	손상민
디자인	최광희
사진촬영	비주얼닷
자료제공	부마민주항쟁기념사업회
표지일러스트	송하정
제 작	지성정판인쇄

펴낸곳	나무와바다
홈페이지	www.퇴근후책쓰기.com
블로그	blog.naver.com/mangocompany
이메일	neo7796@hanmail.net

ISBN   979-11-965514-2-1

이 도서는 경남문화예술진흥원의 〈2020 경남출판활성화 지원사업〉의 일환으로 제작되
었습니다.